LES FINANCES PUBLIQUES DU GABON

Finances publiques

Collection dirigée par Thierry LAMBERT

Les finances publiques connaissent un développement important et se diversifient. Les finances de l'État, les finances communautaires, les finances internationales et comparées, la science et la technique fiscales ne sont que quelques-uns des domaines couverts par les finances publiques contemporaines.

La présente collection a pour vocation de publier des travaux originaux (thèses, essais, colloques...) ou de facture plus classique (manuels, commentaires de textes, recueils de documents...).

Elle a aussi pour ambition de rééditer des ouvrages aujourd'hui introuvables, mais fort utiles, dès lors qu'ils s'imposent comme référence et qu'ils sont agrémentés d'une préface substantielle.

Déjà parus

DIOUKHANÉ Abdourahmane, *Les finances locales sénégalaises*, 2018.

ATECK A DJAM Félix, *Droit du contentieux fiscal camerounais, Nouvelle édition,* 2017.

Mahrez ZAHED, *La démarche de performance dans la gestion locale. Les collectivités territoriales face aux défis de la nouvelle gouvernance*, 2017.

PALMA-AMALRIC Valérie, *L'autonomie financière des autorités indépendantes*, 2017.

ALLOUARD Ophélie, *Les frontières fiscales dans l'Union européenne appliquées à la fiscalité des entreprises*, 2016.

DIOUKHANÉ Abdourahmane, *Les juridictions financières dans l'UEMOA. La Cour des comptes du Sénégal*, 2016.

EVINA OBAM Richard, *La politique discale au Cameroun depuis les années 1980*, 2016.

ONANGA OPISSINA Vianney, *Problématique de la TVA dans l'espace OHADA*, 2016.

EISINGER Thomas, *Les métamorphoses de la question tarifaire*, 2015.

CARUANA Nicolas, *La fiscalité environnementale. Entre impératifs fiscaux et objectifs environnementaux, une approche conceptuelle de la fiscalité environnementale*, 2015.

DAL VECCHIO Frédéric, *L'opposabilité des conventions de droit privé en droit fiscal*, préface de Thierry Lambert, 2014.

Fidèle MENGUE ME ENGOUANG

Les finances publiques du Gabon

Droit budgétaire et droit de la comptabilité publique

L'Harmattan

5-7, rue de l'École-Polytechnique ; 75005 Paris

http://www.editions-harmattan.fr/

ISBN : 978-2-343-15534-0
EAN : 9782343155340

SOMMAIRE

SIGLES ET ACRONYMES

AE : Autorisations d'engagement

AFD : Agence française de développement

AFROSAI : Organisation africaine des institutions supérieures de contrôle des finances publiques

ATAF : African Tax Administration Forum

BAD : Banque africaine de développement

BOP : Budgétisation par objectifs de programme/Budget opérationnel de programme

CABRI : Collaborative Africa Budget Reform Initiative (Initiative africaine concertée sur la réforme budgétaire)

CEMAC : Communauté économique et monétaire de l'Afrique centrale

CERDI : Centre d'études et de recherches en développement international

CMDT : Cadre de dépenses à moyen terme

CP : crédits de paiement

CREDILA : Centre de recherche, d'étude et de documentation sur les institutions et les législations africaines

EDJA : Edition juridique africaine

FMI : Fonds monétaire international

IEF : Institut de l'Economie et des Finances

IFAC : Fédération internationale des comptables

INTOSAI : Organisation internationale des institutions supérieures de contrôle des finances publiques

OCAM : Organisation commune africaine et malgache

OCDE : Organisation de coopération et de développement économique

ONU : Organisation des nations unies

OUA : Organisation de l'unité africaine

PADEG: Projet d'appui à la consolidation du processus démocratique

PAP : Projet annuel de performances

PIB : Produit intérieur brut

RAP : Rapport annuel de performances

RFFP: Revue française de finances publiques
RBOP : Responsable de budget opérationnel de programme
RPROG : Responsable de programme
RUO : Responsable unité opérationnelle de programme
Sous dir.: Sous la direction de
UDEAC : Union douanière et économique de l'Afrique centrale
UEMOA : Union économique et monétaire ouest-africaine
UMOA : Union monétaire ouest-africaine
UO : Unité opérationnelle de programme
TOFE : Tableau des opérations financières de l'Etat

AVANT-PROPOS

1. En entreprenant la rédaction du présent ouvrage, nous avions trois préoccupations : d'abord, offrir aux praticiens du droit, aux enseignants-chercheurs et aux étudiants un manuel de finances publiques traitant principalement du droit public financier gabonais ; ensuite, contribuer ainsi au développement et à la vulgarisation de cette matière souvent mal connue ; enfin, participer, à notre manière, à la réflexion en cours sur l'assainissement des finances publiques et la promotion de la bonne gouvernance au Gabon.

Selon Michel Bouvier, « il y a assurément une donnée constante de l'histoire financière : c'est dans les moments où l'argent public se fait rare que le besoin d'en contrôler l'usage apparaît plus que jamais indispensable, voire même vital pour la pérennisation de l'organisation collective »[1].

2. Depuis plus de trois décennies, le Gabon est confronté, de manière récurrente, à une crise économique et financière qui a atteint un niveau paroxysmique vers la fin des années 1990[2]. Pour y remédier, le gouvernement a dû, à plusieurs reprises, faire appel au Fonds monétaire international dont les interventions ont permis de rétablir momentanément les grands équilibres macro-économiques et d'assainir ponctuellement les finances publiques.

Pour autant, depuis le début des années 2010, le Gabon connaît des problèmes de gouvernance qui affectent profondément l'économie du pays et les finances de l'Etat. Dans un rapport daté du 4 mai 2017, la Banque mondiale révèle que « la situation budgétaire du Gabon s'est détériorée en 2015 : le pays a dû faire face à son premier déficit public depuis 1998 »[3].

---

[1] Cf. *La Cour des comptes et le parlement*, Revue française de finances publiques, n° 59, 1997, p. 3.

[2] Voir à ce sujet G. Zomo Yebe, *Comprendre la crise de l'économie gabonaise*, L'Harmattan, 1993.

[3] Cf. *Gabon – Vue d'ensemble*, www.banquemondiale.org.

3. L'une des manifestations de la mauvaise gouvernance financière est le recours abusif à l'emprunt depuis 2009, ce qui a pour conséquence un niveau d'endettement abyssal, comme le montre la figure n° 1 ci-après.

<u>Figure n° 1</u> : Evolution de la dette publique du Gabon entre 1990 et 2016

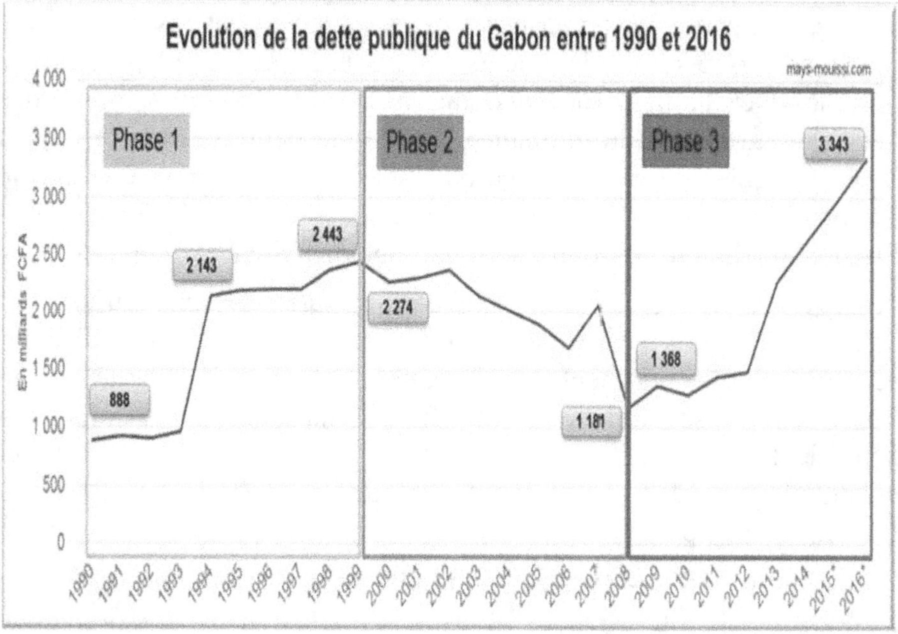

<u>Source</u> : www.mays-mouissi.com.

Cette figure révèle que, entre 1990 et 2016, la dette publique du Gabon a connu une évolution en trois phases.

Au cours de la première phase allant de 1990 à 1999, la dette du Gabon s'est fortement accrue du fait de la dévaluation du FCFA intervenue en 1994. L'encours de la dette est ainsi passé de 888 milliards en 1990 à 2.443 milliards FCFA en 1999.

La seconde phase couvre la période 2000 – 2008. Elle est caractérisée par une baisse significative de la dette, le gouvernement ayant décidé de concentrer ses efforts sur le remboursement progressif de celle-ci, tout en évitant de recourir exagérément à de nouveaux emprunts.

La troisième phase concerne la période 2009 – 2016. Au cours de celle-ci, les autorités gabonaises décident de recourir de façon quasi systématique à l'emprunt. Selon Mays Mouissi[4], la dette publique qui n'était que de 1.368 milliards en 2009 est passée à 3.343 milliards en 2016, soit une augmentation de 144% en sept ans. Mais cette politique, dont l'emprunt constitue la panacée, n'a pas vraiment favorisé le développement du pays, à cause de la mauvaise utilisation des ressources qui en sont issues. Ces ressources n'ont pas toujours été orientées vers des investissements structurants capables de produire de la richesse et d'améliorer les conditions de vie des populations. Elles ont davantage servi au remboursement de la dette accumulée depuis 2009. Ce qui a engendré un cercle vicieux de l'endettement dont le Gabon peine à se sortir. Cette situation constitue pour les générations futures un fardeau très lourd et un héritage difficile à assumer.

Le poids de ce fardeau, peut être mesuré à l'aune du produit intérieur brut (PIB), car le rapport de la dette au PIB est un indicateur économique plus pertinent que l'encours de- la dette. La capacité d'un Etat à rembourser sa dette est en effet tributaire de ses ressources qui dépendent elles-mêmes du PIB, puisqu'elles proviennent essentiellement des prélèvements obligatoires opérés sur l'activité économique du pays.

La figure n° 2 ci-après constitue une bonne illustration du niveau d'endettement du Gabon, puisqu'elle établit le ratio dette publique/PIB durant la période 1990-2016.

[4] Cf. *Gabon : dette publique, l'inquiétante progression*, www.mays-mouissi.com.

Figure n° 2 : Evolution du ratio dette/PIB entre 1990 et 2016

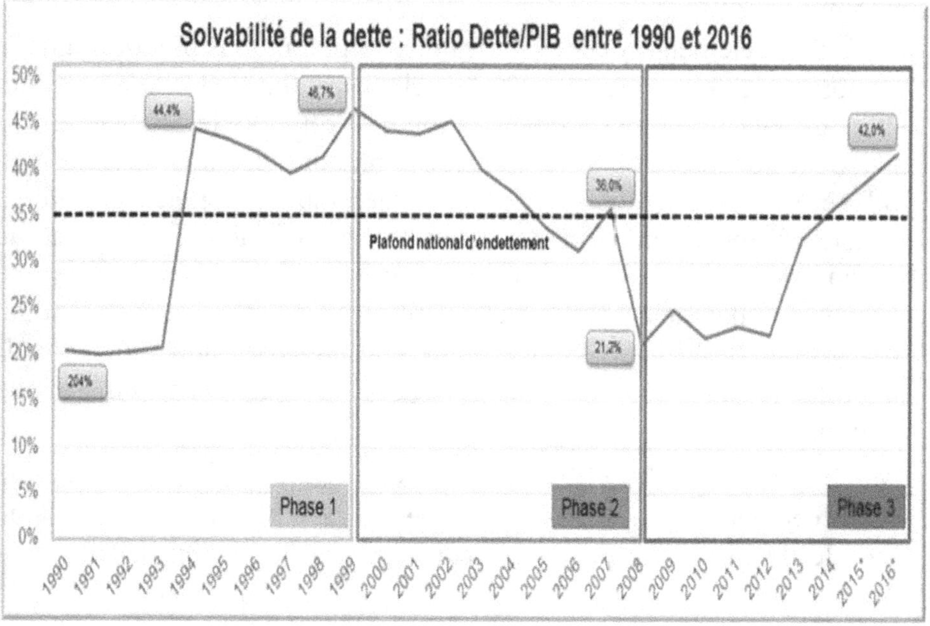

Source : www.mays-mouissi.com.

Cette figure révèle que la dette publique du Gabon, qui ne représentait que 20,4% du PIB en 1990, est passée à 42% du PIB en 2016, se rapprochant ainsi du niveau record de 46,7% atteint en 1999.

Mais les propos de Régis Immongault Tatangani, ministre gabonais de l'économie, de la prospective et de la programmation du développement, indiquent que ce record est désormais battu, puisqu'au second semestre 2017, la dette du Gabon a atteint la barre de 64% du PIB[5].

Un tel ratio rapproche inexorablement le Gabon du plafond d'endettement national autorisé par la CEMAC. Ce plafond, fixé à 70% du PIB, est jugé trop élevé par le FMI. C'est probablement pour cette raison que le Gabon a préféré adopter un plafond de 35% du PIB.

[5] Voir l'interview accordée le 13 novembre 2017 au site d'information « Jeune Afrique », lequel consacre au Gabon un dossier intitulé « *Le Gabon peut-il se passer du pétrole ?* », www.jeuneafrique.com.

Mais les chiffres rapportés plus haut révèlent que celui-ci est aujourd'hui largement dépassé.

4. Parallèlement, tous les indicateurs économiques montrent que le Gabon traverse une crise multisectorielle profonde. Celle-ci ne peut être surmontée que par la restauration de l'orthodoxie financière. Les personnes chargées de gérer l'argent public ont, dès lors, deux défis à relever : le premier défi, qui est d'ordre moral, doit les engager à résister à toute tentation de détournement de deniers publics ; le second défi, qui est de nature juridique, exige de ces personnes une parfaite connaissance des lois et des règlements en vigueur en matière de gestion des finances publiques ; elles doivent notamment avoir conscience des sanctions auxquelles elles s'exposent en cas de défaillance.

L'un des objectifs visés par le présent ouvrage est précisément le renforcement des capacités techniques et la promotion de la probité morale de toutes les personnes participant à la gestion des finances publiques.

5. Il importe toutefois de préciser qu'il ne traite que des finances de l'Etat, à l'exclusion de celles des autres personnes morales de droit public, c'est-à-dire les établissements publics et les collectivités territoriales.

S'agissant des finances des établissements publics, il convient d'opérer une distinction entre les établissements publics à caractère administratif (EPA) et les établissements publics à caractère industriel et commercial (EPIC). Le droit public financier applicable aux premiers fera ultérieurement l'objet d'une étude particulière. En revanche, la recherche sur le régime financier et comptable des établissements publics à caractère industriel et commercial ne présente plus un grand intérêt aujourd'hui parce que plusieurs d'entre eux, à l'instar des entreprises publiques, ont changé de nature, suite au vaste mouvement de privatisation engagé par les pouvoirs publics au milieu des années 1990. Ces établissements relèvent donc désormais du droit privé[6].

---

[6] Voir à ce sujet A. Essono Ovono, *Le cadre juridique de la privatisation des entreprises publiques au Gabon*, Revue Penant, n° 862, janvier-mars 2008.

Pour ce qui est des finances des collectivités territoriales, leur étude est inenvisageable pour le moment parce que la décentralisation n'est pas encore effective au Gabon. Initié depuis plus de deux décennies par la loi organique du 6 juin 1996, le processus de décentralisation marque désespérément le pas, à cause des nombreux obstacles dressés sur sa route par le pouvoir central. Et malgré l'adoption en 2015 d'une nouvelle loi organique[7], l'exécutif manifeste peu d'empressement à procéder au transfert partiel de ses compétences et de ses moyens aux collectivités locales afin qu'elles accèdent pleinement à l'autonomie administrative et financière voulue par le législateur[8]. Dans ces conditions, il nous a paru plus judicieux d'attendre la mise en œuvre effective de cette importante réforme pour entreprendre, au moment opportun, une étude spécialement consacrée aux finances des collectivités territoriales.

6. Tout compte fait, la seule recherche digne d'intérêt et qui nous semble prioritaire à l'heure actuelle est celle relative aux finances de l'Etat. C'est ce qui justifie l'orientation du présent ouvrage qui comporte deux volets indissociables. Le premier concerne le droit budgétaire et traite de règles et des procédures de préparation, de vote, d'exécution et de contrôle de l'exécution du budget de l'Etat. Le second a trait au droit de la comptabilité publique et étudie les règles qui encadrent le système d'organisation de l'information financière. Selon l'article 2 du décret n° 94/PR/MBCP du 8 février 2016[9], ces règles ont pour finalité :

- de saisir, de classer, d'enregistrer et de contrôler les données des opérations budgétaires, comptables et de trésorerie, afin d'établir des comptes réguliers et sincères ;

- de présenter des états financiers reflétant une image fidèle du patrimoine, de la situation financière et du résultat à la date de clôture de l'exercice ;

---

[7] Loi organique n° 001/2014 du 15 juin 2015 relative à la décentralisation, laquelle a entraîné l'abrogation du texte originel de 1996.

[8] Voir à ce sujet A. F. Avenot, *La décentralisation territoriale au Gabon. Entre mimétisme et mystification*, L'Harmattan, 2008 ; M. Ondo Ndong, *Le guide de l'élu local*, Les éditions Ntsame, 2012.

[9] Décret portant règlement général sur la comptabilité publique.

- de contribuer au calcul du coût des actions et des services ainsi qu'à l'évaluation de la performance.

7. Pour des raisons historiques évidentes, on sera amené à évoquer le droit public financier français (classique et moderne) que le colonisateur a légué au Gabon. Il est en effet impossible d'étudier le droit applicable aux finances publiques gabonaises sans se référer à cet héritage colonial, car il exerce encore une grande influence sur le travail normatif des instances de la CEMAC ainsi que sur la production législative du parlement gabonais.

INTRODUCTION GENERALE

8. La notion de finances publiques, couramment évoquée dans les débats politiques ou économiques, et dans les conversations de tous les jours, paraît si familière à tout le monde qu'on ne prend pas toujours la peine de s'interroger sur sa signification. Il s'agit pourtant d'une notion assez complexe dont le contenu doit être précisé. A cet effet, on évoquera tour à tour l'objet des finances publiques (I), la singularité de cette matière (II), son évolution depuis l'époque classique (III), son importance au Gabon (IV), les sources du droit public financier dans ce pays (V). On terminera cette introduction générale avec la présentation de la structure de l'ouvrage (VI).

I – L'objet des finances publiques

9. La plupart des études consacrées aux finances publiques révèlent quelques divergences à propos de la définition de cette notion[10]. Cela peut s'expliquer par le fait que « à l'inverse d'autres disciplines voisines, telles que le droit, l'économie, la science politique, il n'est pas possible de se faire une idée immédiate, relativement simple, des finances. Au lieu d'une image positive et claire, celle qui vient tout de suite à l'esprit des non-spécialistes s'organise de manière plus ou moins floue autour d'un sentiment bien établi qu'il s'agit d'une matière aride, hautement et exclusivement technique, dont les arcanes apparaissent infranchissables aux non-initiés qui, d'ailleurs, n'y voient pas un intérêt intellectuel majeur »[11].

---

[10] Voir notamment les définitions proposées par P. Amselek, *Peut-il y avoir un Etat sans finances ?*, RDP, n° 2, 1983, p. 272 ; P. Lalumière, *Finances publiques*, Armand Colin, collection U, 8e édition, 1986, p. 21 ; L. Philip, *Finances publiques*, Cujas, 5e édition, 1995, p. 9 ; P.-M. Gaudemet et J. Molinier, *Finances publiques*, tome 1 *(Budget/Trésor)*, Montchrestien, 7e édition, 1996, p. 22.

[11] M. Bouvier, *Tradition et modernité de la science des finances publiques*, Revue française de finances publiques, n° 41, 1993, pp. 111 et s.

Quoiqu'il en soit, lorsqu'on parle de finances publiques, c'est évidemment par opposition aux finances privées, c'est-à-dire aux finances des particuliers (individus, ménages et entreprises). La référence à celles-ci permet au moins d'avoir une idée approximative de celles-là. Les finances publiques se distinguent en effet des finances privées à la fois par leur propriétaire, leur importance et leur mode de gestion.

S'agissant du propriétaire, les finances publiques appartiennent, en principe, à l'ensemble des citoyens représentés par ceux qui sont chargés de la gestion du bien commun au sein de l'Etat, des collectivités locales et des autres personnes morales de droit public. Mais dans la réalité, les finances publiques profitent rarement - ou très peu - à l'ensemble des citoyens car, dans la majorité des pays, elles sont gérées au détriment du plus grand nombre.

Par leur importance, les finances publiques se distinguent aussi très nettement des finances privées, car le budget de l'Etat ou des autres personnes morales de droit public dépasse de très loin celui des particuliers. Il convient cependant de noter qu'il existe dans les pays développés de l'hémisphère nord (Europe occidentale et Amérique du Nord) des personnes privées – notamment les entreprises multinationales - dont le budget avoisine et parfois dépasse celui de certains Etats pauvres de l'hémisphère sud.

Enfin, contrairement aux finances privées dont la gestion est nécessairement plus discrète, voire cachée (parce qu'elle ne concerne, dans chaque cas, que les personnes intéressées), les finances publiques sont, en principe, gérées dans la transparence par des personnes désignées à cet effet par la loi et tenues de rendre compte de leur gestion. Mais l'opacité et le secret qui entourent certaines opérations financières de l'Etat montrent que la réalité est plus nuancée. La gestion de ces opérations est en effet réservée à quelques personnes triées sur le volet et qui en tirent parfois un profit exclusif et injustifié.

Quoiqu'il en soit, et comme nous l'avons indiqué plus haut, les finances publiques restent, par définition, la propriété de l'Etat et des autres personnes morales de droit public. Et la représentation, pour le moins prosaïque, que s'en fait l'opinion renvoie généralement à des caisses publiques contenant beaucoup d'argent ; des caisses qui se remplissent et se vident au rythme des différentes opérations de recettes et de dépenses effectuées par les personnes compétentes.

Au regard de ce qui précède, il apparaît que les finances publiques, en tant que matière scientifique, ont pour objet l'étude des règles et des techniques relatives à la gestion des moyens financiers de l'Etat, des collectivités locales, des établissements publics ainsi que des organisations internationales. Mais les finances publiques présentent une certaine singularité en raison de leur caractère pluridisciplinaire.

II – La singularité des finances publiques

10. L'évocation, dans les développements qui précédent, de la notion de règles révèle que les finances publiques, en tant que matière scientifique, relèvent de la science juridique. Mais la singularité des finances publiques tient au fait qu'elles se nourrissent d'autres matières ou disciplines scientifiques. Il s'agit donc d'une matière pluridisciplinaire, car au-delà de sa dimension juridique, qui est certes fondamentale (A), elle tire aussi sa substance des autres sciences sociales (B). Ce qui lui vaut la qualification originale de ''science carrefour''[12].

A – L'importance de l'approche juridique

11. Lorsqu'on aborde les finances publiques sous l'angle juridique, elles se présentent comme une matière de droit public[13]. Mais il s'agit d'une matière juridique hybride puisqu'elle porte l'empreinte d'autres matières relevant du droit public.

Les finances publiques procèdent d'abord du droit constitutionnel. Leur étude amène en effet à s'intéresser aux compétences financières des différentes institutions politiques qui interviennent dans ce domaine.

Les finances publiques prennent aussi leur source dans le droit administratif puisqu'elles traitent de la répartition des compétences financières entre l'Etat et les autres personnes morales de droit public

---

[12] Voir notamment N. Médé, *Finances publiques – Espace UEMOA/UMOA*, L'Harmattan/ CREDILA, 2016, pp. 31 et s.

[13] D'où la dénomination de droit public financier qu'on donne également à cette matière.

que sont les collectivités territoriales et établissements publics. Elles étudient en outre l'organisation, les compétences et le fonctionnement des administrations financières. Elles s'intéressent par ailleurs aux règles applicables en matière de contentieux fiscal ainsi qu'à la répartition des compétences entre les juridictions concernées.

Les finances publiques entretiennent également des relations plus ou moins étroites avec le droit international puisqu'elles étudient les questions liées aux moyens financiers des organisations internationales. Elles traitent aussi des normes issues du droit financier communautaire. Elles étudient enfin les règles se rapportant au droit fiscal international (double imposition, évasion fiscale ...).

Mais, comme nous l'avons indiqué plus haut, l'étude des finances publiques ne saurait être réduite à une approche exclusivement juridique, car pour comprendre certains aspects particuliers de cette matière, il faut recourir à d'autres disciplines, relevant des sciences sociales[14].

B – L'apport des autres sciences sociales

12. Les finances publiques sont plus ou moins influencées par d'autres disciplines scientifiques telles que la science politique, la science économique ou l'histoire par exemple. Ce qui leur vaut d'être considérées comme une science hétérogène et complexe en quête d'une identité propre[15].

En effet, pour expliquer certains phénomènes financiers et leurs implications politiques et sociales, les finances publiques recourent parfois aux outils d'analyse de la science politique. Ainsi, la politique budgétaire d'un pays ne peut être correctement appréciée qu'à la lumière du contexte sociopolitique général. Il en est de même de la politique fiscale qui trouve généralement son explication dans le

---

[14] Pour les auteurs classiques, les finances publiques devaient rester une matière exclusivement juridique consacrée à l'étude des règles qui régissent les opérations financières de l'Etat et des autres collectivités ou organismes publics. Sur cette doctrine classique, voir notamment L. Philip, *Finances publiques*, Cujas, 4e édition, 1992, p. 10.

[15] Voir notamment M. Bouvier, M.-C. Esclassan et J.-P. Lassale, *Finances publiques,* Paris, LGDJ, 13e édition, 2014, pp. 11 et s.

système politique du pays concerné ainsi que dans les rapports de force économiques et sociaux dont il n'est que le reflet.

De son côté, la science économique exerce une influence considérable sur les finances publiques depuis plus d'un siècle, suite à la grande crise économique et financière de 1929 et à la Seconde Guerre mondiale. Le double défi du redressement économique et de la reconstruction nationale que ces deux évènements ont imposé à l'Etat a transformé ce dernier en un véritable agent économique, au même titre que les entreprises et les ménages, mais avec des responsabilités beaucoup plus grandes nécessitant des moyens financiers plus importants qu'auparavant.

Toutes ces mutations ont évidemment entraîné des bouleversements dans l'organisation et le fonctionnement de l'Etat, comme dans ses relations avec les citoyens, notamment en matière économique et sociale. Ce qui a amené la doctrine à recourir aux outils d'analyse de la science économique afin de mieux prendre en compte la dimension économique des finances publiques. La science économique permet, par exemple, de comprendre le lien qui existe entre le système économique d'un pays et la nature de ses prélèvements obligatoires. Elle permet aussi d'évaluer l'influence de la situation économique d'un pays sur le niveau de ses ressources budgétaires.

Certains économistes ont même une conception assez réductrice des finances publiques qui ne constituent, à leurs yeux, qu'une simple composante de la richesse nationale et un instrument, parmi d'autres, de la politique économique du gouvernement. En fonction des nécessités, la politique budgétaire et fiscale peut donc être utilisée tantôt comme un outil de transformation des structures économiques, tantôt comme un moyen de régulation de la conjoncture économique.

Les finances publiques se réfèrent enfin à l'histoire. Celle-ci permet en effet d'expliquer les mutations subies, à travers les âges, par les institutions financières. L'histoire aide aussi à comprendre la transformation, sous la pression de certains grands évènements, du rôle assigné aux finances publiques depuis l'époque classique[16].

III – L'évolution des finances publiques

13. Les finances publiques ont, au fil du temps, subi d'importantes mutations. Cette évolution est due au fait que « le cadre financier, conçu au XIXe siècle pour des finances publiques limitées et un Etat libéral, est devenu inadapté aux finances, importantes et complexes, de l'Etat interventionniste du XXe et du début du XXIe siècle »[17]. La conception classique de l'Etat et des finances publiques, qui avait cours au XIXe siècle (A), a ainsi cédé le pas à la conception moderne, imaginée au XXe siècle (B).

A – La conception classique

14. Jusqu'au XIXe siècle, l'Etat se présentait essentiellement comme un Etat gendarme, en raison de sa vocation sécuritaire. Confiné dans ses missions régaliennes (défense, justice, diplomatie, administration …), l'Etat gendarme devait aussi être un Etat libéral n'ayant aucune influence sur le fonctionnement du marché. L'activité économique devait, de façon exclusive, dépendre de l'initiative privée et obéir aux lois du marché et de la libre concurrence.

C'est cette exigence qui a amené certains auteurs classiques, comme le Baron Louis, Léon Say ou Gaston Jèze, à faire de la neutralité des finances publiques un véritable dogme. Pour eux, l'Etat ne peut agir et engager des moyens financiers que dans le cadre limité de ses missions régaliennes. Il doit en revanche, s'abstenir de toute intervention dans la vie économique et sociale. Cette conception est à l'opposé de celle préconisée par la doctrine moderne.

B – La conception moderne

15. La première moitié du XXe siècle a été marquée par trois crises de portée planétaire (les deux guerres mondiales et la grande crise économique de 1929) dont les conséquences ont amené la doctrine à

---

[16] Il en est ainsi, par exemple, des deux guerres mondiales et de la grande crise économique de 1929. Ces évènements ont contribué à l'avènement de l'Etat-providence au détriment de l'Etat-gendarme.
[17] Cf. J.-L. Albert, *Finances publiques*, Dalloz, 8e édition, 2013, p.13.

concevoir un nouvel Etat baptisé Etat providence, avec des compétences et des missions plus étendues que celles antérieurement dévolues à l'Etat gendarme. L'Etat providence doit en effet s'impliquer dans la vie économique et sociale pour remédier aux conséquences désastreuses de la guerre et de la crise économique. Il se présente donc comme un Etat résolument interventionniste, situé aux antipodes de l'Etat gendarme et du libéralisme. En plus des missions régaliennes traditionnelles, il doit en effet prendre en charge la reconstruction du pays, son redressement économique et le bien-être des populations. Et pour y parvenir, il doit nécessairement mobiliser des ressources plus importantes que celles collectées auparavant par l'Etat gendarme. Les finances publiques vont, dès lors, occuper une place primordiale dans la vie et l'évolution de chaque pays. De nos jours, les dépenses publiques représentent en moyenne 45% du produit intérieur brut. Même dans les nations phares du libéralisme comme les Etats-Unis d'Amérique ou la Grande Bretagne, l'Etat est amené à intervenir dans la vie économique et sociale pour de multiples raisons : apporter son soutien aux entreprises en difficulté[18] pour stimuler la croissance et combattre le chômage ; juguler l'inflation pour préserver le pouvoir d'achat des ménages ; réduire les inégalités sociales au moyen d'une répartition équitable de la richesse nationale …

Ces multiples tâches qui incombent à l'Etat providence expliquent parfaitement la place acquise par les finances publiques au XXe siècle. Pour autant, depuis le XXIe siècle, on assiste dans plusieurs pays au désengagement progressif de la puissance publique des secteurs productifs de l'économie marchande[19]. Ce mouvement de libéralisation accrue de l'économie, dont la privatisation des entreprises publiques a constitué la manifestation la plus visible, a évidemment entrainé un net recul de l'Etat providence et amorcé une nouvelle phase de l'évolution du rôle des finances publiques. Certains

---

[18] A titre d'exemple, aux Etats-Unis et dans plusieurs pays européens, l'Etat a dû récemment voler au secours des établissements bancaires et des usines de fabrication de véhicules automobiles pour atténuer les effets dévastateurs de la crise qui les a frappés en 2008.

[19] Dans les pays en voie de développement, ce processus a souvent été imposé aux Etats par le FMI dans le cadre de ses programmes d'ajustement structurel.

auteurs ont même hâtivement déclaré la mort de l'Etat providence et la fin de l'interventionnisme, en considérant cette nouvelle étape comme celle des « finances post-modernes »[20]. Cette appréciation a cependant été infirmée par la crise économique et financière de 2008, dont l'ampleur a contraint l'Etat à voler au secours des entreprises et des ménages en difficulté. Cette crise a, par la même occasion, consacré le retour à l'interventionnisme[21].

Au Gabon, comme ailleurs, l'Etat a toujours été le principal agent économique. Cette place prépondérante qu'occupe l'Etat explique évidemment l'importance que les finances publiques ont dans ce pays

IV - L'importance des finances publiques au Gabon

16. On peut l'apprécier à travers l'évolution de trois indicateurs macroéconomiques : les recettes de l'Etat, les charges de l'Etat et le ratio charges de l'Etat/PIB.

A – L'évolution des recettes de l'Etat

17. Elle est décrite par le graphique n° 1 ci-après.

Graphique n°1 : Evolution des recettes de l'Etat entre 1960 et 2016 (en milliards de francs CFA)

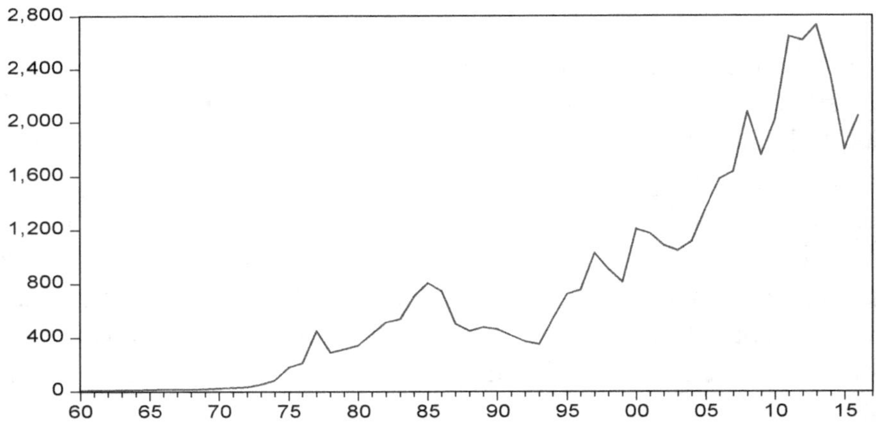

Source : Ministère de L'Economie (Tableau de bord de l'économie)

---

[20] A propos de cette qualification, voir les réserves émises par M. Bouvier, M.-C. Esclassan et J.-P. Lassale, *Finances publiques,* op. cit. p. 21.

[21] Sur ce débat, lire notamment E. Laurent, *Le bel avenir de l'Etat providence*, Paris, Editions « Les liens qui libèrent », 2014.

Ce graphique révèle que de 1960 à 1968, les recettes de l'Etat sont restées quasiment stables. Elles ont commencé à croître en 1969 et ont atteint un premier pic de plus de 400 milliards de francs CFA en 1977, grâce aux retombées du boom pétrolier de 1973.

Après un léger fléchissement en 1978, les recettes de l'Etat reprennent leur ascension en 1979 et franchissent la barre de 800 milliards en 1985. Mais la crise économique qui s'installe au Gabon en 1986 entraîne une diminution progressive des recettes de l'Etat, dont le niveau avoisine les 400 milliards en 1994.

Pour autant, la dévaluation du franc CFA en 1994 provoque un renversement de tendance qui se traduit par un accroissement soutenu des recettes de l'Etat au cours des deux décennies suivantes, en dépit de quelques légères variations à la baisse enregistrées en 1999, 2003 et 2010. Et grâce à cette évolution générale très favorable, les recettes de l'Etat dépassent la barre de 2.800 milliards de francs CFA en 2012.

Mais à partir de 2013, et pour la première fois de son existence, le Gabon enregistre une chute vertigineuse des recettes de l'Etat. Celles-ci tombent en effet en deçà des 2.000 milliards en 2015, en raison notamment de l'effondrement des cours du pétrole. Ce qui contraint le gouvernement à recourir sans cesse à l'emprunt.

B – L'évolution des charges de l'Etat

18. Elle est décrite par le graphique n° 2 ci-après.

<u>Graphique n° 2</u> : Evolution des charges de l'Etat entre 1960 et 2016 (en milliards de francs CFA)

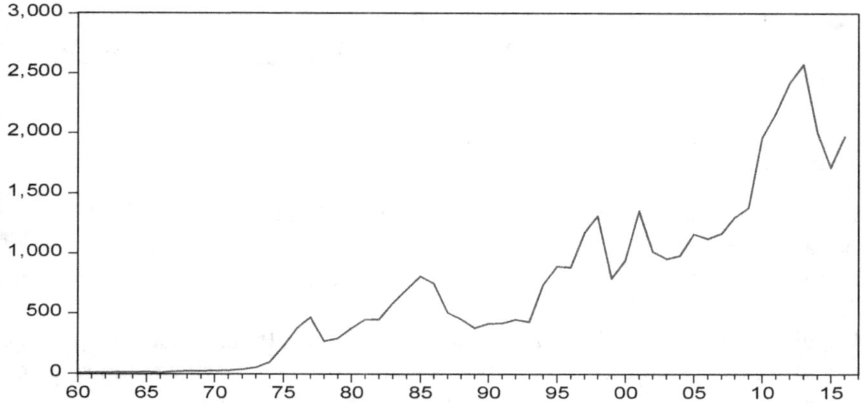

Source : Ministère de L'Economie (Tableau de bord de l'économie)

Il ressort de ce graphique que le budget du Gabon a connu une évolution normale depuis 1960, évolution conforme à la loi de Wagner qui a érigé en axiome l'accroissement continu des charges de l'Etat. Et malgré quelques variations à la baisse[22], cette tendance haussière s'est maintenue jusqu'en 2013, ponctuée, de surcroît, par quelques pics significatifs en 1977, 1985, 1998, 2001 et 2013.

Le premier pic de 1977 est la conséquence des grands travaux entrepris par l'Etat en vue de se doter des infrastructures modernes, capables d'accueillir le 14ème sommet de l'Organisation de l'Unité Africaine (OUA). Les autres pics ont été enregistrés dans des périodes de forte croissance économique, périodes au cours desquelles l'Etat a pu financer des projets d'investissement structurants ou des revendications sociales pressantes[23].

Pour le pic de 1998, il convient aussi de prendre en compte l'effet dopant de la dévaluation du franc CFA en 1994, laquelle a permis à l'Etat d'accroître substantiellement ses recettes et d'avoir à nouveau la capacité d'effectuer des dépenses importantes.

Mais en 2013, la courbe ascendante des charges de l'Etat a subi un véritable coup d'arrêt du fait de la crise financière, économique et sociale que traverse le Gabon depuis cette date. Cette crise, qui est certes due à la chute des cours du pétrole, résulte avant tout de la mauvaise gouvernance qui affecte la gestion des finances publiques. Le gouvernement a donc dû recourir au FMI pour obtenir un accord de financement du plan de relance économique. Cet accord met cependant l'Etat sous pression parce qu'il est assorti de plusieurs exigences que le gouvernement a du mal à satisfaire.

Quoiqu'il en soit, l'Etat reste le principal agent économique du pays, comme on peut le voir à travers le ratio charges de l'Etat/PIB.

---

[22] La première baisse significative, enregistrée en 1986, est la conséquence d'une importante crise économique et financière qui a contraint l'Etat à décréter des mesures d'austérité dans le cadre d'un plan d'ajustement structurel négocié avec le FMI.

[23] Depuis la restauration de la démocratie pluraliste en 1990, l'Etat est confronté à toutes sortes de revendications qu'il est souvent obligé de satisfaire pour préserver la paix sociale et garantir la stabilité politique.

C – Evolution du ratio charges de l'Etat/PIB

19. Elle est dévoilée par le graphique n° 3 ci-après.

Graphique n° 3 : *Evolution du ratio charges de l'Etat/PIB entre 1960 et 2016 (en pourcentage)*

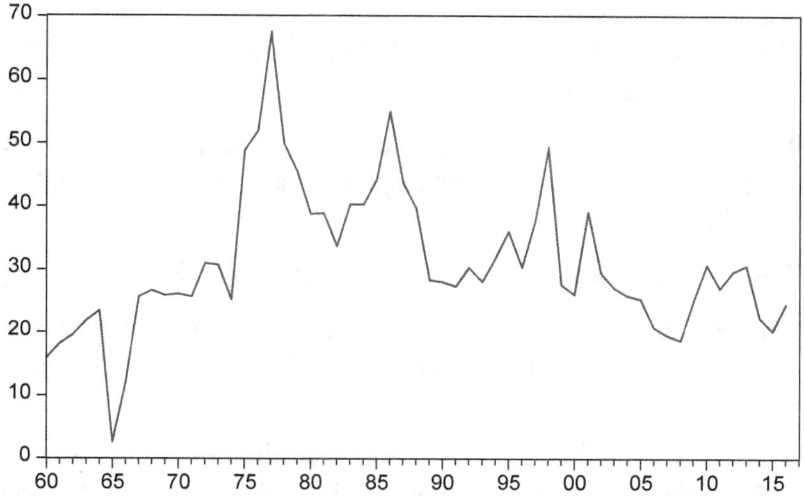

Source : *Ministère de L'Economie (Tableau de bord de l'économie)*

Ce graphique révèle que depuis plus d'un demi-siècle, l'Etat s'est beaucoup investi dans l'activité économique du pays, puisque ses interventions représentent en moyenne 30 % du PIB et dépassent parfois la barre des 50%. Elles ont même atteint un taux exceptionnel de 67,6% du PIB en 1977.

Il y aurait certes beaucoup à redire sur les choix opérés par l'Etat et sur l'efficacité de ses interventions. Mais ce qui retient surtout l'attention ici, c'est la dimension macro-économique de celles-ci, car elle rend suffisamment compte du rôle primordial que joue le budget de l'Etat dans l'économie gabonaise.

On aurait pu penser que la privatisation des entreprises publiques, qui traduit le désengagement partiel de l'Etat de la vie économique, entraînerait une réduction significative du ratio charges de l'Etat/PIB. Mais tel n'est pas le cas, puisque ce ratio oscille encore entre 30 et

40% depuis 2008, année au cours de laquelle le processus de privatisation a formellement pris fin[24]. Depuis cette date, le gouvernement affirme vouloir développer le pays en misant sur les partenariats public-privé qui constituent désormais son nouveau cheval de bataille, et grâce auxquels il peut continuer à peser sur l'activité économique.

V – Les sources du droit applicable aux finances publiques gabonaises

20. On peut classer ces sources en deux catégories selon qu'elles sont antérieures ou postérieures à l'accession du Gabon à l'indépendance.

A – Les sources antérieures à l'indépendance du Gabon

21. C'est sous la colonisation française qu'ont été jetées les bases du droit budgétaire et du droit de la comptabilité publique actuellement en vigueur au Gabon[25].

En 1843, lorsque la France prend définitivement possession du Gabon, le droit applicable en matière de finances publiques découle d'une loi de 1841 qui a remis en cause l'autonomie financière accordée aux colonies par deux ordonnances royales de 1825 et 1833. Cette autonomie sera rétablie par deux sénatus-consultes de 1854 et 1866[26].

Au début du XXe siècle, intervient la loi du 13 avril 1900 qui met à la charge de chaque colonie les dépenses de souveraineté que doit y effectuer la France, notamment l'entretien des troupes sur son territoire.

---

[24] Depuis lors, le comité de privatisation est réduit à sa plus simple expression et ne dispose plus que de quelques agents chargés d'assurer le suivi de la restructuration des rares entreprises publiques ayant échappé à la privatisation.

[25] Pour plus de détails, voir *Encyclopédie Juridique de l'Afrique*, volume 3 : *Systèmes budgétaires, financiers, fiscaux et douaniers*, Nouvelles Editions Africaines, 1982, pp. 22 et s.

[26] Le principe de l'autonomie financière signifie que les colonies ont le droit de gérer elles- mêmes leurs finances et d'avoir un budget distinct de celui de la métropole. Ce qui n'exclut pas la possibilité d'obtenir des subventions de la France en cas de déficit budgétaire.

Mais c'est le décret du 30 décembre 1912 portant régime financier des territoires français d'outre-mer qui constitue le véritable texte de référence en la matière. Il étend aux colonies les dispositions d'un autre décret en vigueur en métropole[27] et fixe, par la même occasion, les règles désormais applicables aux questions suivantes : statut des ordonnateurs ; responsabilité des comptables ; constitution d'un fonds de réserve en cas d'insuffisance des recettes annuelles ; contrôle des dépenses communes aux divers services financiers ; dépôt dans un compte ouvert au Trésor public français d'une provision de garantie en vue de mettre fin aux avances consenties aux colonies par la métropole.

Ce régime budgétaire et financier est resté pratiquement le même jusqu'à la loi-cadre du 23 juin 1956, laquelle accorde aux colonies une autonomie politique partielle se traduisant par un renforcement du rôle des institutions locales (Assemblée territoriale et Conseil de gouvernement). Sur le plan financier, chaque territoire dispose désormais de son propre budget, préparé par le Conseil de gouvernement et voté par l'Assemblée territoriale. Mais les pouvoirs de ce parlement local restent relativement limités, au regard des restrictions qui affectent le droit d'amendement reconnu à ses membres[28].

En 1958, l'avènement de la Ve République française conduit à l'instauration de la ''Communauté franco-africaine''. Le Gabon, comme les autres territoires d'outre-mer, accède alors à un régime d'autonomie interne complète[29] et acquiert, par voie de conséquence, une véritable autonomie financière. En effet, son budget, alimenté par

---

[27] Il s'agit du décret du 31 mai 1862 portant règlement général sur la comptabilité publique.

[28] En effet, aucune proposition d'augmentation de dépense ne peut être retenue sans proposition de recette ou d'économie budgétaire équivalente. Par ailleurs, si l'Assemblée territoriale ne vote pas des crédits suffisants pour les dépenses obligatoires, le chef du territoire (représentant du pouvoir métropolitain) a la possibilité de les inscrire d'office au budget.

[29] Ce régime lui permet, dès 1959, soit un an avant l'accession à l'indépendance, de se doter d'une Constitution. Fortement inspirée de la loi fondamentale française du 4 octobre 1958, cette Constitution conduit à l'adoption d'un régime parlementaire ''rationalisé'' avec une nette prépondérance du gouvernement sur l'Assemblée législative.

des ressources propres, est préparé sur place par le gouvernement local et voté par l'Assemblée législative. En outre, le mécanisme des dépenses obligatoires, précédemment en vigueur, est définitivement abandonné. Pour autant, les liens avec le Trésor public français subsistent et l'Etat français continue d'apporter une contribution significative au financement de certains investissements.

C'est dans ces conditions que le Gabon accède à l'indépendance le 17 août 1960. Dès lors, il revient à ses dirigeants de concevoir d'autres textes plus adaptés à son nouveau statut et aux exigences de développement du jeune Etat. Ces textes, qui ont progressivement remplacé ceux issus de la période coloniale, sans pour autant en effacer toutes les traces, constituent aujourd'hui la substance du droit applicable aux finances publiques gabonaises.

B – Les sources postérieures à l'indépendance du Gabon

22. Dans de nombreux Etats contemporains, souvent regroupés au sein de communautés économiques régionales ou sous-régionales, les normes juridiques applicables à la gestion des finances publiques procèdent de deux catégories de sources : celles issues du droit interne et celles émanant du droit communautaire. Le Gabon n'échappe pas à cette réalité.

1- Les sources de droit interne

23. Après son accession à l'indépendance, le Gabon, à l'instar d'autres anciennes colonies françaises, a entrepris de rénover l'ensemble des textes en vigueur sur son territoire afin de les adapter à la nouvelle donne politique.

L'œuvre normative ainsi accomplie n'a cependant pas donné lieu à une rupture totale avec l'ordre juridique ancien. C'est particulièrement vrai en matière de finances publiques où le constituant et le législateur se sont le plus souvent contentés de transposer au Gabon le droit public financier en vigueur en France.

On peut noter à ce sujet que toutes les Constitutions adoptées au Gabon depuis 1960 reprennent quasi systématiquement les dispositions financières de la Constitution française du 4 octobre 1958. Il en est ainsi des articles 47, 48, 54 et 55 de la Constitution gabonaise du 26 mars 1991[30], lesquels s'inspirent largement des articles 34, 39, 40 et 47 de la loi fondamentale française.

S'agissant des textes législatifs et réglementaires, on peut relever le même mimétisme, d'abord à travers l'ordonnance n° 40/75 du 30 juin 1975 relative aux lois de finances[31], puis dans la loi n° 4/85 du 27 juin 1985 relative aux lois de finances[32]. Ces deux textes reproduisent, pour l'essentiel, les dispositions de l'ordonnance française du 2 janvier 1959, abrogée au début du XXIe siècle par la loi organique du 1er août 2001 relative aux lois de finances.

L'esprit mimétique du législateur gabonais transparaît également dans la loi n° 5/85 du 27 juin 1985 portant règlement général sur la comptabilité publique de l'Etat. Ce texte, à l'instar du décret n° 15/PR du 6 janvier 1976 auquel elle s'est substituée, consacre la transposition au Gabon du décret français du 29 décembre 1962 portant règlement général sur la comptabilité publique.

D'autres textes, plus ou moins inspirés du droit français, sont venus compléter ou modifier ce dispositif. C'est notamment le cas de la loi organique n° 31/2010 du 21 octobre 2010 relative aux lois des finances et à l'exécution du budget. Bien que procédant d'une directive de la CEMAC[33], elle porte l'empreinte de la loi organique française du 1er août 2001 relative aux lois de finances. Il en de même de la loi organique n° 20/2014 du 21 mai 2015 relative aux lois de finances et à l'exécution du budget. Ce texte, comme la loi organique de 2010 qu'il a remplacée, est certes issu de la transposition d'une

---

[30] Cette Constitution, toujours en vigueur, a déjà fait l'objet de nombreuses révisions. Mais les dispositions relatives aux finances publiques n'ont pas été affectées par ces modifications.

[31] Il convient de noter que c'est ce texte qui a remplacé l'ordonnance française du 2 janvier 1959 portant loi organique relative aux lois de finances, laquelle est paradoxalement restée en vigueur au Gabon plus de quinze ans après l'accession de ce pays à l'indépendance.

[32] Cette loi a longtemps été considérée comme la « Constitution financière » du Gabon, pour reprendre l'expression Loïc Philip. Certaines de ses dispositions ont été modifiées ou complétées au début du XXIe siècle, notamment par les lois n° 6/2002 du 14 août 2002, 25/2004 du 15 décembre 2004 et 11/2005 du 25 juillet 2005.

[33] Directive n° 01/08-UEAC-190-CM-17 du 20 juin 2008 relative aux lois de finances.

directive de la CEMAC[34], mais il tire sa substance de la loi organique française de 2001.

Les développements qui précèdent montrent que la plupart des textes relatifs au droit public financier adoptés par le Gabon depuis son accession à l'indépendance sont toujours plus ou moins influencées par le droit français. Cette influence est à peine atténuée par le droit communautaire.

2- Les sources de droit communautaire

24. Elles sont essentiellement l'œuvre de la Communauté économique et monétaire de l'Afrique centrale (CEMAC)[35] qui a adopté deux séries de directives consacrées à la gestion des finances publiques. La première série datant de 2008 a été remplacée un peu plus tard par celle de 2011 dans laquelle figurent notamment :

- La directive n° 01/11-UEAC-190-CM-22 du 19 décembre 2011 relative aux lois de finances ;
- La directive n° 02/11-UEAC-190-CM-22 du 19 décembre 2011 relative au règlement général de la comptabilité publique ;
- La directive n° 03/11-UEAC-195-CM-22 du 19 décembre 2011 relative au plan comptable de l'Etat ;
- La directive n° 04/11-UEAC-190-CM-22 du 19 décembre 2011 relative à la nomenclature budgétaire de l'Etat ;
- La directive n° 05/11-UEAC-190-CM-22 du 19 décembre 2011 relative au tableau des opérations financières de l'Etat ;
- La directive n° 06/11-UEAC-190-CM-22 du 19 décembre 2011 relative au code de transparence et bonne gouvernance dans la gestion des finances publiques.

Il ressort de ce qui précède que la CEMAC a accompli un travail normatif important dans le but de promouvoir une meilleure gestion des finances publiques par les Etats membres. Mais ce travail est sans

---

[34] Directive n° 01/11-UEAC-190-CM-22 du 19 décembre 2011 relative aux lois de finances.

[35] La CEMAC a vu le jour le 16 mars 1994, en remplacement de l'UDEAC. Elle est composée de six Etats membres : Cameroun, Congo, Gabon, Guinée Equatoriale, République Centrafricaine et Tchad.

commune mesure avec celui réalisé par l'Union Economique et Monétaire d'Afrique de l'Ouest (UEMOA). Née en 1994, en même temps que la CEMAC, l'UEMOA a adopté, de 1997 à 2000, plusieurs directives visant à instaurer une saine gestion des finances publiques au sein des Etats membres[36]. Et sous son impulsion, le processus d'intégration sous–régionale avance à grands pas en Afrique de l'Ouest, ce qui tranche nettement avec les atermoiements de l'Afrique centrale.

VI – La structure de l'ouvrage

25. Les notions de finances publiques et de budget sont si intimement liées que l'évocation de l'une renvoie presque automatiquement à l'autre. L'étude des finances publiques se confond même souvent à celle du budget de l'Etat. C'est pour cette raison que le droit budgétaire (complété par le droit de la comptabilité publique) constitue la substance du présent ouvrage. Celui-ci comporte deux grandes parties : la première est consacrée aux fondements historiques et juridiques du budget de l'Etat ; la seconde traite du processus d'élaboration, d'adoption et de mise en application dudit budget.

---

[36] Ces directives ont néanmoins subi d'importantes modifications en 2009 et 2011. Sur cette évolution, voir notamment S. Pagnou, *Les nouvelles directives de l'UEMOA sur les finances publiques et la gestion financière publique des Etats membres de l'Union*, Revue française de finances publiques, n° 132, novembre 2015, pp. 323 et s ; A. Dioukhané, *Les finances publiques dans l'UEMOA – Le budget du Sénégal*, L'Harmattan, 2015, pp. 35 et s ; Nicaise Médé, *Finances publiques – Espace UEMOA/UMOA*, op. cit., pp. 134 et s.

PREMIERE PARTIE

LES FONDEMENTS HISTORIQUES ET JURIDIQUES DU BUDGET DE L'ETAT

26. A travers sa politique budgétaire, l'Etat vise essentiellement deux objectifs : la mobilisation optimale des ressources publiques et la bonne utilisation de ces ressources. Le budget de l'Etat est de ce fait soumis à un encadrement rigoureux qui exige des pouvoirs publics et de l'administration une parfaite connaissance et une observation stricte des règles applicables en la matière. Cet encadrement est assuré par deux dispositifs : les lois de finances, d'une part, et les principes budgétaires, d'autre part.

TITRE I – L'ENCADREMENT DU BUDGET DE L'ETAT PAR LES LOIS DE FINANCES

27. Le budget de l'Etat a pour cadre de référence un texte législatif appelé loi de finances auquel on l'assimile souvent, en raison de la relation quasi consubstantielle qui les unit (chapitre 1). Cette relation explique pourquoi le terme « loi budgétaire » est parfois employé pour désigner la loi de finances. Il convient toutefois de signaler qu'il existe plusieurs catégories de lois de finances dont il faut préciser la spécificité (chapitre 2) afin de mieux cerner les contours du budget.

CHAPITRE 1

LES RELATIONS ENTRE LE BUDGET ET LA LOI DE FINANCES

28. Le budget et la loi de finances sont unis par une double relation forgée par l'histoire et par le droit.

SECTION 1 – LA RELATION HISTORIQUE

29. C'est dans les origines du budget qu'il faut rechercher les fondements de cette relation. Les origines du budget ont suscité, au sein de la doctrine, un débat qu'il faut avant tout restituer (§1). Mais en tout état de cause, c'est le budget qui a favorisé l'institutionnalisation de la loi de finances (§2). En effet, le parlement doit nécessairement voter une loi de finances pour que les recettes et les dépenses inscrites dans le projet de budget du gouvernement deviennent effectives.

§ 1 – Le débat sur les origines du budget et la paternité de la pratique budgétaire

30. L'origine du budget et la paternité de la pratique budgétaires sont revendiquées à la fois par l'Angleterre et la France. Mais en se référant à l'étymologie, il semble que le budget tire son origine du mot anglais *budget*. Certains auteurs estiment cependant que ce mot anglais provient lui-même de *bougette* qui est un terme du vieux français et qui signifie ''petite bourse'' ou ''petit sac''. C'est en effet dans ce petit sac que le trésorier du roi d'Angleterre conservait l'argent destiné au paiement des dépenses publiques ainsi que les documents comptables s'y rapportant.

Tout porte donc à croire que le budget a effectivement pris naissance en Angleterre. Dans ce pays, et plus généralement en Grande Bretagne, on assiste, dès le XIIIe siècle, à l'amorce d'un développement du droit et de la pratique budgétaires, développement impulsé par la lutte contre l'absolutisme royal et l'avènement du régime parlementaire[37]. Le nouveau rapport de force issu de ces mutations politiques permet au Grand Conseil (ancêtre du parlement actuel) d'arracher d'importantes prérogatives financières au roi d'Angleterre. Désormais, pour pouvoir prélever des impôts, le roi doit obtenir l'autorisation du Grand Conseil, en lui soumettant préalablement un plan d'utilisation des recettes fiscales à recouvrer.

La conquête de ce droit de regard sur la gestion des deniers publics traduit clairement la volonté du parlement anglais de s'affranchir du carcan de la monarchie absolue. Elle marque en même temps le début de la mise en place d'un dispositif d'encadrement du budget par le pouvoir législatif, dispositif qui conduit chaque année au vote de la loi de finances.

En France, le budget n'a pas eu un parcours comparable à celui emprunté en Angleterre. Même le mot budget ne serait entré dans la langue française qu'au XIXe siècle, à la suite de la traduction d'ouvrages britanniques consacrés aux finances publiques. La pratique budgétaire était pourtant connue en France depuis le Moyen Âge puisque le monarque devait prévoir des recettes pour couvrir les dépenses projetées. Mais, à la différence de la France, dans la monarchie anglaise, la perception des recettes et le paiement des dépenses étaient subordonnés à l'autorisation préalable d'un organe censé représenter le peuple. C'est de cet organe qu'est né le parlement actuel qui est la seule institution habilitée à voter les autorisations budgétaires.

Au regard de ce qui précède, on peut conclure qu'avec l'avènement de l'institution parlementaire, l'Angleterre et la France ont contribué, chacune à sa manière, à la naissance du budget et à l'enracinement de la pratique budgétaire[38]. Selon Michel Bottin, « si la référence

---

[37] Sur ce point, voir notamment P.-H. Chalvidan, *Droit constitutionnel (institutions et régimes politiques)*, Nathan, 1986, pp. 25 et s ; F. Mélin-Soucramanien et P. Pactet, *Droit constitutionnel*, Sirey, 33e édition, 2014, p. 135.

[38] Au-delà de l'Angleterre et de la France, l'histoire de plusieurs autres monarchies européennes enseigne que la conquête du pouvoir budgétaire constitue généralement l'acte fondateur de l'institution parlementaire. En effet, c'est par le biais de cette conquête que les premiers parlements sont nés. Voir à ce sujet, J.B. Toulouse, Y. Rolland, J.-F. de Leuse et X. Pillot, *Finances Publiques et politiques publiques*, Economica, 1987, pp. 33 et s.

anglaise est indispensable pour éclairer l'origine parlementaire du droit budgétaire proprement dit, on peut considérer que la tradition administrative, comptable et gouvernementale de la France offre un terrain très favorable pour l'étude de la formation et du développement du concept budgétaire »[39].

§ 2 – La loi de finances : un acte législatif engendré par l'institutionnalisation du budget

31. La nécessité de faire adopter par le parlement le projet de budget préparé par le gouvernement a donné naissance à un acte législatif spécial dénommé loi de finances. Dans la plupart des Etats, la loi de finances est votée au cours d'une session parlementaire qui lui est spécialement dédiée et qui porte le nom de session budgétaire. C'est un moment particulièrement important de la vie politique de chaque Etat, puisque les moyens sollicités par le gouvernement pour la mise en œuvre de sa politique en dépendent.

Il apparaît donc que le budget et la loi de finances ont toujours été unis par un double lien de consubstantialité, car si le budget a favorisé l'institutionnalisation de la loi de finances, celle-ci constitue, en retour, l'acte qui consacre l'adoption du budget par le parlement. Mais au-delà de cette relation historique, le budget et la loi de finances sont également unis par les liens du droit.

SECTION 2 – LA RELATION JURIDIQUE

32. Elle découle de la définition du budget et de la loi de finances. Nous évoquerons d'abord les définitions issues du droit français (§ 1), avant de nous intéresser à celles élaborées par le législateur gabonais (§ 2).

§ 1 – La définition du budget et de la loi de finances en droit français

33. Jusqu'au milieu du XXe siècle, il règne, en droit français, une certaine confusion entre les notions de budget et de loi de finances. L'illustration en est donnée par l'article 2 de l'ordonnance royale du

---

[39] Cf. *Dictionnaire encyclopédique de finances publiques*, (sous la direction de L. Philip), Economica, 1996, p. 171.

31 mai 1838 aux termes duquel « les recettes et les dépenses publiques à effectuer pour le service de chaque exercice sont autorisées par les lois annuelles de finances et forment le budget général de l'Etat ». Ce texte consacre manifestement l'assimilation des notions de budget et de loi de finances.

Pour autant, une première définition du budget est formulée par le décret du 31 mai 1862 relatif à la comptabilité publique, dont l'article 5 dispose que « le budget est l'acte par lequel sont prévues et autorisées les recettes et les dépenses annuelles de l'Etat ou des autres services que les lois assujettissent aux mêmes règles ».[40]

Cette définition pêche cependant par son imprécision, car elle ne renseigne pas suffisamment sur la nature intrinsèque de cet acte qu'est le budget. S'agit-il d'un acte législatif, d'un acte réglementaire ou encore d'un acte contractuel ?

En outre, contrairement à l'ordonnance royale de 1838, le décret du 31 mai 1862 n'évoque nullement la notion de loi de finances. Que devient cette loi par rapport au budget ? Ce dernier en est-il toujours l'émanation ? Ou a-t-il désormais une existence autonome ? Autant d'interrogations qui mettent en évidence les lacunes de la définition formulée en 1862, lacunes auxquelles tente de remédier le décret du 19 juin 1956.

Aux termes de l'article 1er de ce texte, « le budget de l'Etat prévoit en la forme législative les charges et les ressources de l'Etat. Il est arrêté par le parlement dans la loi de finances qui traduit les objectifs économiques et financiers du gouvernement ».

Le décret du 19 juin 1956 montre bien que la relation entre le budget et la loi de finances demeure intacte. Mais à l'instar de l'ordonnance royale de 1838, il ne prend pas la peine de dissocier et de définir séparément les deux notions.

De surcroît, la nouvelle définition du budget issue de ce décret ne paraît pas plus explicite que celle retenue dans le décret du 31 mai

---

40 On retrouve une définition similaire dans le décret du 29 décembre 1962 portant règlement général sur la comptabilité publique, lequel a remplacé celui du 31 mai 1862. Aux termes de l'article 4 de ce texte, « le budget ou, le cas échéant, l'état des prévisions de recettes et de dépenses, est l'acte par lequel sont prévues et autorisées les recettes et les dépenses des organismes publics ».

1862. Cette définition se contente juste d'indiquer que le budget est arrêté par le parlement dans la loi de finances, sans donner la moindre précision sur le contenu et les caractéristiques de celle-ci. La seule indication fournie sur cette loi est qu'elle traduit les objectifs économiques et financiers du gouvernement.[41]

La clarification attendue viendra finalement de l'ordonnance du 2 janvier 1959 portant loi organique relative aux lois de finances. Ce texte tente en effet d'établir une distinction nette entre les notions de budget et de loi de finances, en consacrant un article à chacune de ces deux notions. Ainsi, selon l'article 1er, « les lois de finances déterminent le montant et l'affectation des ressources et des charges de l'Etat, compte tenu d'un équilibre économique et financier qu'elles définissent ». Quant à l'article 16, il définit le budget comme « l'ensemble des comptes qui décrivent, pour une année civile, toutes les ressources et toutes les charges permanentes de l'Etat ».

§ 2 – La définition du budget et de la loi de finances en droit gabonais

34. En accédant à l'indépendance, le Gabon a repris à son compte les définitions du budget et de la loi des finances issues du droit budgétaire français. C'est ce qui ressort notamment de la loi n° 4/85 du 27 juin 1985 relative aux lois de finances, dont les articles 1er et 18 reproduisent, presque mot à mot, les dispositions de l'ordonnance française du 2 janvier 1959. En effet, selon l'article 1er, « les lois de finances déterminent la nature, le montant et l'affectation des ressources et des charges de l'Etat, compte tenu d'un équilibre économique et financier qu'elles définissent ». De son côté, l'article 18 indique que « le budget est constitué par l'ensemble des comptes qui décrivent, pour une année civile, toutes les ressources et toutes les charges de l'Etat »[42].

---

[41] Pour une analyse critique des différentes définitions du budget et de la loi de finances formulées depuis le XIXe siècle, voir notamment P.- M. Gaudemet et J. Molinier, *Finances publiques*, op. cit., pp. 225 à 235.

[42] Il convient de relever que cette définition ne précise pas le caractère *permanent* des ressources et des charges décrites par le budget. Il s'agit vraisemblablement d'une omission de la part du législateur de 1985 puisque l'ordonnance n° 40/75 du 30 juin 1975, que la loi n° 4/85 a remplacée, souligne bien ce caractère permanent des ressources et des charges inscrites au budget de l'Etat.

Le même souci de clarification et de différenciation des notions de budget et de loi de finances transparaît dans la loi organique de 2010 relative aux lois de finances et à l'exécution du budget[43] qui leur consacre deux articles distincts : d'une part, l'article 2, alinéa 1er selon lequel « les lois de finances déterminent, pour un exercice, la nature, le montant et l'affectation des ressources et des charges de l'Etat, ainsi que l'équilibre budgétaire et financier qui en résulte … » ; d'autre part, l'article 5, alinéa 2 qui indique que « le budget décrit, pour une année, l'ensemble des recettes et des dépenses budgétaires de l'Etat … ».

Enfin, selon l'article 10 de la loi organique de 2015 relative aux lois de finances et à l'exécution du budget, «les lois de finances ont pour objet de déterminer les ressources et les charges de l'Etat, de définir les conditions de l'équilibre budgétaire et financier, d'arrêter le budget de l'Etat et de rendre compte de son exécution ».

Ce texte permet donc de situer le budget par rapport à la loi de finances. Mais, contrairement à ses prédécesseurs, le législateur de 2015 n'a pas pris la peine de dissocier la définition du budget de celle de la loi de finances. A défaut de leur consacrer deux articles distincts, il aurait pu se contenter de transposer dans la nouvelle loi organique la formulation retenue en 2011 par la directive de la CEMAC relative aux lois de finances. L'article 10, alinéa 1er de cette directive dispose en effet que « le budget de l'Etat détermine, pour un exercice budgétaire, la nature, le montant et l'affectation de ses recettes et de ses dépenses, ainsi que le solde budgétaire qui en résulte et les modalités de son financement. Il est adopté en loi de finances ». Cette formulation, certes perfectible, a l'avantage d'être un peu plus explicite sur la définition du budget et sur la relation que celui-ci entretient avec la loi de finances.

En définitive, qu'il s'agisse du droit français, du droit gabonais ou du droit communautaire CEMAC, le premier constat qui se dégage des développements qui précèdent est qu'il existe une différence de contenu entre le budget et la loi de finances. En effet, le budget décrit

---

[43] Cette loi organique de 2010, qui a abrogé la loi n° 4/85, est issue de la transposition en droit gabonais de la directive de la CEMAC n° 2/08-UEAC-109-CM-17 relative aux lois de finances.

uniquement les opérations permanentes de l'Etat (à l'exclusion des opérations temporaires), tandis que la loi de finances retrace l'ensemble des ressources et des charges de l'Etat, quelle qu'en soit la nature. Le budget est, de surcroît, inclus dans la loi de finances dont il est une des composantes[44].

Le second constat est que le budget et la loi de finances se distinguent par leur finalité. En effet, relèvent Paul-Marie Gaudemet et Joël Molinier, « le budget, à la différence de la loi de finances, ne se limite pas à une détermination d'ensemble. C'est chaque ressource et chaque charge permanente de l'Etat qui doit être exprimée dans le budget. Ainsi le budget explicite, développe et détaille les autorisations données globalement par la loi de finances »[45]. Le budget se présente donc comme le référentiel des opérations financières autorisées par le parlement et permet, en conséquence, de mieux canaliser l'action du gouvernement au moment de la mise en œuvre de ces opérations.

Le troisième constat porte sur la différence de nature entre le budget et la loi de finances. Le premier est essentiellement un document chiffré parce qu'il est l'expression comptable des opérations financières permanentes de l'Etat. Et en tant que tel, il peut être équilibré, déficitaire ou excédentaire, en fonction du solde des opérations qu'il décrit. Tel n'est évidemment pas le cas de la loi de finances qui est avant tout un acte juridique.

Quoiqu'il en soit, le budget reste toujours l'émanation de la loi de finances. Et bien qu'il ne soit pas formellement un acte juridique, sa particularité est d'être « un instrument financier et comptable, auquel il faut donner une forme juridique »[46]. Et c'est justement la loi de finances qui consacre l'existence juridique du budget en lui conférant la même valeur législative. En effet, pour qu'elles puissent être exécutées, les opérations de recettes et de dépenses prévues dans le document budgétaire doivent nécessairement être autorisées par le parlement, à travers le vote de la loi de finances.

---

[44] Mais c'est incontestablement la principale composante, comme on le verra plus loin.

[45] Cf. P.-M. Gaudemet et J. Molinier, *Finances publiques*, op. cit., p. 234.

[46] M. Bouvier, M.-C. Esclassan et J.-P. Lassale, *Fiances publiques*, op. cit., p. 257.

Mais il importe de souligner qu'il existe plusieurs catégories de loi de finances dont il faut à présent préciser les spécificités.

CHAPITRE 2

LES DIFFÉRENTES CATÉGORIES DE LOI DE FINANCES

35. La loi organique de 2015 et les textes qui l'ont précédée révèlent qu'il existe trois catégories de lois de finances : la loi de finances de l'année encore appelée loi de finances initiale ; les lois de finances rectificatives et la loi de règlement. Il importe donc de rechercher la spécificité de chacune d'elles, afin de déterminer son rapport au budget.

SECTION 1 – LA LOI DE FINANCES DE L'ANNÉE

36. Elle est incontestablement la plus importante dans la mesure où les moyens financiers nécessaires à l'action de l'Etat au cours de l'année n+1 en dépendent. C'est bien ce qui ressort de l'article 11, alinéa 1er, de la loi organique de 2015 qui dispose que « la loi de finances de l'année prévoit et autorise, pour chaque année civile, l'ensemble des ressources et charges de l'Etat ».

Mais une vision réductrice de la loi de finances de l'année conduit souvent à l'assimiler au budget alors que celui-ci n'en est que l'une des composantes. S'inspirant des dispositions du droit budgétaire français[47], l'ordonnance du 30 juin 1975 relative aux lois de finances[48] a en effet procédé à l'énumération des éléments constitutifs de la loi de finances de l'année. Il s'agit notamment :

- du budget général de l'Etat ;
- des budgets annexes ;
- des comptes spéciaux du Trésor ;
- du rapport économique et financier ;
- des annexes explicatives[49].

---

[47] Notamment de l'article 2 de l'ordonnance du 2 janvier 1959 portant loi organique relative aux lois de finances.

[48] Cette ordonnance est le tout premier texte en la matière adopté par le Gabon après son accession à l'indépendance.

[49] Cf. articles 2, 12, 15 et 29.

Cette liste énumérative a légèrement été modifiée par la loi n° 4/85 du 27 juin 1985 qui n'a retenu que quatre de ces cinq éléments constitutifs de la loi de finances de l'année initialement prévus, à savoir le budget général de l'Etat, les comptes spéciaux du Trésor, le rapport économique et financier, les annexes explicatives. Les budgets annexes ont, en revanche, disparu de cette liste.

Le législateur de 1985 n'a cependant pas été suivi par ses homologues de 2010 et 2015. Ces derniers ont estimé que certaines recettes peuvent être directement affectées à certaines dépenses. Et les affectations en question prennent la forme de budgets annexes, de comptes spéciaux ou de procédures comptables particulières au sein du budget général, d'un budget annexe ou d'un compte spécial[50].

La législation financière actuellement en vigueur au Gabon confirme donc que la loi de finances de l'année a cinq composantes : le budget général de l'Etat, les budgets annexes, les comptes spéciaux, le rapport économique et financier et les annexes explicatives. Ces cinq composantes sont cependant de valeur inégale dans la mesure où trois seulement peuvent être considérées comme de véritables éléments constitutifs de la loi de finances de l'année (§ 1), tandis que les deux autres apparaissent comme de simples documents explicatifs de celle-ci (§ 2).

§ 1 – Les éléments constitutifs de la loi de finances de l'année

37. Ils sont prévus par l'article 11 de la loi organique de 2015. Il s'agit du budget général de l'Etat, des budgets annexes et des comptes spéciaux.

A – Le budget général de l'Etat

38. Le budget général de l'Etat est incontestablement la pièce maîtresse de la loi de finances de l'année puisqu'il décrit, pour un exercice budgétaire, l'ensemble des recettes et des dépenses permanentes de l'Etat. Il intègre la quasi-totalité des recettes et des dépenses de l'Etat, à l'exclusion de celles figurant dans les budgets annexes et les comptes spéciaux, lesquelles présentent deux particularités : la première est que les recettes enregistrées dans ces

[50] Cf. article 29 de la loi organique de 2010 et article 50 de la loi organique de 2015.

budgets et ces comptes sont généralement affectées à des dépenses déterminées d'avance ; la seconde particularité est que les opérations de recettes et de dépenses en question ont un caractère temporaire.

B – Les budgets annexes

39. Ils décrivent les opérations financières des services publics de l'Etat non dotés de la personnalité morale et ayant pour activité principale la production des biens ou la prestation de services moyennant le paiement d'une redevance[51]. Il s'agit le plus souvent de services publics à vocation industrielle et commerciale. Les règles de gestion auxquelles ils sont soumis s'apparentent à celles applicables aux entreprises du secteur privé. C'est pour parvenir à une meilleure lisibilité de leur activité et en assurer aisément le contrôle que le législateur a jugé utile de doter ces services d'un budget annexe distinct du budget général de l'Etat. Mais en réalité, la séparation entre les budgets annexes et le budget général n'est pas aussi nette qu'on pourrait le croire. Pour Michel Bouvier, Marie-Christine Esclassan et Jean-Pierre Lassale, « les budgets annexes, intégrés dans la loi des finances, ne sont pas isolés du budget général de l'Etat. Il existe avec ce dernier une solidarité qui se traduit par l'intermédiaire d'un solde figurant au budget général, et qui pourra être créditeur ou débiteur, selon que le budget annexe est en déficit ou en excédent »[52].

Au Gabon, les budgets annexes sont présentés en deux sections, conformément à l'article 51 de la loi organique de 2015 : d'une part, la section des opérations courantes qui retrace les recettes et les dépenses de gestion courante ; d'autre part, la section des opérations en capital qui enregistre les recettes et les dépenses afférentes aux opérations d'investissement et aux variations de l'endettement de l'Etat. Ce texte précise de plus que les budgets annexes doivent être présentés et exécutés en équilibre. Un découvert peut néanmoins être autorisé par la loi de finances pour une durée limitée.

---

[51] Cf. article 51 de la loi organique de 2015.

[52] Cf. M. Bouvier, M.-C. Esclassan et J.-P. Lassale, *Finances publiques*, op. cit., p. 276.

C – Les comptes spéciaux

40. Ils concernent les opérations financières que le législateur entend isoler du budget général de l'Etat, en raison des conditions particulières de leur financement et surtout de leur caractère temporaire. Originellement appelés comptes spéciaux du Trésor, ces comptes « devaient retracer les mouvements de fonds provisoires. Ils constituaient de simples comptes de passage, et comptabilisant des opérations sans caractère définitif, ils ne figuraient pas dans le budget de l'Etat »[53]. En tant que tels, ils peuvent donc être considérés comme des comptes d'attente dont le solde peut être créditeur ou débiteur, mais dont l'équilibre doit nécessairement être assuré à terme.

Selon la loi organique de 2015, il existe quatre catégories de comptes spéciaux : les comptes d'affectation spéciale, les comptes de commerce, les comptes de prêt et les comptes de garantie[54].

1 – Les comptes d'affectation spéciale

41. Ils retracent les opérations financées au moyen de recettes particulières, lesquelles sont, par nature, en relation directe avec les dépenses concernées. A titre d'exemple, les opérations relatives aux pensions de retraite sont enregistrées dans un compte unique d'affectation spéciale. Alimenté par les sommes retenues sur les salaires des agents publics en activité, ce compte permet de payer les pensions des agents publics retraités.

Il convient de préciser qu'en cours d'année budgétaire, le total des dépenses payées au titre d'un compte d'affectation spéciale ne peut excéder le total des recettes constatées. Celles-ci peuvent toutefois être complétées par des versements du budget général dans la limite de 10% des crédits initialement alloués à ce compte. Cette limitation ne concerne pas cependant les versements du budget général de l'Etat au profit du compte d'affectation spéciale des pensions de retraite.

---

[53] Idem, p. 277.

[54] On notera que les comptes de concours financiers et les comptes d'opérations monétaires, prévus par la loi organique de 2010, ne figurent plus dans celle de 2105.

2 – Les comptes de commerce

42. Ils décrivent des opérations à caractère industriel et commercial effectuées, à titre accessoire, par des services de l'Etat non dotés de la personnalité morale.

En dépit du caractère indicatif des évaluations de recettes et des prévisions de dépenses figurant dans ces comptes, ils doivent être présentés et exécutés en équilibre, conformément à l'article 56 de la loi organique de 2015. Les comptes de commerce peuvent toutefois bénéficier d'un découvert pour une durée déterminée, dans les conditions et les limites fixées par la loi de finances.

3 – Les comptes de prêt

43. Ils retracent les opérations relatives aux prêts et avances consentis par l'Etat aux collectivités locales ou à d'autres personnes morales de droit public. Un compte distinct doit être ouvert pour chaque débiteur ou catégorie de débiteurs.

Les prêts et avances de l'Etat sont accordés par décision du ministre chargé des finances dans la limite de l'autorisation donnée chaque année par la loi de finances et pour une durée déterminée qui ne peut excéder cinq ans.

Les autres conditions relatives au taux d'intérêt applicable aux prêts et avances de l'Etat, au montant de leur amortissement en capital, au non-respect éventuel des échéances de remboursement par le débiteur sont fixées par l'article 61 de la loi organique de 2015.

4 – Les comptes de garantie

44. Ils sont destinés aux opérations de garantie et d'aval de l'Etat. Un compte distinct doit être ouvert pour chaque bénéficiaire ou catégorie de bénéficiaires.

Il faut souligner que dès qu'un risque sérieux de mise en jeu de la garantie ou de l'aval de l'Etat apparaît, des crédits sont ouverts à hauteur de ce risque.

§ 2 – Les documents explicatifs de la loi de finances de l'année

45. Il s'agit, d'une part, du rapport économique et financier et, d'autre part, des annexes explicatives[55].

A – Le rapport économique et financier

46. C'est un document de présentation générale du projet de loi de finances de l'année. Il a pour finalité de renseigner les représentants du peuple sur la situation économique et financière du pays ainsi que sur les orientations et les choix du gouvernement au moment où démarre la session budgétaire du parlement. Comme le relève fort justement Lucille Tallineau, « la volonté de situer les choix budgétaires dans l'ensemble de l'activité économique et sociale, de lier la politique d'investissement à la programmation à moyen terme et de connaître le coût des actions entreprises par l'Etat, s'est traduite par une plus grande formalisation des documents d'information »[56].

Historiquement, l'obligation d'accompagner le projet de loi de finances de l'année d'un rapport économique et financier remonte à l'édiction, en France, du décret du 12 janvier 1956. Ce texte exigeait du gouvernement deux rapports distincts (l'un économique et l'autre financier) à déposer au parlement en même temps que le projet de loi de finances de l'année. Mais l'ordonnance du 2 janvier 1959 a finalement décidé de fusionner ces deux rapports en un seul.

C'est cette même option que l'ordonnance n° 40/75 du 30 juin 1975 a retenue pour le Gabon. Obligation a ainsi été faite au gouvernement de joindre au projet de loi de finances de l'année « un rapport définissant l'équilibre économique et financier »[57].

La même obligation a été maintenue dans la loi organique de 2015 dont l'article 12 exige de joindre au projet de loi de finances de l'année un rapport sur la situation et les perspectives économiques,

---

[55] Auxquels s'ajoutent de nombreux autres documents annexes dont la liste figure à l'article 13 de la loi organique 2015.

[56] Cf. *Dictionnaire encyclopédique de finances publiques*, op. cit., p. 71.

[57] Cf. article 29 de l'ordonnance n° 40/75. Le législateur a cependant fait un autre choix en 1985. La loi n° 4/85 du 27 juin 1985 a en effet opté pour la présentation de deux rapports en appui du projet de loi de finances de l'année : celui du ministre chargé des finances, d'une part ; celui du ministre chargé de la planification, d'autre part.

sociales et financières du pays. Rédigé par les services compétents des ministères chargés du budget et de l'économie, ce rapport doit présenter les hypothèses de travail, les méthodes d'analyse et les résultats des projections sur lesquelles s'appuie le projet de loi de finances de l'année[58].

B - Les annexes explicatives

47. Les dispositions du projet de loi de finances de l'année tiennent généralement en quelques articles et ne présentent les opérations budgétaires de l'Etat que par grandes masses. Ce qui ne suffit pas pour renseigner les parlementaires sur la répartition exacte des crédits sollicités par le gouvernement, d'une part, et pour guider leurs choix au moment de la discussion et de l'adoption du projet de budget, d'autre part.

En outre, ces dispositions ne sont pas assez précises pour les différentes administrations appelées à exécuter le budget, car elles ont besoin de connaître, dans le détail, le montant des crédits qui leur sont alloués ainsi que la nature des dépenses à couvrir avec ces crédits.

On mesure alors l'importance des annexes explicatives dont la finalité est de fournir aux parlementaires, aux ordonnateurs et aux comptables publics ainsi qu'à toutes les personnes participant à l'exécution du budget de l'Etat, une information complète et plus détaillée que celle contenue dans la loi de finances proprement dite. Pour s'en convaincre, il suffit de relever qu'au Gabon l'annexe explicative du seul budget de fonctionnement de l'Etat compte approximativement 600 pages contre une trentaine environ pour la loi de finances.

En France, bien plus qu'au Gabon, le nombre et la diversité des annexes budgétaires témoignent également de leur importance. Aussi a-t-il fallu les classer par couleur afin de pouvoir les identifier. Ce qui

---

[58] Des facteurs tels que l'évolution du prix du baril pétrole ou les fluctuations du taux de change du dollar, par exemple, doivent nécessairement être pris en compte, en raison de leur influence sur les recettes de l'Etat.

leur vaut l'appellation de *« bleus », « jaunes »,* et *verts »* budgétaires[59].

Au Gabon, les annexes budgétaires sont prescrites par l'article 13 de la loi organique de 2015. Treize catégories d'annexes sont ainsi prévues par ce texte. Mais deux d'entre elles ont un rôle explicatif particulièrement important.

La première catégorie est celle des annexes explicatives du budget général de l'Etat. Ces annexes développent, par programme et par titres, le montant des crédits de l'année n+1 et, à titre indicatif, le montant des crédits des deux années suivantes. Elles sont accompagnées du projet annuel de performance de chaque programme, lequel présente les objectifs poursuivis et les résultats attendus, mesurés au moyen d'indicateurs d'activité et de résultat.

La deuxième catégorie concerne les annexes explicatives du contenu des budgets annexes et des comptes spéciaux, notamment les comptes de prêts et les comptes de garantie.

Les développements qui précèdent montrent que les annexes explicatives ont une fonction d'explicitation des dispositions de la loi de finances de l'année. Elles permettent au parlement, d'une part, de mieux comprendre le contenu et les enjeux de cette loi avant de la voter et, d'autre part, de pouvoir la contrôler efficacement pendant et après son exécution. En outre, les annexes explicatives aident les ordonnateurs et les comptables publics à mieux décrypter les autorisations budgétaires votées par le parlement au moment de procéder à l'exécution de la loi de finances de l'année.

SECTION 2 – LES AUTRES CATEGORIES DE LOI DE FINANCES

48. Il s'agit, d'une part, des lois de finances rectificatives qui peuvent être votées en cours d'année budgétaire (§ 1) et, d'autre part, de la loi de règlement que le parlement doit adopter au terme de chaque exercice budgétaire (§ 2).

---

[59] Les *« blancs »* budgétaires qui présentaient les crédits de chaque ministère sous forme de budget de programme ont disparu avec la réforme des *« bleus »*.

§ 1 – Les lois de finances rectificatives

49. Pour comprendre l'utilité et la portée des lois de finances rectificatives, il faut se référer à la loi de finances de l'année encore appelée loi de finances initiale. Il arrive fréquemment que les prévisions faites dans cette loi se révèlent inexactes en cours d'exercice budgétaire. C'est notamment le cas lorsque surviennent des évènements imprévus dont l'ampleur et les conséquences remettent en cause la nature et le montant des autorisations budgétaires votées par le parlement. Cette situation entraîne généralement une augmentation des dépenses prévues ou une diminution des recettes escomptées[60], sans que le gouvernement puisse y remédier par des procédures et des opérations budgétaires courantes telles que les transferts ou les virements de crédits. Le gouvernement doit alors solliciter du parlement de nouvelles autorisations budgétaires permettant de modifier les options initialement retenues. Le plus souvent, ces modifications ne concernent que quelques départements ministériels[61]. Mais elles peuvent aussi toucher tous les ministères[62].

Avant l'adoption, en France, de l'ordonnance du 2 janvier 1959, les lois de finances rectificatives portaient le nom de ''collectifs budgétaires'' parce qu'elles avaient (et ont encore) pour objet de collecter, en cours d'année budgétaire, les nouvelles demandes de crédits formulées par le gouvernement en vue d'adapter les autorisations budgétaires initialement votées par le parlement aux

---

[60] Exceptionnellement, il peut s'agir aussi d'un accroissement des recettes.

[61] Par exemple le ministère de la santé dont il faut renforcer les capacités afin de combattre une grave épidémie survenant en cours d'année budgétaire ; ou encore le ministère de la prévoyance sociale et de la solidarité nationale auquel il faut allouer des crédits supplémentaires pour venir en aide aux personnes sinistrées, à la suite des inondations provoquées par une saison des pluies d'une rare violence et d'une durée inhabituelle.

[62] A titre d'exemple, une diminution des recettes pétrolières, consécutive à la chute brutale du prix du baril sur le marché international, entraîne inéluctablement l'adoption d'une loi de finances rectificative afin de revoir à la baisse le budget de tous les ministères et institutions. A contrario, une augmentation des cours du pétrole sur le marché international, se traduisant par un accroissement exceptionnel des recettes budgétaires, conduit à l'adoption d'une loi de finances rectificative permettant de répartir cette manne financière entre tous les départements ministériels, après une nouvelle estimation des besoins de chacun. Cet argent peut aussi être affecté au financement d'un projet prioritaire relevant d'un seul ministère.

nouvelles circonstances. Le terme de ‘‘correctifs budgétaires’’ aurait pu tout aussi bien convenir à ces lois puisqu’elles servent à corriger les erreurs de prévision commises lors de la préparation de la loi de finances de l’année. Mais l’appellation de collectifs budgétaires, qui subsiste à l’heure actuelle, était d’autant plus justifiée à l’époque que la collecte des propositions d’ajustement budgétaire souhaitées par les différents départements ministériels intervenait selon une périodicité préalablement établie : mensuelle à l’origine, en vertu de la loi du 14 décembre 1879, cette périodicité est devenue trimestrielle en 1938, avant de disparaître en 1959, en application de l’ordonnance du 2 janvier 1959 qui a laissé au gouvernement la liberté de recourir ou non aux lois de finances rectificatives[63].

Au Gabon, comme en France, le recours aux collectifs budgétaires était au départ une simple possibilité offerte au gouvernement[64]. Mais cette possibilité a pratiquement été érigée en principe depuis les années 1980, puisqu’un projet de loi de finances rectificative est systématiquement déposé chaque année.

Dans la loi organique de 2015, le recours aux collectifs budgétaires est à la fois une option et une obligation. Selon l’article 14, alinéa 1er, de ce texte, « les lois de finances rectificatives peuvent, en cours d’année, modifier les dispositions de la loi de finances de l’année ». Mais dans certaines circonstances, définies par l’article 15 de la même loi organique, le recours au collectif budgétaire s’impose absolument. Le gouvernement est ainsi tenu de déposer un projet de loi de finances rectificative au parlement dans les cas suivants :

- bouleversement des grandes lignes de l’équilibre budgétaire défini par la loi de finances de l’année, notamment en raison de l’évolution de la conjoncture, de l’intervention des décrets d’avances ou d’arrêtés d’annulation de crédits ;

---

[63] Pour ce qui est de la Grande Bretagne, les lois de finances rectificatives obéissent plutôt à une périodicité saisonnière. En effet, quelles que soient les circonstances, le parlement doit adopter un collectif budgétaire en été, un autre en hiver et un troisième au printemps.

[64] C’est ce qui ressort de toutes les lois organiques (ou ordonnances) relatives aux lois de finances adoptées jusqu’à présent.

- augmentation substantielle des recettes par rapport aux prévisions de la loi de finances de l'année ;

- intervention de mesures législatives ou réglementaires affectant considérablement l'exécution du budget.

A l'instar du projet de loi de finances de l'année, le projet de loi de finances rectificative doit être accompagné des documents suivants :

- un rapport sur les évolutions de la situation économique et budgétaire justifiant les dispositions de ce projet ;

- une annexe explicative détaillant et justifiant les modifications de crédits proposées ;

- un tableau récapitulant les mouvements de crédits intervenus par voie réglementaire depuis l'entrée en vigueur de la loi de finances de l'année.

Le recours aux collectifs budgétaires, qui est désormais une pratique courante dans la plupart des Etats, amène à s'interroger sur la place attribuée aujourd'hui à la loi de finances de l'année par rapport à la loi de finances rectificative. Raymond Muzellec estime à ce propos qu'« au plan politique, il y a apparemment une loi déterminante, la loi initiale, et une loi déterminée (conditionnée), la loi rectificative. L'une fixe les orientations, l'autre les inflexions. La réalité est différente : la loi première tend de plus en plus à devenir la loi rectificative et la loi seconde la loi initiale. Les budgets politiques décisifs et actifs sont les budgets adoptés en cours d'année, les lois initiales sont souvent des budgets sans horizon ni perspective, des budgets de routine, de reconduction »[65].

Quoiqu'il en soit, le parlement doit toujours dresser le bilan de chaque exercice budgétaire en adoptant une loi de finances spéciale appelée loi de règlement.

§ 2 – La loi de règlement

50. Instituée en France par la loi du 15 mai 1818, la loi de règlement a reçu, à l'origine, la dénomination de « loi des comptes », puis celle de « loi de règlement du budget et des comptes de l'Etat ».

---

[65] Cf. *Dictionnaire encyclopédique de finances publiques*, op. cit., p. 1019.

A travers cette nouvelle catégorie de loi de finances, le législateur entendait instaurer « le principe de l'apurement législatif des comptes budgétaires de l'Etat »[66]. La loi de règlement a ensuite connu une évolution assez contrastée avec un bel essor (de la Restauration au milieu du XIXe siècle), suivi d'une période de déclin (sous la IIIe et la IVe République), avant d'être réhabilitée par l'ordonnance du 2 janvier 1959 et plus récemment par la loi organique du 1er août 2001[67].

Au Gabon, la loi de règlement est prévue par l'article 48, alinéa 7 de la Constitution. Et sa définition découle de l'article 17 de la loi organique de 2015. Celui-ci précise que la loi de règlement a un double objet qui consiste, d'une part, à arrêter les résultats de la comptabilité budgétaire et de la comptabilité générale de l'exercice considéré et à en donner quitus au gouvernement, d'autre part, à procéder aux modifications de crédits jugées nécessaires par le parlement. Ce qui se traduit notamment par :

- la ratification des ouvertures de crédits intervenues par décret d'avance postérieurement à la dernière loi de finances afférente à l'année considérée ;

- l'ouverture, pour chaque programme concerné, des crédits nécessaires à la régularisation des dépassements constatés sur les crédits évaluatifs ;

- l'annulation des crédits n'ayant pas été consommés ;

- le relèvement du montant du découvert autorisé au niveau du découvert constaté d'un budget annexe ou d'un compte de commerce.

Selon la Cour des comptes, « la loi de règlement [...] est à la fois une loi d'autorisation des modifications des crédits budgétaires ouverts dans l'année et une loi de constatation de l'exécution des lois de finances »[68].

---

66 V. H. Lieber, *La loi de règlement*, Revue du Trésor, août-septembre 1978, p. 475.

67 Pour plus de détails sur cette évolution depuis la Restauration jusqu'au début des années 90, voir L. Saïdj, *La loi de règlement et le développement du contrôle parlementaire de la Restauration à nos jours*, Revue française de finances publiques, n° 51, 1995, p. 172.

68 Cf. Cour des comptes, *Rapport général sur le contrôle de l'exécution des lois de finances en vue du règlement du budget de l'exercice 2012*, p. 15.

Comme la loi de finances de l'année et les lois de finances rectificatives, le projet de loi de règlement est accompagné de plusieurs documents dont la liste est déterminée par l'article 18 de la loi organique de 2015. Dans cette liste figurent notamment :

- le tableau des recettes du budget général ;

- le tableau récapitulatif et justificatif de tous les mouvements de crédits intervenus en cours d'année ;

- les annexes explicatives du budget général développant, par programme ou par dotation, le montant définitif des crédits ouverts et des dépenses constatées ainsi que la répartition définitive des crédits par titre, comparée à leur répartition initiale[69] ;

- les annexes explicatives pour chaque budget annexe et chaque compte spécial développant, par programme, le montant définitif des recettes et des dépenses constatées, des crédits ouverts ou du découvert autorisé ainsi que les modifications de découvert demandées[70] ;

- les annexes explicatives développant, pour chaque compte de prêt, d'avance et de garantie, les opérations effectuées ;

- les rapports annuels de performance présentant, pour chaque programme, les résultats obtenus comparés aux objectifs fixés, les actions développées et les moyens utilisés, accompagnés d'indicateurs d'activité et de résultat ainsi que d'une estimation des coûts des activités ou des services rendus[71] ;

- les comptes de l'Etat comprenant, d'une part, les résultats de la comptabilité budgétaire avec le développement des recettes et des dépenses du budget général, des budgets annexes et des comptes spéciaux et, d'autre part, le compte général de l'Etat constitué de la balance générale des comptes de l'année et des états financiers ;

---

[69] L'écart entre les estimations et les réalisations au titre des fonds de concours est également présenté dans ces annexes explicatives.

[70] Les rapports annuels de performance doivent être joints à ces annexes explicatives.

[71] Les écarts entre les résultats de l'année considérée et les réalisations constatées dans la dernière loi de règlement doivent également apparaître dans les rapports annuels de performance (PAP).

- l'état développé des restes à payer et des restes à recouvrer, accompagné d'un rapport sur les mesures envisagées pour en assurer la maîtrise ;

- le tableau des opérations financières de l'Etat ;

- le rapport de la Cour des comptes sur l'exécution des lois de finances, accompagné d'une certification de la régularité, la sincérité et la fidélité des comptes de l'Etat.

De ce qui précède, il ressort qu'à la différence de la loi de finances de l'année qui dispose pour l'avenir, la loi de règlement est un acte essentiellement rétrospectif qui dresse le bilan d'un exercice budgétaire révolu. Elle est, selon l'expression de Paul-Marie Gaudemet et Joël Molinier, « une détermination a posteriori »[72]. La loi de règlement donne ainsi au parlement l'occasion de comparer les opérations budgétaires effectivement exécutées avec les autorisations budgétaires initialement accordées lors du vote de la loi de finances de l'année. Le parlement peut, dès lors, ratifier ou non les écarts constatés et en tirer les conséquences politiques qui s'imposent.

Au terme de ce premier chapitre, le constat qui se dégage est que le budget de l'Etat est juridiquement encadré par les différentes lois de finances votées par le parlement. On verra, dans le chapitre suivant que le budget de l'Etat est l'objet d'un autre encadrement qui découle des principes budgétaires.

---

[72] Cf. *Finances publiques*, op. cit., p. 232.

TITRE II – L'ENCADREMENT DU BUDGET DE L'ETAT PAR LES PRINCIPES BUDGETAIRES

51. Il existe en droit public financier de nombreuses règles qui visent à garantir une saine gestion des deniers publics. Certaines, datant de l'époque classique, peuvent être considérées comme des principes traditionnels (chapitre 1). D'autres, conçues plus récemment, apparaissent davantage comme de nouvelles règles (chapitre 2).

CHAPITRE 1

LES PRINCIPES BUDGETAIRES TRADITIONNELS

52. Ils traitent de deux sujets : d'une part, les modalités de présentation du projet de budget élaboré par le gouvernement ; d'autre part, la portée des autorisations budgétaires votées par le parlement.

SECTION 1 – LES PRINCIPES RELATIFS AUX MODALITES DE PRESENTATION DU BUDGET

53. Il s'agit du principe de l'unité budgétaire et du principe de l'universalité budgétaire[73].

§ 1 – Le principe de l'unité budgétaire

54. On s'intéressera d'abord à la genèse et aux fondements de ce principe (A) avant de voir les exceptions dont il est l'objet (B).

A – La genèse et les fondements du principe

55. Le principe de l'unité budgétaire a été introduit en France au XIXe siècle, sous l'impulsion du baron Louis, du comte de Villèle et du marquis d'Audiffret[74], et grâce à l'instauration et au développement du régime parlementaire. Il a ensuite été réaffirmé par l'ordonnance du 2 janvier 1959 et par la loi organique du 1er août 2001.

L'unité budgétaire signifie que toutes les recettes et toutes les dépenses de l'Etat doivent figurer dans un document budgétaire unique qui est soumis à l'examen et au vote du parlement. Pour Jean-

---

[73] Jean-Luc Albert estime que leur combinaison avec le nouveau principe de la sincérité budgétaire aurait pu donner lieu à un principe budgétaire plus large dénommé principe de « la globalité ou de la totalité » du budget de l'Etat. Cf. *Finances publiques*, op. cit., p. 97 et s.

[74] Voir J.-L. Albert, *Finances publiques*, op. cit., pp. 11 et s.

Luc Albert, « le principe d'unité, compris dans une acception formelle, pourrait également être appelé principe d'unicité car il exige que le budget soit présenté en un seul document, faute de quoi le contrôle serait inefficace et fragmentaire »[75].

Dans une formule rendue célèbre par sa simplicité, Gaston Jèze résume le principe de l'unité en ces termes : « le budget doit être présenté de telle façon qu'il suffise de faire deux additions pour obtenir le total des recettes et des dépenses et une soustraction pour savoir si le budget est en équilibre, en excédent ou en déficit »[76]. On devrait donc nécessairement disposer d'un document budgétaire unique permettant d'effectuer sans difficulté ces différentes opérations.

Comme les autres principes budgétaires conçus à l'époque classique, l'unité budgétaire a été instituée pour remédier au désordre financier auquel la France était confrontée sous l'Ancien Régime. Ce principe obéit plus spécifiquement à un souci de transparence et d'efficacité. Les opérations budgétaires inscrites dans le projet de la loi de finances de l'année étant devenues très nombreuses à l'époque moderne[77] et, de surcroît, éparpillées dans plusieurs documents, les parlementaires ont de plus en plus du mal à les décrypter pour en apprécier la portée au moment de voter le budget. Les ordonnateurs et les comptables publics éprouvent aussi quelques difficultés pendant l'exécution du budget.

Le principe de l'unité budgétaire facilite donc la tâche à tous les acteurs du processus de préparation, d'adoption et d'exécution du budget : d'abord aux membres du gouvernement parce qu'ils ont moins de documents à élaborer lors de la préparation du projet de budget ; ensuite aux parlementaires parce que le risque de se perdre dans le dédale des documents budgétaires à examiner est fortement amoindri ; enfin aux ordonnateurs et aux comptables publics ainsi qu'à leurs nombreux collaborateurs parce qu'ils n'ont plus qu'un seul

---

[75] Idem, p. 97.

[76] Cité par B. Plagnet, *Dictionnaire encyclopédique de finances publiques*, op. cit., p. 1585.

[77] A l'époque classique, les recettes et les dépenses de l'Etat étaient relativement peu nombreuses et présentaient une certaine homogénéité puisqu'il s'agissait essentiellement des recettes fiscales et des dépenses de fonctionnement.

document de référence à utiliser au moment d'effectuer les différentes opérations budgétaires.

Le principe de l'unité budgétaire comporte d'autres avantages dont les principaux ont été répertoriés par la doctrine. Selon Paul-Marie Gaudemet et Joël Molinier[78], l'unité budgétaire permet de faire échec à la pratique des comptes hors budget à laquelle le gouvernement recourt parfois pour échapper à la double obligation de publier lesdits comptes et de les soumettre au parlement. Ce principe contribue en outre à la sincérité des documents budgétaires, puisqu'il permet de mettre à nu les économies budgétaires fictives procédant d'un simple jeu d'écritures ou résultant du transfert des dépenses d'un budget à un autre. Ce faisant, il concourt à la lutte contre les équilibres budgétaires artificiels.

Au Gabon, le principe de l'unité budgétaire découle de l'article 48, alinéa 1er de la Constitution aux termes duquel « toutes les ressources et les charges de l'Etat doivent, pour chaque exercice financier, être évaluées et inscrites dans le projet annuel de loi de finances déposé par le gouvernement à l'Assemblée nationale ».

Dans la loi organique de 2010 relative aux lois de finances, le législateur s'est voulu plus explicite que le constituant en précisant à l'article 5, alinéa 2, que « toutes les recettes et toutes les dépenses sont retracées sur un compte unique intitulé budget général de l'Etat ».

La loi du 30 janvier 2015 relative à la transparence et à la bonne gouvernance affirme de son côté que « les dépenses de fonctionnement et d'investissement doivent être réunies dans un même budget. La procédure de préparation et d'adoption est unique et commune à ces deux catégories de dépenses ».

Quant à la loi organique de 2015, elle dispose, en son article 7, alinéa 1er que « les budgets des administrations publiques déterminent pour chaque année, dans un document unique pour chacune d'entre elles, l'ensemble de leurs recettes et de leurs dépenses … ». Le législateur de 2015 donne ainsi au principe de l'unité budgétaire un sens et une portée différents de ceux qu'il avait auparavant. Désormais, c'est chaque administration publique qui doit présenter

---

[78] Cf. *Finances publiques*, op. cit., pp. 281-282.

son budget dans un document unique alors qu'en 2010, le principe de l'unité s'appliquait au budget général de l'Etat, considéré comme « un compte unique »[79]. Le législateur de 2015 a sans doute estimé qu'en raison de son volume, le budget général de l'Etat pouvait difficilement s'accommoder du principe de l'unité budgétaire et qu'il valait mieux appliquer ce principe au budget de chaque administration.

La conclusion à tirer des développements qui précèdent est que le principe de l'unité budgétaire, qui paraît simple en théorie, l'est beaucoup moins dans la pratique, car les recettes et les dépenses de l'Etat moderne peuvent difficilement tenir dans un document budgétaire unique. Dans ces conditions, le réalisme doit prévaloir sur toute autre considération. Jean-Luc Lambert relève à ce propos que « l'ampleur et la complexité des budgets contemporains ont souvent conduit à n'exiger qu'un seul ensemble de documents en admettant, à côté du budget central (budget principal ou général) des budgets annexes (et, pour l'Etat, des comptes spéciaux), le tout accompagné de documents de développement. Par ailleurs, la multiplication de budgets rectificatifs en cours d'année atténue la portée de la règle de l'unicité »[80].

Tout compte fait, l'unité budgétaire n'a pu être sauvegardée qu'au prix d'un compromis entre la théorie et la pratique, compromis qui a permis d'assouplir ce principe au moyen de quelques exceptions.

B – Les exceptions au principe

56. Le principe de l'unité budgétaire comporte plusieurs exceptions. Certaines apparaissent comme de simples aménagements tandis que d'autres constituent de véritables dérogations.

1 – Les simples aménagements du principe

57. Il s'agit des budgets annexes et des comptes spéciaux du Trésor.

---

[79] L'une des caractéristiques de la loi organique de 2015, comparée à la législation antérieure, est le manque de précision dans la formulation de certains de ces articles. Pour une analyse comparative avec la législation ivoirienne, voir notamment J.E.B. DJEKOURI-DAGBO, *Le principe de l'unité budgétaire dans le droit budgétaire ivoirien*, Revue ivoirienne de droit, n° 41, 2010, pp. 110-151.

[80] Cf. *Finances publiques*, op. cit., p. 97.

a) Les budgets annexes

58. Ils sont prévus par l'article 11 de la loi organique de 2015 et concernent certains services publics jouissant d'une personnalité juridique distincte de celle de l'Etat[81]. La mission de ces services à caractère industriel et commercial est de fournir des prestations aux usagers moyennant rémunération. Les recettes ainsi perçues servent à couvrir leurs charges d'exploitation. En raison de leur vocation industrielle et commerciale, les règles de gestion et de comptabilité applicables à ces services doivent s'inspirer de celles qui sont en vigueur dans les entreprises du secteur privé.

La séparation des budgets annexes du budget général de l'Etat permet ainsi une meilleure évaluation et un contrôle plus efficace de la gestion des services publics concernés.

b) Les comptes spéciaux du Trésor

59. Ils sont également prévus par l'article 11 de la loi organique de 2015. Ils enregistrent les opérations financières ayant un caractère provisoire ou exceptionnel, et appelées à s'équilibrer à terme. A l'instar des budgets annexes, les comptes spéciaux sont aussi séparés du budget général de l'Etat et constituent ainsi une autre entorse au principe de l'unité budgétaire.

Mais, qu'il s'agisse des comptes spéciaux ou des budgets annexes, cette entorse est atténuée par le fait qu'ils font partie intégrante de la loi de finances de l'année et sont, par conséquent, soumis à l'approbation et au contrôle du parlement. Tel n'est pas le cas de certaines pratiques budgétaires qui constituent de véritables dérogations au principe de l'unité budgétaire, quand elles ne le violent pas carrément.

2 – Les dérogations et infractions au principe

60. Il s'agit, d'une part, des budgets autonomes et, d'autre part, de la débudgétisation.

---

[81] Voir à ce sujet l'article 35 de la loi n° 20/2005 du 3 janvier 2006 fixant les règles de création, d'organisation et de gestion des services de l'Etat. Voir également les articles 218 et suivants du décret du 8 février 2016 portant règlement générale sur la comptabilité publique.

a) Les budgets autonomes

61. Ils concernent les personnes morales de droit public autres que l'Etat, notamment les collectivités territoriales et les entreprises publiques. Ces personnes jouissent de la personnalité juridique et de l'autonomie financière[82].

Contrairement au budget général de l'Etat et aux budgets annexes, les budgets autonomes ne sont pas intégrés dans la loi de finances de l'année. Ils ne sont donc pas soumis à l'approbation et au contrôle du parlement puisqu'ils relèvent de la compétence exclusive des organes délibérants des entités publiques concernées[83].

Il convient de souligner que le nombre de budgets autonomes a considérablement diminué au Gabon depuis une vingtaine d'années du fait de la privatisation de la quasi-totalité des entreprises publiques[84]. Tout au plus peut-on encore ranger dans cette catégorie les budgets des deux entreprises restées propriété de l'Etat après leur restructuration : il s'agit de la Caisse Nationale de Sécurité Sociale (CNSS) et de la nouvelle Poste[85], auxquelles s'ajoute la Caisse Nationale d'Assurance Maladie et de Garantie Sociale (CNAMGS) créée en 2007. Ces entreprises ont certes un budget distinct du budget général de l'Etat[86], mais elles sont justiciables de la Cour des comptes, en raison du concours financier que leur apporte l'Etat. Une subvention d'équilibre leur est allouée en cas de déficit d'exploitation.

---

[82] Le présent ouvrage étant exclusivement consacré aux finances de l'Etat, ne traite pas des finances des autres personnes morales de droit public.

[83] Il s'agit du conseil d'administration pour les entreprises publiques, du conseil départemental ou du conseil municipal pour les collectivités territoriales (départements et communes).

[84] Sur ce sujet, voir notamment A. Essono Ovono, *Le cadre juridique de la privatisation des entreprises publiques au Gabon*, op. cit.

[85] La nouvelle Poste est née de l'éclatement de l'ancien Office des Postes et Télécommunications (OPT) en deux entités distinctes : d'une part, « Gabon Télécom » qui a été privatisé, l'Etat se contentant de demeurer l'actionnaire minoritaire ; d'autre part, « Gabon Poste » qui a été restructurée pour devenir une société anonyme dénommée « La Poste S.A. » dont l'Etat détient la majorité du capital.

[86] Ce budget ne fait d'ailleurs pas partie de la loi de finances et n'est pas soumis au vote du parlement.

b) La pratique de la débudgétisation

62. Plus qu'une dérogation, la débudgétisation apparaît comme une infraction au principe de l'unité budgétaire. Cette pratique, qui viole la loi, est née du détournement de la technique des budgets extraordinaires dont l'usage était parfaitement légal à l'origine. Couramment utilisés en France au XIXe siècle, les budgets extraordinaires, qui étaient par définition distincts du budget ordinaire (ou initial) adopté en début d'année, intervenaient en cours d'exercice budgétaire. Et à l'instar de certaines lois de finances rectificatives dont l'objet est de remédier à des situations de crise, les budgets extraordinaires permettaient au gouvernement de faire face à des dépenses imprévues imposées par des circonstances exceptionnelles (crise économique, catastrophe naturelle, conflit armé ...).

Mais le recours aux budgets extraordinaires a été par la suite dévoyé par des gouvernements de plus en plus enclins à camoufler les déficits budgétaires. C'est le constat fait par certains auteurs qui ont relevé que « le budget extraordinaire, apparemment justifié dans certains de ses éléments, incluait aussi des dépenses ordinaires. Ce n'était pas seulement la lettre, mais aussi l'esprit de la règle de l'unité qui étaient alors violés : la connaissance exacte de la situation budgétaire était ainsi rendue plus difficile, et par là même, le contrôle budgétaire se trouvait obéré »[87].

Ce constat montre bien que la technique des budgets extraordinaires a été dénaturée. Elle s'est même muée en une pratique pernicieuse qui porte aujourd'hui le nom de débudgétisation.

Plus connue au Gabon sous l'appellation triviale de « hors budget », cette pratique de la débudgétisation, maintes fois dénoncée par les médias, consiste pour le gouvernement à contourner le parlement, soit en amont en évitant de soumettre certaines dépenses à son approbation afin de présenter un budget artificiellement équilibré, soit en aval en effectuant des dépenses n'ayant fait l'objet d'aucune autorisation parlementaire. Selon la Cour des comptes, qui s'est penchée sur l'exécution du budget de l'Etat de 2001 à 2005, « le fait que les réalisations restent largement en deçà des prévisions, tant en

[87] M. Bouvier, M.-C. Esclassan et J.-P. Lassale, *Finances publiques*, op. cit., p. 282.

ressources qu'en charges, révèle le caractère fictif de l'équilibre budgétaire déclaré à l'occasion du vote des lois de finances »[88].

Plus qu'une dérogation au principe de l'unité, la pratique de la débudgétisation constitue une violation pure et simple de ce principe dans la mesure où elle débouche, de fait, sur l'exécution de deux budgets parallèles : l'un (le budget général) parfaitement légal et contrôlable parce qu'il jouit d'une existence formelle et authentique ; l'autre (innommé) manifestement illégal et difficilement contrôlable en raison de son caractère informel et occulte.

Des développements qui précèdent, on peut déduire que si le principe de l'unité budgétaire a pu aisément s'appliquer à l'époque classique, c'est parce que l'activité de l'Etat était relativement limitée et les opérations budgétaires peu nombreuses. Ces opérations pouvaient alors être décrites, jusqu'au moindre détail, dans un document unique soumis au vote du parlement. Une telle présentation du budget paraît impossible à l'heure actuelle parce que la nature et le rôle de l'Etat ont considérablement évolué. Pour Loïc Philip, « le principe de l'unité budgétaire avait un sens à l'époque où les problèmes financiers de l'Etat étaient relativement simples et où il était possible de réunir, dans un même document, l'ensemble détaillé des finances de l'Etat. Tout parlementaire pouvait, alors, se faire facilement une idée sur le projet de budget qui lui était présenté. La complication des finances modernes ne permet plus de satisfaire cette exigence d'unité »[89].

De nos jours, ce qui caractérise l'Etat moderne et le distingue de l'Etat classique, c'est l'accroissement continu de ses missions et interventions dont le corollaire est la multiplicité des documents budgétaires soumis à l'examen du parlement. Et comme le souligne fort justement Loïc Philip, « la loi de finances ne donne plus qu'une vue synthétique. Elle ne retrace que les grandes masses de dépenses et de recettes qui sont la récapitulation d'un canevas détaillé soumis aux parlementaires dans de nombreux documents annexes. Et c'est en ce sens que le principe de l'unité n'a plus grande signification

---

[88] Cf. *Rapport général sur le contrôle de l'exécution des lois de finances en vue du règlement du budget de l'exercice 2005*. p. 32.
[89] Cf. *Finances publiques*, op. cit., p.176.

aujourd'hui. Le document unique qui retrace l'ensemble des charges et des ressources de l'Etat existe bien, mais pour l'analyser en profondeur, les parlementaires doivent se référer à une multitude d'annexes explicatives qui s'adressent surtout à quelques spécialistes »[90].

Le principe de l'unité budgétaire n'est cependant pas le seul à avoir été réaménagé de la sorte puisque le principe de l'universalité budgétaire a connu une évolution similaire.

§ 2 – Le principe de l'universalité budgétaire

63. On s'intéressera, dans un premier temps, à la genèse, aux fondements et aux déclinaisons de ce principe. On évoquera, en second lieu, les exceptions admises par le législateur en vue de rendre son application plus aisée.

A – La genèse, les fondements et les déclinaisons du principe

64. On étudiera d'abord la genèse et les fondements du principe avant de voir ses différentes déclinaisons.

1 – La genèse et les fondements du principe

65. C'est sous la Restauration en France que le principe de l'universalité budgétaire a vu le jour. Institué par la loi de finances du 15 mai 1818, ce principe vise à combattre une pratique courante au sein des administrations fiscales, pratique consistant à dissimuler les dépenses de fonctionnement de ces administrations au moyen d'une compensation avec les recettes fiscales réalisées.

En exigeant que les dépenses de fonctionnement du fisc (y compris les frais de perception de l'impôt) figurent en intégralité dans le document budgétaire, la loi de finances de 1818 a mis fin à la pratique de la compensation entre ces dépenses et les recettes fiscales. Mais c'est le décret du 31 mai 1862 portant règlement général sur la comptabilité publique qui va transformer cette prescription en un véritable principe budgétaire applicable à l'ensemble des dépenses et des recettes de l'Etat. Ce principe est réaffirmé par le décret du 9 juin 1956, avant d'être définitivement consacré par l'ordonnance du 2 janvier 1959. L'article 18 de ce dernier texte rappelle qu'« il est fait

---

[90] Idem.

recette du montant intégral des produits, sans contraction entre les dépenses et les recettes ». La même prescription a été reprise par la loi organique du 1er août 2001, notamment en ses articles 6 et 16.

Au Gabon, le principe de l'universalité budgétaire, à l'instar du principe de l'unité, découle de l'article 48, alinéa 1er de la Constitution qui dispose que « toutes les ressources et les charges de l'Etat doivent, pour chaque exercice financier, être évaluées et inscrites dans le projet annuel de loi de finances ». Il a été formulé avec plus de clarté par la loi organique de 2010 dont l'article 5, alinéa 2, précise qu'« il est fait recette du montant intégral des produits, sans contraction entre les recettes et les dépenses. L'ensemble des recettes assurant l'exécution de l'ensemble des dépenses, toutes les recettes et toutes les dépenses sont imputées à un compte unique intitulé budget général ». L'article 7, alinéa 3, de la loi organique de 2015 a repris mot à mot cette prescription.

Au regard de ce qui précède, il n'est pas aisé, a priori, de différencier le principe de l'universalité budgétaire du principe de l'unité, au moins pour deux raisons : d'abord, au plan formel, le législateur gabonais n'a pas pris la peine de les dissocier puisqu'ils sont énoncés tous les deux dans le même article 7 de la loi organique de 2015 ; ensuite, sur le fond, les deux principes poursuivent un objectif similaire qui est de regrouper les recettes et les dépenses de l'Etat dans un seul et même document budgétaire.

Pour autant, le principe de l'universalité est bien plus exigeant que le principe de l'unité parce que c'est chaque recette et chaque dépense qui doit être inscrite dans ce document. Ce faisant, il interdit toute compensation entre une dépense et une recette au moyen de l'affectation de celle-ci à celle-là, compensation qui aboutirait finalement à la contraction du montant de ladite dépense. Cette contraction serait évidemment contraire à l'exigence de transparence et de traçabilité de toutes les opérations budgétaires, exigence qui constitue le fondement même du principe de l'universalité.

2 – Les déclinaisons du principe

66. Le principe de l'universalité budgétaire, tel qu'il est formulé dans les textes évoqués plus haut, comporte en réalité deux règles distinctes, mais parfaitement complémentaires : la règle de la non-compensation entre les recettes et les dépenses, d'une part ; la règle de la non-affectation des recettes aux dépenses, d'autre part.

a) La règle de la non-compensation

67. Elle est également connue sous l'appellation de règle du produit brut ou encore règle de la non-contraction des dépenses. Elle procède de l'article 7 de la loi organique de 2015 dont l'alinéa 1er dispose que « les budgets des administrations publiques déterminent pour chaque année … l'ensemble de leurs recettes et de leurs dépenses, présentées pour leur montant brut ».

De son côté, l'alinéa 3 du même article précise qu'« il est fait recette du montant intégral des produits, sans contraction entre les recettes et les dépenses ».

On retrouve cette même prescription dans la loi du 30 janvier 2015 relative à la transparence et à la bonne gouvernance dans la gestion des finances publiques. L'article 28 de cette loi dispose que « les données financières doivent être présentées sur une base brute, distinguant les recettes, les dépenses et les opérations de trésorerie ».

De tout ce qui précède, il ressort clairement que la règle de la non-compensation proscrit la méthode des contractions encore appelée méthode du produit net. Cette méthode, fondée sur la corrélation entre certaines recettes et certaines dépenses, consiste à n'inscrire dans le document budgétaire que le montant net des recettes à recouvrer ou des dépenses à payer, après avoir effectué toutes les compensations possibles. A titre d'exemple, dans le projet de budget de chaque hôpital public, ne devrait apparaître que le montant net des crédits nécessaires à la couverture de ses charges, après déduction des recettes propres générées par les prestations fournies aux patients. S'agissant des recettes fiscales, on ne retiendrait, pour leur inscription dans le budget général de l'Etat, que le montant net à percevoir, après déduction des frais de recouvrement.

Mais la méthode du produit net présente un inconvénient majeur dû au fait que le gouvernement n'est pas tenu de faire apparaître dans le projet de budget soumis au parlement l'intégralité des opérations budgétaires prévues. Ce qui pose évidemment un problème de transparence. En outre, cette méthode porte atteinte au pouvoir d'appréciation du parlement, car les recettes et les dépenses faisant l'objet d'une compensation échappent automatiquement au débat et au vote parlementaires.

C'est en considération de ces inconvénients que le législateur a opté pour la règle du produit brut. Celle-ci empêche en effet toute dissimulation de dépenses par le biais des compensations ou contractions lors de la présentation du projet de budget au parlement. Elle permet en outre un meilleur encadrement de l'exécution du budget puisque « les services administratifs ne peuvent se procurer par eux-mêmes des ressources en dehors des crédits qui leur ont alloués. Toute opération de dépense doit être imputée sur le montant des crédits disponibles. Tout produit d'une recette devra être reversé au budget général, sans pouvoir être utilisé pour le service »[91].

Les développements qui précèdent montrent que seule la règle du produit brut peut garantir une saine gestion des deniers publics. La non-affectation des recettes aux dépenses, qui est la deuxième prescription du principe de l'universalité budgétaire, vise à peu près le même objectif.

b) La règle de la non-affectation

68. Elle procède aussi de l'article 7 de loi organique de 2015 dont l'alinéa 1er dispose que « l'ensemble des ressources de chaque collectivité publique est affecté au financement de l'ensemble de ses charges ». Ce texte reprend à peu près les dispositions de l'article 6, alinéa 2, de la loi organique de 2010 qui exigeait que le financement de l'ensemble des dépenses de l'Etat soit assuré par l'ensemble de ses recettes. De son côté, la loi du 30 janvier 2015 relative à la transparence et à la bonne gouvernance dans la gestion des finances publiques prescrit, en son article 27, qu' « aucune recette ne doit être affectée à une dépense prédéterminée, sauf lorsqu'un lien économique réel existe entre une recette donnée et la dépense qu'elle finance ou, s'agissant des financements internationaux, pour respecter les conditionnalités fixées par les bailleurs de fonds ».

La règle de la non-affectation est encore appelée règle de la non-spécialisation ou de la non-assignation précisément parce qu'elle interdit l'affectation prédéterminée de telle recette à telle dépense.

---

[91] M. Bouvier, M.-C. Esclassan et J.-P. Lassale, *Finances publiques*, op. cit., p. 289.

Cette interdiction répond à des préoccupations à la fois d'ordre politique et financier.

Au plan politique, l'affectation à l'avance de certaines recettes à certaines dépenses est jugée contraire aux principes de base de l'action de l'Etat tels que l'intérêt général, la solidarité nationale ou l'égalité des citoyens devant la loi. Ces principes engagent en effet l'Etat à mobiliser l'ensemble des ressources dont il dispose pour financer l'ensemble des charges qui lui incombent, en procédant éventuellement à des arbitrages lorsque ceux-ci s'avèrent nécessaires.

La règle de la non-affectation des recettes permet à tous les citoyens de participer au financement des charges publiques. Il est important de souligner que cette participation n'est pas garantie dans tous les cas, notamment lorsque les citoyens ne se sentent pas concernés par certains projets initiés par les pouvoirs publics. A titre d'exemple, la création d'un impôt affecté d'avance à la construction des parkings, en vue de remédier au problème du stationnement des véhicules dans les grandes agglomérations du pays, pourrait rencontrer l'hostilité des contribuables ne disposant pas d'un véhicule et n'ayant, par conséquent, aucun bénéfice à tirer de ce projet. Cet exemple montre bien que l'affectation prédéterminée des recettes fiscales à des dépenses précises peut constituer un risque pour la sauvegarde d'un principe fondamental comme celui de l'égalité des citoyens devant l'impôt.

Au plan financier, l'affectation prédéterminée d'une recette à un service public pourrait être une source de gaspillage car, pour ce service, la tentation serait grande de dépenser l'intégralité des sommes générées par ladite recette, même si les besoins à satisfaire ne nécessitent pas un tel montant. Le risque est d'autant plus grand qu'en matière de recettes, l'évaluation des sommes escomptées au titre de chaque exercice budgétaire, est toujours indicative et non limitative. En outre, l'affectation d'une recette à un service public ne lui interdit pas, en cas de mauvaise gestion des sommes générées par cette recette ou pour toute autre raison, de solliciter des crédits supplémentaires permettant de garantir sa continuité et son bon fonctionnement. Le Trésor public serait donc perdant dans tous les cas.

Les développements qui précèdent mettent clairement en évidence le bien-fondé du principe de l'universalité budgétaire. Ce principe comporte néanmoins quelques exceptions jugées nécessaires par le législateur en vue d'en atténuer la rigueur.

B – Les exceptions au principe

69. On peut les classer en deux catégories : la première est constituée des exceptions à la règle de la non-compensation des recettes et des dépenses ; la seconde catégorie comprend les exceptions à la règle de non-affectation des recettes.

1- Les exceptions à la règle de la non-compensation

70. Il s'agit, d'une part, des comptes spéciaux et, d'autre part, des marchés de transformation ou de conversion.

a) Les comptes spéciaux

71. Les comptes spéciaux, comme on l'a vu précédemment, retracent des opérations à caractère temporaire ou exceptionnel, effectuées par un service de l'Etat et appelées à s'équilibrer à terme.

En spécifiant que les opérations de recettes et de dépenses inscrites dans un compte spécial ont un caractère temporaire ou exceptionnel et sont appelées à s'équilibrer à terme, le législateur laisse entrevoir la possibilité d'une compensation entre ces opérations. Celles-ci se présentent en effet, à l'intérieur de chaque compte spécial, comme des entrées et des sorties provisoires de fonds dont le mouvement obéit au mécanisme des vases communicants. A titre d'exemple, un compte spécial de commerce affichera un solde débiteur si l'Etat a acheté à ses fournisseurs plus de biens et de services qu'il n'en a vendu à ses propres clients. Dans le cas contraire, ce solde sera créditeur. Il en est de même du compte de prêt qui retrace les flux financiers entre l'Etat et ses créanciers ou ses débiteurs. Ce compte affichera un solde créditeur ou débiteur en fonction des encaissements et des décaissements enregistrés, après toutes les compensations possibles.

b) Les marchés de transformation ou de conversion

72. Il arrive parfois, surtout en ce qui concerne les marchés de travaux publics ou de fournitures, que l'exécution d'un marché conclu par l'Etat avec un opérateur économique soit interrompue avant son terme normal. Dans ce cas, l'Etat peut signer avec un autre entrepreneur ou fournisseur un nouveau marché en vue de terminer les travaux restants ou de livrer le matériel manquant. Ce type de contrat reçoit généralement la qualification de marché de transformation ou de conversion parce qu'il prend en compte les matériaux ou les fournitures non utilisés par le bénéficiaire du marché initial.

L'Etat recourt d'autant plus aux marchés de transformation ou de conversion qu'ils permettent de réaliser d'importantes économies budgétaires. Le coût des matériaux et des fournitures récupérés par le nouvel entrepreneur ou fournisseur est en effet déduit du montant total du marché. Il en résulte évidemment une contraction de la dépense initialement prévue dans le cadre du premier marché. La pratique des marchés de transformation ou de conversion constitue donc, de ce fait, une exception à la règle de la non-compensation.

Au Gabon, la pratique des marchés de transformation ou de conversion est jusqu'à présent fondée sur le décret n° 1479/PR-MPTAP du 10 décembre 1973[92], notamment en ses articles 34 et 35, car le décret n° 0254/PR/MEEDD du 19 juin 2012 portant code des marchés publics est inexplicablement silencieux sur ce sujet.

2- Les exceptions à la règle de la non-affectation

73. Elles découlent de l'article 50 de la loi organique de 2015. Selon ce texte, « certaines recettes peuvent être directement affectées à certaines dépenses, notamment lorsqu'un lien économique réel existe entre une recette donnée et la dépense qu'elle finance ou lorsqu'un bailleur de fonds veut destiner un financement à un objet précis. Ces affectations prennent la forme de budgets annexes ou de comptes spéciaux. Elles peuvent aussi se présenter comme des procédures comptables particulières au sein du budget général, d'un budget annexe ou d'un compte spécial ».

A la lumière de ce qui précède, on peut déduire qu'il existe plusieurs exceptions à la règle de la non-affectation. Parmi celles-ci figurent les budgets annexes et les comptes spéciaux. A ces deux exceptions s'ajoutent trois autres que l'article 57 de la loi organique de 2015 définit comme des procédures particulières d'affectation des

---

[92] Décret portant institution d'un cahier de clauses administratives générales imposées aux entrepreneurs chargés de l'exécution de travaux publics pour le compte de l'Etat, des collectivités et établissements publics du Gabon.

recettes : il s'agit des fonds de concours, de l'attribution de produits et du rétablissement des crédits.

a) Les budgets annexes

74. Comme cela a été indiqué précédemment, les budgets annexes concernent les services de l'Etat non dotés de la personnalité morale et dont l'activité principale est la production de biens ou la prestation de services donnant lieu au paiement de redevances. Les recettes d'exploitation ainsi générées servent à la couverture des charges d'exploitation de ces services. Ce qui constitue bien une dérogation à la règle de la non-affectation des recettes.

b) Les comptes spéciaux

75. Certains comptes spéciaux dérogent au principe de la non-affectation des recettes dans la mesure où les fonds encaissés dans ces comptes sont destinés à la couverture des dépenses payées sur de ces mêmes comptes. On comprend alors pourquoi le législateur lui-même les qualifie de « comptes d'affectation spéciale ». Selon l'article 55, alinéa 1er, de la loi organique de 2015, ces comptes « retracent des opérations budgétaires financées au moyen de recettes particulières qui sont, par nature, en relation directe avec les dépenses concernées ». Ils dérogent par conséquent à la règle de la non-affectation des recettes.

c) Les fonds de concours

76. Aux termes de l'article 57, alinéa 2, de la loi organique de 2015, « les fonds de concours sont constitués, d'une part, par les fonds à caractère non fiscal versés par des personnes physiques ou morales, notamment les bailleurs de fonds nationaux et internationaux, pour concourir à des dépenses d'intérêt public et, d'autre part, par des produits de legs et donations attribués à l'Etat ».

L'alinéa 3 du même article 57 précise de son côté que « les fonds de concours sont directement portés en recettes au budget général, au budget annexe ou au compte spécial considéré. Un crédit supplémentaire de même montant est ouvert par arrêté du ministre chargé du budget sur le programme ou la dotation concernée ».

Il ressort de ces dispositions législatives que l'utilisation des fonds de concours est déterminée à l'avance par ceux qui les ont consentis à l'Etat. Ces fonds constituent, de ce fait, une procédure dérogatoire à la règle de la non-affectation des recettes.

d) L'attribution de produits

77. Selon l'article 8, alinéa 2, de la loi organique de 2015, le produit des prélèvements obligatoires est, en principe, attribué à l'Etat. Mais aux termes de l'alinéa 3 du même article, la loi de finances peut exceptionnellement déroger à ce principe en attribuant tout ou partie de ce produit à une autre collectivité publique ou à un autre organisme public. Dans ce cas, il s'agit bien évidemment d'une exception à la règle de la non-affectation des recettes.

Par ailleurs, selon l'article 57, alinéa 4, de la loi organique de 2015, les recettes tirées de la rémunération des prestations régulièrement fournies par un service de l'Etat peuvent faire l'objet d'une procédure d'attribution de produits, à la suite d'un décret pris sur proposition du ministre chargé du budget. A l'instar des fonds de concours, les crédits supplémentaires ouverts dans le cadre de cette procédure sont affectés au service concerné. Ce qui constitue bien une dérogation à la règle de la non-affectation.

e) Le rétablissement des crédits

78. Prévue par l'article 57, alinéa 5, de la loi organique de 2015, cette procédure concerne deux catégories de recettes : d'une part, celles provenant de la restitution au Trésor des sommes indûment payées ou payées à titre provisoire sur les crédits budgétaires d'un service public n'ayant aucun rapport avec la dépense concernée ; d'autre part, celles relatives aux cessions entre services de l'Etat ayant donné lieu à paiement sur crédits budgétaires.

Dans les deux cas, il s'agit bien d'une exception à la règle de la non-affectation des recettes. La restitution au Trésor des sommes ainsi décaissées constitue en effet une nouvelle recette qui doit obligatoirement être affectée au service public qui a été provisoirement ou indûment privé de ses crédits au profit d'un autre service.

L'intérêt de la procédure de rétablissement des crédits réside finalement dans le fait qu'un service de l'Etat, dont les crédits ont à tort bénéficié à un autre service, est assuré de pouvoir les récupérer, après la restitution au Trésor des sommes correspondantes.

Les développements qui précèdent montrent que le principe de l'universalité budgétaire, bien plus que celui de l'unité budgétaire, comporte plusieurs exceptions. C'est la conséquence logique de l'évolution de l'Etat depuis le XXe siècle, du fait de l'accroissement de ses activités et de la complexification de ses missions. Cette évolution n'a pas seulement affecté les principes se rapportant aux modalités de présentation du document budgétaire, elle a aussi atteint les principes qui déterminent la portée de l'autorisation budgétaire.

SECTION 2 – LES PRINCIPES RELATIFS A LA PORTEE DE L'AUTORISATION BUDGETAIRE

79. Trois principes influent sur la portée des autorisations budgétaires votées par le parlement : il s'agit des principes de l'annualité budgétaire, de la spécialité des crédits et de l'équilibre budgétaire.

§ 1 – Le principe de l'annualité budgétaire

80. On s'intéressera, dans un premier temps, à la genèse, aux fondements et aux questions relatives à l'application de ce principe. On évoquera, en second lieu, les exceptions au principe consacrées par la loi.

A – La genèse, les fondements et les questions relatives à l'application du principe

81. On étudiera d'abord la genèse et les fondements du principe avant de se pencher ensuite sur les questions relatives à son application.

1 – La genèse et les fondements du principe

82. Le principe de l'annualité budgétaire a pris corps en France sous la Restauration. Il découle de l'ordonnance royale du 14 septembre 1822 relative à la comptabilité et à la justification des dépenses publiques. Dans ce texte, il est en effet fait référence à la « loi annuelle de finances ». Mais c'est surtout dans la définition du budget donnée par les deux règlements généraux sur la comptabilité publique du 31 mai 1838 et du 31 mai 1862 que le principe de l'annualité a été expressément formulé. Il sera plus tard réaffirmé par l'ordonnance du 2 janvier 1959.

Au Gabon, le principe de l'annualité découle de l'article 48, alinéa 1er de la Constitution qui dispose que « toutes les ressources et les charges de l'Etat doivent, pour chaque exercice financier, être évaluées et inscrites dans le projet annuel de la loi de finances déposé par le gouvernement à l'Assemblée nationale ».

Ce principe a été repris par la loi organique de 2010, en son article 2, alinéa 2 qui énonce que « l'exercice budgétaire s'étend sur une année civile ».

Quant à la loi organique de 2015, elle dispose, en son article 7, alinéa 1er que « les budgets des administrations publiques déterminent pour chaque année, dans un document unique pour chacune d'entre elles, l'ensemble des leurs recettes et de leurs dépenses ».

Si tous les Etats ont choisi l'année comme cadre d'exécution du budget, ils ne se sont pas, en revanche, accordés sur les modalités d'application du principe de l'annualité budgétaire.

2 – Les questions relatives à l'application du principe

83. L'application du principe de l'annualité soulève trois types de questions : la première porte sur la durée de validité des autorisations budgétaires votées par le parlement ; la seconde concerne la détermination du début de l'année budgétaire ; la troisième est relative à l'année de rattachement des opérations dont l'exécution s'étale sur deux ou plusieurs exercices budgétaires[93].

a) La durée de validité des autorisations budgétaires

84. C'est une question qu'il convient de résoudre avant l'exécution du budget : les autorisations budgétaires votées par le parlement sont-elles valables indéfiniment ou, au contraire, limitées dans le temps ?

Au Gabon, la réponse à cette question découle des deux textes précédemment cités (la Constitution et la loi organique de 2015) qui indiquent clairement que le budget de l'Etat est voté pour une année. Ce qui signifie que le parlement ne peut consentir au gouvernement des autorisations budgétaires dont la validité est inférieure ou supérieure à douze mois. En outre, les autorisations accordées doivent nécessairement être utilisées dans l'année.

---

[93] C'est notamment le cas de certaines dépenses d'investissement.

Le choix de l'année comme cadre d'exécution du budget est une disposition qu'on retrouve dans tous les Etats. L'unanimité à propos de ce choix se justifie d'abord par des considérations d'ordre technique, « l'année ayant paru constituer une période raisonnable pour faire des prévisions sérieuses, des comparaisons rapprochées et des rectifications en temps utile »[94]. L'année présente un autre avantage lié au fait qu'elle est une période suffisamment longue permettant au gouvernement de mettre en œuvre les projets inscrits à son programme. Le gouvernement n'est donc pas soumis à la pression du court terme qui impose parfois d'agir dans la précipitation et peut compromettre l'efficacité de l'action.

Le principe de l'annualité budgétaire se justifie aussi par des considérations d'ordre politique en rapport avec le contrôle de l'action gouvernementale. Si la durée de l'année paraît suffisamment longue pour que le gouvernement mette en œuvre les projets inscrits dans son programme, elle est aussi assez courte pour permettre au parlement d'exercer un contrôle efficace de l'utilisation des crédits alloués à cet effet.

Tout compte fait, enfermer l'exécution du budget dans les limites d'une année permet de mettre en phase deux exigences souvent difficiles à concilier : l'efficience de l'action gouvernementale, d'une part, et l'efficacité du contrôle parlementaire, d'autre part.

b) Le début de l'année budgétaire

85. Si les Etats sont unanimes sur le fait que l'exécution du budget doit s'étaler sur douze mois, des divergences existent cependant sur le choix de la date de démarrage de l'année budgétaire. Alors que certains Etats ont opté pour le 1er janvier, d'autres ont, au contraire, préféré une autre date.

b1 – L'option pour la date du 1er janvier

86. Elle emporte l'adhésion de la majorité des Etats. Ceux-ci souhaitent faire coïncider l'année budgétaire avec l'année civile. Parmi eux figurent les Etats membres de l'Union économique et

94 J.-L. Albert, *Finances publiques*, op. cit., p. 92.

monétaire ouest africaine (UEMOA)[95]. Il en est de même des Etats membres de la Communauté économique et monétaire de l'Afrique centrale (CEMAC). L'article 10 de la directive de la CEMAC du 19 décembre 2011 relative aux lois de finances dispose en ce sens que « l'exercice budgétaire s'étend sur une année civile ». Cette disposition, qui figurait déjà dans la directive de la CEMAC du 20 juin 2008, a été transposée au Gabon par la loi organique de 2010 relative aux lois de finances et à l'exécution du budget. Mais elle a inexplicablement disparu de la loi organique de 2015, qui pêche parfois par son imprécision. Quoiqu'il en soit, depuis l'accession du Gabon à l'indépendance, il est bien établi que l'exécution du budget débute le 1er janvier de chaque année pour s'achever le 31 décembre.

Faire coïncider l'année budgétaire et l'année civile présente un avantage pratique qui est de mettre en phase les activités du secteur public et celles du secteur privé. Les comptes des administrations publiques peuvent ainsi être clôturés en même temps que ceux des entreprises privées. Ce qui permet à l'Etat de faire des prévisions plus fiables pour l'avenir.

Pour autant, certains Etats ont préféré fixer le début de l'année budgétaire à une autre date que celle du 1er janvier.

b2 – Le choix d'une autre date

87. Les Etats ayant opté pour une date différente du 1er janvier peuvent être classés en trois groupes : le premier est celui des partisans de la date du 1er avril ; le second est constitué des partisans du 1er juillet ; le troisième concerne les Etats favorables à la date de 1er octobre[96].

- *Les partisans de la date du 1er avril*

88. Dans ce groupe figurent notamment la Grande Bretagne, le Canada et le Japon. Ces pays estiment que la date du 1er janvier ne laisse pas suffisamment de temps aux parlementaires pour examiner

---

[95] Voir à ce sujet A. Dioukhané, *Les finances publiques dans l'UEMOA*, op.cit., pp. 44 et s.

[96] Il convient de noter la singularité du cas du Maroc. En 2000, ce pays s'est rallié à la date du 1er janvier après avoir expérimenté les dates du 1er mai (1913 à 1917), 1er avril (1931 à 1932), 1er juillet (1996 à 2000).

sereinement le projet de budget avant de l'adopter. Les parlementaires ne disposent en effet que de trois mois pour se prononcer, car le projet de budget qui leur est soumis à la rentrée d'octobre doit être adopté au plus tard en décembre, ce qui est une gageure, au regard du nombre et de la complexité des documents à examiner.

La date du 1er avril est, en revanche, jugée plus réaliste dans la mesure où le projet de budget est déposé sur le bureau du parlement dès le mois d'octobre. Les parlementaires disposent donc à peu près d'un semestre pour examiner ce projet dans les moindres détails, et l'adopter en parfaite connaissance de cause. C'est probablement pour cette raison qu'en 1929 la France aussi s'est également ralliée à cette date du 1er avril avant de revenir, en 1933, à la date initiale du 1er janvier.

- *Les partisans de la date du 1er juillet*

89. Dans ce groupe se retrouvent notamment l'Australie et la Suède. Pendant plus d'un siècle, l'Allemagne a également accordé sa préférence à cette date du 1er juillet avant d'opter, en 1960, pour le 1er janvier. Il en est de même de l'Italie qui a initialement choisi le 1er juillet avant d'adhérer, en 1964, à la date du 1er janvier.

Le 1er juillet présente pourtant un inconvénient majeur qui est de coïncider avec le début des grandes vacances, ce qui peut avoir pour conséquence de retarder la mise en application effective du budget. En outre, il n'est pas certain, à l'approche des vacances, que les parlementaires soient encore dans des dispositions de cœur et d'esprit permettant de débattre du projet de budget.

- *Les partisans de la date du 1er octobre*

90. Il s'agit notamment des Etats Unis. Ce pays a initialement retenu la date du 1er juillet qui est restée en vigueur de 1842 à 1979, avant d'être remplacée par celle du 1er octobre. Jusqu'en 1975, l'Irlande a également pratiqué la date du 1er octobre avant de lui préférer celle du 1er janvier.

Le 1er octobre semble une date encore plus problématique que les précédentes, parce qu'elle coïncide pratiquement avec la fin des grandes vacances. Fixer le début de l'année budgétaire à cette date exige de consacrer, au moins partiellement, la période des vacances à l'examen du projet de budget. Ce qui ne paraît pas très commode pour les parlementaires.

Pour autant, cette date du 1er octobre semble parfaitement convenir aux Etats Unis. Quant aux deux autres dates précédemment évoquées, leurs partisans semblent également y trouver leur compte.

c) L'année de rattachement des opérations budgétaires

91. Il arrive que l'exécution de certaines opérations de recettes et surtout de dépenses débordent des limites de l'exercice budgétaire au cours duquel elles ont été initiées pour se terminer l'année suivante, voire plus tard. C'est notamment le cas des dépenses d'investissement relatives à certaines infrastructures dont la réalisation peut nécessiter deux ou plusieurs années. Ces dépenses posent un problème qui est celui de la détermination de l'année budgétaire à laquelle elles doivent être rattachées. S'agit-il de l'année d'engagement de la dépense ou, au contraire, de l'année de paiement de la dépense ?

La réflexion menée en France sur cette question a abouti, sous la Restauration, à deux propositions divergentes.

92. La première, conçue par le Baron Louis, préconise la méthode de la gestion. Celle-ci consiste à enregistrer les opérations de recettes et de dépenses au jour le jour, en les rattachant à l'année de leur réalisation effective, quel que soit l'exercice budgétaire qui leur a juridiquement donné naissance. Le principal avantage de cette méthode est sa simplicité, car le budget est pratiquement assimilé à un compte de caisse dont la gestion et la clôture ne nécessitent aucune disposition particulière. Mais c'est une méthode qui pèche par son manque de rigueur, car le gouvernement a la possibilité de retarder sciemment l'exécution de certaines dépenses en reportant leur paiement à l'année suivante. Dans le même temps, il peut faire accélérer la perception des recettes, dans le but de présenter, en fin d'exercice, un solde budgétaire (artificiellement) équilibré, voire excédentaire.

93. A l'opposé de la méthode de la gestion, un autre procédé, baptisé méthode de l'exercice, a été imaginé par le Comte Corvetto. Il consiste à rattacher toutes les recettes et toutes les dépenses à l'année budgétaire qui leur a juridiquement donné naissance, même si leur réalisation effective intervient après l'expiration de cette année. La méthode de l'exercice permet ainsi de faire échec aux manœuvres du gouvernement visant à retarder indûment le paiement de certaines dépenses, tout en accélérant inopportunément le recouvrement des recettes dans le but de parvenir, en fin d'exercice, à un équilibre budgétaire apparent.

Mais la méthode de l'exercice a tout de même un inconvénient qui est d'entretenir l'incertitude sur la clôture des comptes de chaque exercice budgétaire. Cette clôture étant subordonnée à l'exécution effective de toutes les opérations de recettes et de dépenses nées au cours de l'exercice budgétaire concerné, peut en effet être retardée d'une ou de plusieurs années. C'est pour atténuer les effets de cette incertitude qu'on a institué une période complémentaire plus ou moins longue permettant de prolonger la durée de l'exercice budgétaire. Au-delà de cette période complémentaire, les comptes sont définitivement clos et aucune opération budgétaire ne peut plus être comptabilisée au titre dudit exercice.

94. Ce système d'« exercice prolongé »[97] pose cependant un autre problème aux comptables publics car, durant la période complémentaire, ils doivent, malgré eux, gérer les opérations de plusieurs budgets : celui de l'année en cours et celui de l'année ou des années précédentes.

95. C'est probablement pour contourner cette difficulté que le législateur gabonais a opté en 2010 pour le système de la gestion prolongée. En effet, selon l'article 75 de la loi organique de 2010 relative aux lois de finances et à l'exécution du budget, les recettes de l'Etat devaient être prises en compte au titre du budget de l'année au cours de laquelle elles avaient été encaissées par un comptable public. De même, les dépenses devaient être comptabilisées au titre du budget de l'année au cours de laquelle elles avaient été payées par le comptable assignataire. Toutes les dépenses devaient, de surcroît, être imputées sur les crédits de l'année considérée, nonobstant la date de la créance.

---

[97] Il est qualifié ainsi par analogie avec la méthode de « gestion prolongée » qui est un système de comptabilisation des recettes et des dépenses instauré en France par le décret du 14 mars 1986, en application de l'article 16 de l'ordonnance du 2 janvier 1959. Voir à ce sujet P.-M. Gaudemet et J. Molinier, *Finances publiques*, op. cit., p. 315.

Le même article 75 précisait toutefois que « dans les conditions fixées par décret pris en conseil des ministres, des recettes et des dépenses peuvent être comptabilisées au cours d'une période complémentaire à l'année civile, dont la durée ne peut excéder trente jours ».

Tout bien considéré, la gestion prolongée est apparue au législateur de 2010 comme une solution de compromis entre l'extrême rigueur du système de l'exercice (même prolongé) et la rigueur excessive de la méthode de gestion.

Le législateur de 2015 a cependant renoncé à cette méthode de la gestion prolongée au profit du système de gestion. S'agissant des recettes, l'article 71, alinéa 2, de la loi organique de 2015 dispose en effet que « les recettes sont prises en compte au titre du budget de l'année au cours de laquelle elles sont encaissées par un comptable public ».

Pour ce qui est des dépenses, le législateur est inexplicablement moins explicite. En effet, selon le même article 71, alinéa 2, de la loi organique de 2015, « les dépenses sont prises en compte, successivement au moment de leur engagement puis de leur paiement, au titre de l'année au cours de laquelle elles sont engagées par les ordonnateurs puis payées par les comptables publics ».

Le problème que pose ce texte est celui des dépenses engagées au cours de l'année *n* et payées au cours de l'année *n+1*. A quelle année budgétaire doit-on les rattacher ? Est-il possible, au double plan juridique et comptable, de les rattacher *successivement* aux deux exercices budgétaires concernés ? La réponse à ces interrogations est donnée par l'article 71, alinéa 3, de la même loi organique de 2015 qui dispose que « les dépenses budgétaires engagées et liquidées au cours de l'exercice budgétaire peuvent être payées après la fin de cet exercice, au cours d'une période complémentaire dont la durée ne peut excéder trente jours ». Mais cette réponse est loin d'être satisfaisante, car elle traite de l'engagement, de la liquidation et du paiement de la dépense, sans préciser l'année budgétaire au titre de laquelle cette dépense doit être comptabilisée.

La solution au problème posé se trouverait plutôt dans l'article 72, alinéa 1er, de la loi organique de 2015. Selon ce texte, les opérations de dépenses et de recettes sont prises en compte au titre de l'exercice budgétaire qui leur a donné naissance, indépendamment de leur date de paiement ou de recouvrement. Cette solution est reprise par le décret du 8 février 2016 portant règlement général sur la comptabilité publique. On peut en effet lire à l'article 128, alinéa 1er, de ce décret que « les opérations du budget général de l'Etat et des comptes spéciaux sont exécutées selon le système de l'exercice ». L'alinéa 2 est encore plus explicite puisqu'il précise que ces opérations « sont prises en compte au titre de l'exercice auquel elles se rattachent, indépendamment de leur date de paiement ou d'encaissement ».

Les développements qui précèdent montrent bien que l'annualité budgétaire est un principe dont l'application n'est pas toujours aisée. La difficulté est d'autant plus grande que les missions dévolues à l'Etat moderne et les activités qui en découlent sont de plus en plus complexes. Certaines opérations budgétaires résultant de ces missions et de ces activités peuvent difficilement être exécutées dans le cadre étroit d'une année. Il arrive, de surcroît, que les pouvoirs publics soient confrontés à des difficultés de calendrier ne permettant pas de respecter rigoureusement le principe de l'annualité budgétaire. Par ailleurs, l'Etat peut connaître quelques dysfonctionnements, voire même se retrouver dans une situation de crise telle que le parlement ne soit pas en mesure d'adopter la loi de finances avant le début de la nouvelle année budgétaire. C'est en considération de ces différentes hypothèses qu'il a fallu autoriser quelques exceptions au principe de l'annualité budgétaire, afin de l'adapter aux réalités et aux contraintes de l'Etat moderne.

B – Les exceptions au principe

96. Selon les nécessités et les circonstances, le parlement est parfois amené à voter des autorisations budgétaires dont la durée peut être supérieure à une année ou inférieure à celle-ci. Les exceptions au principe de l'annualité ont donc pour effet d'allonger la durée de l'autorisation budgétaire ou au contraire de la réduire.

1 – L'allongement de la durée de l'autorisation budgétaire

97. Il s'impose lorsque le gouvernement est amené à effectuer des dépenses d'une ampleur exceptionnelle. C'est notamment le cas de certaines dépenses d'investissement dont l'exécution nécessite parfois plusieurs années. Au Gabon, deux mesures spécifiques sont prévues pour permettre la réalisation de ce type de dépenses : il s'agit, d'une part, de la reconduction du budget et, d'autre part, du report des crédits[98].

a) La reconduction du budget

98. Elle consiste à maintenir en vigueur, au titre de la nouvelle année, le budget de l'exercice précédent. Il s'agit en réalité d'un palliatif auquel on a recours lorsque le budget n'a pu être voté à temps par le parlement[99].

Selon l'article 48, alinéa 3, de la Constitution, « si au terme de la session budgétaire, le parlement se sépare sans avoir voté le budget en équilibre, le gouvernement est autorisé à reconduire par ordonnance le budget précédent ». En cas de nécessité, cette ordonnance peut, de surcroît, prévoir toute réduction de dépenses ou augmentation de recettes.

Quoiqu'il en soit, la reconduction du budget apparaît comme une mesure conservatoire visant à garantir la continuité de l'action de l'Etat, en attendant l'organisation d'une session budgétaire extraordinaire. A la demande du Premier ministre, celle-ci doit en effet être convoquée dans les quinze jours. Mais si au terme de cette session extraordinaire, le parlement ne parvient toujours pas à voter le budget en équilibre, celui-ci est définitivement établi par ordonnance.

b) Le report des crédits

99. Lorsqu'il est appliqué de façon stricte, le principe de l'annualité implique qu'au terme de l'année budgétaire, les crédits qui n'ont pas été consommés soient annulés. C'est ce qui ressort de l'article 47 de la loi organique de 2015, aux termes duquel « un crédit doit être annulé lorsqu'il est devenu sans objet ».

---

[98] Ailleurs dans le monde, le principe de l'annualité a connu d'autres types d'aménagements ou dérogations allant dans le sens de l'allongement ou de la réduction de la durée de l'autorisation budgétaire. Voir à ce sujet P.-M. Gaudemet et J. Molinier, *Finances publiques*, op. cit., pp. 316 et s.

[99] Cette situation peut avoir pour origine soit le dépôt tardif au parlement du projet de budget préparé par le gouvernement, soit un désaccord profond et persistant entre les deux chambres parlementaires qui ne parviennent pas à s'entendre sur le contenu du budget. Dans les deux cas, la loi de finances a peu de chance d'être votée avant le début de l'année budgétaire.

Mais cette disposition comporte un risque non négligeable, car certaines administrations peuvent, dans les derniers mois de l'année budgétaire, se livrer à une surconsommation des crédits alloués, même si elles n'ont aucun besoin à satisfaire. C'est pour prévenir de telles dérives que le législateur gabonais a institué le mécanisme du report des crédits.

Certes, l'article 48, alinéa 1er, de la loi organique de 2015 indique bien que les crédits ouverts et les plafonds des autorisations d'emploi fixés au titre d'une année ne créent aucun droit pour les années suivantes. Dans le même sens, l'alinéa 2 énonce clairement que « les autorisations d'engagement non utilisés ne peuvent pas être reportées ». Pour autant, le législateur a une position moins tranchée en ce qui concerne les dépenses d'investissement. L'alinéa 3 du même article 1er dispose en effet que « seuls les crédits de paiement relatifs aux dépenses d'investissement disponibles sur un programme à la fin de l'année peuvent être reportées sur le même programme ou la même dotation dans la limite des autorisations d'engagement effectivement utilisées, mais n'ayant pas encore donné lieu au paiement ».

Les crédits de paiement ainsi reportés viennent en majoration de ceux déjà prévus pour les investissements de l'année suivante. L'objectif visé par le mécanisme du report des crédits est donc de jeter un pont entre deux années budgétaires. Ce qui constitue évidemment un gage d'efficacité et de continuité de l'action du gouvernement, puisque ce dernier est assuré de pouvoir mener à terme les projets d'investissement initiés.

Si la durée de l'autorisation budgétaire peut être allongée pour les raisons qui viennent d'être évoquées, elle peut aussi être réduite pour d'autres motifs.

2 – La réduction de la durée de l'autorisation budgétaire

100. Elle peut intervenir dans les trois hypothèses suivantes : le recours à la technique des douzièmes provisoires, le recours aux budgets trimestriels ; le recours aux lois de finances rectificatives.

a) Le recours à la technique des douzièmes provisoires

101. Dans certaines circonstances, notamment lorsque le parlement n'a pas pu voter le budget avant le début de la nouvelle année budgétaire, l'Etat court le risque de ne pas pouvoir honorer ses engagements. C'est pour se prémunir contre un tel risque que la technique des douzièmes provisoires a été conçue[100]. Elle consiste à allouer au gouvernement des dotations budgétaires pour un mois renouvelable. Le montant de ces dotations équivaut à un douzième des crédits accordés au titre de l'année précédente, ce qui permet d'assurer la continuité de l'action de l'Etat, en attendant l'adoption du nouveau budget. La durée de ce nouveau budget sera évidemment inférieure à l'année, puisqu'elle devra correspondre au nombre de mois restant à couvrir, après déduction des douzièmes provisoires déjà votés.

Au Gabon, c'est par le biais de la justice constitutionnelle que la technique des douzièmes provisoires est entrée dans le droit positif. La Cour constitutionnelle a en effet décidé, le 12 novembre 1999, que « lorsque la loi de finances annuelle ne peut être votée et promulguée avant le début de l'exercice budgétaire, en raison du dépôt tardif du projet de celle-ci à l'Assemblée nationale, le gouvernement dépose, quinze jours avant la clôture de la session budgétaire, un projet de loi spécial, discuté et adopté selon la procédure d'urgence, l'autorisant à percevoir les impôts existants et à ouvrir les crédits se rapportant aux services votés dans la limite de 1/12e, renouvelable »[101].

b) Le recours aux budgets trimestriels

102. C'est au lendemain de la Seconde Guerre mondiale que la France a imaginé la technique des budgets trimestriels, rendue nécessaire par le délabrement et l'instabilité de l'économie nationale. Comme son nom l'indique, cette technique consistait à faire des prévisions et à voter des autorisations budgétaires pour un trimestre. Mais elle s'est révélée trop contraignante pour les administrations et le gouvernement, à cause de la charge de travail imposée par la fréquence des prévisions budgétaires à faire. Aussi a-t-elle été finalement abandonnée.

---

[100] Voir à ce sujet P.-M. Gaudemet et J. Molinier, *Finances publiques,* op. cit., pp. 324-325.

[101] Décision n° 6/CC du 12 novembre 1999 (considérant n° 6), *Recueil des décisions de la Cour constitutionnelle*, 1998–2000, p.82.

c) Le recours aux lois de finances rectificatives

103. Il s'impose lorsque les prévisions budgétaires initialement faites par le gouvernement se révèlent inexactes en cours d'année, en raison notamment des fluctuations de la conjoncture économique, de l'instabilité du système monétaire international ou de la survenue d'évènements imprévisibles. Les lois de finances rectificatives permettent ainsi de corriger les erreurs de prévision commises dans la loi de finances initiale. Le parlement vote à cette occasion de nouvelles autorisations budgétaires dont la durée est inférieure à l'année parce qu'elles correspondent au nombre de mois restant à couvrir.

Au Gabon le recours aux lois de finances rectificatives est prévu par l'article 14, alinéa 1er de la loi organique de 2015. Selon ce texte, « les lois de finances rectificatives peuvent, en cours d'année, modifier les dispositions de la loi de finances de l'année. Le cas échéant, elles ratifient les modifications apportées par décret d'avance aux crédits ouverts par la dernière loi de finances ».

§ 2 - Le principe de la spécialité des crédits

104. Contrairement aux autres principes budgétaires dont les prescriptions concernent aussi bien les recettes que les dépenses de l'Etat, le principe de la spécialité des crédits, encore appelé principe de la spécialité budgétaire[102], vise uniquement les dépenses et se ramène à la double question suivante : le vote du budget par le parlement doit-il porter sur de grandes masses de crédits dont la répartition entre les administrations bénéficiaires et l'affectation aux dépenses projetées sont laissées à la discrétion du gouvernement ? Ce vote doit-il au contraire préciser, dans le moindre détail, la nature de chaque dépense autorisée ainsi que le montant exact des crédits affectés à son exécution ? Ainsi formulée, cette double interrogation apparaît pratiquement comme un préalable à l'examen et à l'adoption du budget par le parlement.

Nous tenterons de répondre à ce questionnement en évoquant d'abord la genèse et les fondements du principe de la spécialité des

[102] Voir notamment M. Paul, « *Le principe de la spécialité budgétaire hier, aujourd'hui et demain* », Cahiers de comptabilité publique, n° 1, 1989.

crédits (A). Nous verrons ensuite les exceptions à ce principe autorisées par la loi pour sa bonne application (B).

A – La genèse et les fondements du principe

105. Le principe de la spécialité des crédits a été conçu en Angleterre au XVIIe siècle dans le but de limiter la portée des autorisations budgétaires votées par le parlement. La France a, pour sa part, institué ce principe sous la Restauration en adoptant la loi du 25 mars 1817 qui prescrit le vote des crédits par ministère. La spécialisation des crédits est devenue par la suite de plus en plus étroite, avec l'instauration du vote par section de ministère, puis par chapitre, et enfin par titre[103]. Depuis la loi organique du 1er août 2001 relative aux lois de finances, les crédits sont désormais spécialisés par missions et par programmes.

Les dispositions de ce texte français ont largement inspiré le législateur gabonais. L'article 40, alinéa 1er de la loi organique de 2015 dispose en effet que « les crédits sont spécialisés par programme ou par dotation ». Ce qui signifie que la présentation du budget ne consiste plus, comme par le passé, à indiquer simplement la destination administrative des crédits sollicités (sections, chapitres), mais plutôt à répertorier les politiques publiques à mettre en œuvre, déclinées en programmes (ou dotations), en actions et en missions.

Le programme est l'unité de spécialisation des crédits. Il est doté d'une enveloppe financière globale et limitative. Celle-ci permet de financer une action ou un ensemble cohérent d'actions relevant d'un même ministère, d'une même institution ou d'une même autorité administrative indépendante[104]. L'action apparaît dès lors comme une composante du programme permettant d'identifier la destination de la dépense.

---

[103] Le titre permet de regrouper les chapitres dont le nombre n'a cessé de croître, au point de devenir excessif sous la Ve République. Pour plus de précisions sur l'évolution du principe de la spécialité des crédits en France, voir notamment P.-M. Gaudemet et J. Molinier, *Finances publiques,* op. cit., pp. 326-327 ; M. Paul, *Dictionnaire encyclopédique de finances publiques*, op. cit., pp. 1446 et s.

[104] Il convient de signaler qu'à l'intérieur d'un programme, les crédits sont présentés par titre. Mais cette présentation par titre est purement indicative et ne s'impose pas aux ordonnateurs et aux comptables publics chargés de l'exécution du budget.

Quant à la mission, elle regroupe un ensemble de programmes concourant à une politique publique donnée. La mission, qui peut être ministérielle ou interministérielle, constitue désormais la nouvelle unité de vote des crédits budgétaires[105].

On peut constater, à la lumière de ce qui précède, que la spécialisation budgétaire instaurée au Gabon par la loi organique de 2015 - dans le prolongement de celle de 2010 - obéit à une nouvelle approche qui est celle de la budgétisation par objectifs de programme (BOP)[106]. Contrairement au système précédent fondé sur un budget (annuel) de *moyens* consistant à allouer systématiquement des crédits aux administrations sans leur assigner des objectifs à atteindre, la BOP préconise un budget (annuel) de *résultats*. Ce budget s'inscrit toutefois dans une perspective pluriannuelle de trois années, au cours desquelles les administrations doivent atteindre des objectifs précis avec les moyens mis à leur disposition.

A travers la BOP, transparaît évidemment une logique de performance qui a pour corollaire la contractualisation. En effet, chaque gestionnaire est dorénavant jugé à l'aune de ses résultats. Il doit par conséquent signer un contrat de performance dans lequel il s'engage à atteindre les objectifs fixés dans le programme annuel de performance (PAP). En contrepartie, et conformément à la loi, il jouit d'une liberté de manœuvre dans la gestion des moyens financiers affectés à son programme, grâce notamment au mécanisme de la fongibilité des crédits.

Les développements qui précèdent montrent bien que le parlement doit voter des autorisations budgétaires assez précises pour des dépenses clairement identifiées[107]. Ce faisant, « la BOP favorise, d'une part, la transparence et la lisibilité du budget et des comptes de

---

[105] Au titre de l'exercice 2015 par exemple, le budget était composé de 32 missions se déclinant en 137 programmes renvoyant à 328 actions.

[106] La réforme ayant conduit à l'instauration de la BOP s'est faite sous l'impulsion de la CEMAC. Pour son expérimentation, le Gabon a d'ailleurs été choisi comme Etat pilote.

[107] Il importe toutefois de préciser que lorsque l'unité de vote retenue ne permet pas au parlement de procéder en amont à une répartition détaillée des crédits alloués, celle-ci est effectuée en aval par le gouvernement qui, conformément à la loi, prend à cet effet des décrets de répartition.

l'Etat et, d'autre part, l'efficacité et la performance de l'action publique »[108]. Contrairement aux usages et pratiques antérieurs, le gouvernement ne dispose donc plus d'un chèque en blanc, car les ministres et les différents responsables de programme doivent rendre compte de leur gestion devant le parlement. Avec cette nouvelle approche, le principe de la spécialisation budgétaire engage évidemment tous les gestionnaires de programme à plus d'effort et de rigueur dans les actions à mener. Mais cette rigueur peut devenir paralysante lorsqu'elle est poussée à l'extrême. C'est pour ne pas en arriver là que le principe de la spécialité des crédits comporte quelques exceptions.

B – Les exceptions au principe

106. La loi organique de 2015 a prévu deux catégories d'exceptions au principe de la spécialité des crédits : la première catégorie comprend les exceptions permettant de modifier, en cours d'exercice budgétaire, la répartition des crédits votés par le parlement ; la seconde catégorie est celle des exceptions consacrant la non-spécialisation des crédits au moment de l'adoption du budget par le parlement.

1 - Les exceptions entraînant la modification de la répartition des crédits

107. La loi donne aux gestionnaires de programme la possibilité d'initier deux types d'opérations ayant pour effet de modifier la répartition des crédits issue du vote du parlement : il s'agit, d'une part, des virements de crédits et, d'autre part, des transferts de crédits[109].

---

[108] Cf. Cour des comptes, *Rapport général sur le contrôle de l'exécution des finances en vue du règlement du budget de l'exercice 2015*. p. 7.

[109] Ce pouvoir qui est reconnu aux gestionnaires de programme, à travers le mécanisme de la fongibilité des crédits, est cependant limité par le fait que les crédits d'investissement ne peuvent être utilisés pour des dépenses d'une autre nature. L'inverse est en revanche possible car le législateur semble animé par un double souci : d'une part, accroître les dépenses d'investissement ; d'autre part, empêcher le détournement du mécanisme de la fongibilité des crédits par des gestionnaires enclins à privilégier les dépenses de fonctionnement (recrutement du personnel par exemple) au détriment des dépenses d'investissement.

a) Les virements de crédits

108. Ils tirent leur fondement de l'article 45, alinéa 1er de la loi organique de 2015 qui dispose que « des virements peuvent modifier la répartition des crédits entre programmes d'un même ministère ou entre dotations ».

Sur le fond, les virements sont toutefois soumis à quelques restrictions. En effet, le montant cumulé des crédits virés au cours d'un même exercice budgétaire ne peut excéder 2% des crédits ouverts par la loi de finances de l'année pour chacun des programmes ou dotations concernés.

Sur la forme, les virements sont effectués par décret pris sur proposition du ministre chargé du budget, après avis du ministre sectoriel, du responsable de l'institution ou de l'autorité administrative indépendante concerné. Le parlement en est immédiatement informé.

Si, pour l'essentiel, la loi organique de 2015 reprend les dispositions de sa devancière de 2010[110], elle consacre, en revanche, la rupture avec la législation antérieure à l'instauration de la BOP, en l'occurrence avec la loi du 27 juin 1985 relative aux lois de finances. Au sens de ce dernier texte, le virement de crédits était une véritable atteinte au principe de la spécialité budgétaire, puisqu'il entraînait la modification de la nature de la dépense. Avec la nouvelle législation, c'est juste le programme bénéficiaire des crédits qui change, la nature de la dépense à couvrir et l'identité du ministère bénéficiaire n'étant pas du tout affectées.

L'autre innovation concerne le plafond des virements autorisés. Alors que la loi de 1985 avait fixé ce plafond à 10% des crédits ouverts par la loi de finances, la loi organique de 2015 l'a substantiellement abaissé, puisqu'il est désormais de 2%.

Le dernier changement résultant de la réforme a trait à la procédure applicable aux virements de crédits. Avant l'instauration de la BOP, tout virement de crédits nécessitait l'intervention du parlement et ne pouvait être autorisé que par une loi de finances rectificative. Avec la nouvelle réforme, le parlement n'est plus un passage obligé, car les virements sont désormais autorisés par un décret.

---

[110] Notamment en ses articles 18 et 20.

b) Les transferts de crédits

109. Ils sont prévus par l'article 45, alinéa 2, de la loi organique de 2015 qui dispose que « des transferts peuvent modifier la répartition des crédits entre programmes de ministères distincts dans la mesure où l'emploi des crédits ainsi transférés, pour un objet déterminé, correspond à des actions du programme d'origine »[111].

Il ressort de ce texte que les transferts, comme les virements, ont pour finalité de modifier la répartition des crédits issue du vote du parlement. Mais les transferts se distinguent des virements relativement aux conditions de fond alors que les deux opérations obéissent aux mêmes conditions de forme.

Sur le fond, la distinction porte sur deux points précis. Le premier point concerne le bénéficiaire du transfert : alors que le virement s'effectue entre programmes d'un même ministère (lequel conserve ainsi le bénéfice des crédits qui lui ont été alloués par le parlement), le transfert donne lieu à un changement du ministère bénéficiaire des crédits.

Le second point a trait au montant des transferts autorisés. Alors que le montant cumulé des virements autorisés au cours d'un exercice budgétaire ne peut dépasser 2% des crédits ouverts par la loi de finances de l'année, le montant global des crédits transférables en une année n'est, en revanche, soumis à aucune restriction.

Sur la forme, les transferts, à l'instar des virements, sont autorisés par décret pris dans les mêmes conditions que celles précédemment évoquées. Ils doivent également être communiqués, pour information, au parlement.

2 - Les exceptions permettant la non-spécialisation des crédits

110. Elles découlent des articles 43 et 38 de la loi organique de 2015 et concernent les crédits évaluatifs, d'une part, les crédits globaux, d'autre part. Il convient d'y ajouter les fonds politiques alloués à certaines autorités relevant du pouvoir exécutif ou du pouvoir législatif.

---

[111] Avant la BOP, les transferts pouvaient s'effectuer de paragraphe à paragraphe à l'intérieur d'un même chapitre, sans modifier la nature de la dépense. Ils étaient autorisés par arrêté du ministre chargé des finances.

a) Les crédits évaluatifs

111. Les crédits ouverts dans la loi de finances ont, en principe, un caractère limitatif, c'est-à-dire que les dépenses effectuées sur ces crédits ne peuvent être engagées et payées que dans la limite des montants autorisés par le parlement[112].

Pour autant, il existe des dépenses dont le montant ne peut être estimé avec précision au moment du vote du budget, en raison de leur caractère accidentel ou imprévisible. Le législateur doit donc se contenter d'une estimation approximative de ces dépenses permettant de provisionner les fonds nécessaires à leur couverture. Ce qui l'amène à voter des crédits évaluatifs qui, comme leur nom l'indique, ne sont pas limitatifs. Ces crédits dérogent donc au principe de la spécialité budgétaire.

En 2010, le législateur a donné une énumération détaillée des dépenses concernées par les crédits évaluatifs. Il s'agissait, selon l'article 14, alinéa 1er, de la loi organique de 2010, des dépenses relatives à la dette de l'Etat, à la dette viagère, aux frais de justice, aux réparations civiles, aux remboursements, aux dégrèvements, aux restitutions et à la mise en jeu des garanties accordées par l'Etat. Le même législateur a, de surcroît, pris soin de préciser que les crédits évaluatifs sont ouverts sur des programmes distincts de ceux dotés de crédits limitatifs.

A l'inverse de son prédécesseur de 2010, le législateur de 2015 n'a pas eu le même souci de précision, puisque la loi organique de 2015 n'évoque que les dépenses relatives au remboursement de la dette. L'article 43, alinéa 1er, de ladite loi dispose en ce sens que « les crédits relatifs aux charges de la dette de l'Etat ont un caractère évaluatif. Ils sont ouverts sur un programme spécifique »[113].

Il importe de souligner que les dépenses couvertes par les crédits évaluatifs peuvent, si nécessaire, être financées au-delà des crédits ouverts. Dans cette hypothèse, le parlement est immédiatement informé des dépassements qui s'imposent. Ceux-ci font l'objet de

---

112 Voir en ce sens l'article 42 de la loi organique de 2015.

113 L'alinéa 3 du même article précise de son côté que les crédits évaluatifs ne peuvent faire l'objet de virement, ni de transfert, ni d'annulation, ni de report.

propositions d'ouverture de crédits dans le prochain projet de loi de finances rectificative.

b) Les crédits globaux

112. Il s'agit, comme leur nom l'indique, de crédits votés en bloc par le parlement afin de couvrir les dépenses dont le montant ne peut être déterminé avec précision au moment de l'adoption du budget. Ces crédits dérogent ainsi au principe de la spécialité budgétaire. Ils font l'objet d'une inscription à part, dans des lignes budgétaires servant de ''lignes réservoirs'', en attendant de procéder, en temps utile, à leur répartition. Celle-ci doit être effectuée préalablement à l'engagement des dépenses concernées.

Par leur finalité, les crédits globaux s'apparentent plus ou moins aux crédits évaluatifs car ils sont, comme ces derniers, destinés à couvrir des dépenses imprévisibles. C'est ce qui ressortait clairement de la loi organique de 2010 relative aux lois de finances et à l'exécution du budget. L'article 15 de ce texte prescrivait en effet le regroupement dans une mission spécifique des crédits globaux mis à la disposition du ministre chargé du budget. Ces crédits étaient destinés à deux dotations : la dotation pour dépenses accidentelles et dépenses imprévisibles, d'une part ; la dotation pour mesures générales en matière de rémunération, d'autre part. Les crédits de la première dotation ne pouvaient être estimés et répartis d'avance parce que cette dotation était destinée à la prise en charge des dépenses liées aux calamités et autres évènements imprévisibles. La même prescription valait pour les crédits de la seconde dotation, leur répartition par programme ne pouvant se faire avec précision au moment du vote du budget.

Contrairement à son homologue de 2010, le législateur de 2015 est moins explicite au sujet des crédits globaux, même si l'article 38 de la loi organique de 2015 semble leur être consacré. Selon ce texte, trois types de crédits sont regroupés dans les dotations : d'abord les crédits destinés à couvrir les dépenses des institutions constitutionnelles, avec une dotation spécifique pour chacune d'entre elles ; ensuite les crédits dédiés à la couverture des dépenses accidentelles et autres besoins urgents et imprévisibles ; enfin les crédits destinés à la prise en charge des dépenses liées aux risques de mise en jeu des garanties et avals donnés par l'Etat. La deuxième catégorie de crédits énoncée par ce texte renvoie évidemment aux crédits globaux tels que définis par la loi organique de 2010. Il en est de même de la troisième catégorie puisqu'elle concerne les dépenses dont la probabilité reste incertaine et dont le montant ne peut être estimé à l'avance. Il s'agit dans les deux cas de crédits globaux qui, en tant que tels, dérogent au principe de la spécialité budgétaire.

c) Les fonds politiques

113. L'origine des fonds politiques est à rechercher dans l'histoire ancienne des monarchies au sein desquelles l'affectation du produit de l'impôt par les rois était un secret d'Etat. On peut aussi la retrouver dans la tradition budgétaire française des « fonds secrets », dénommés plus tard « fonds spéciaux ». Destinés à la couverture des dépenses relatives à la sécurité intérieure et extérieure, ces fonds étaient « considérés comme l'expression financière de la raison d'Etat »[114].

Contrairement aux crédits évaluatifs et aux crédits globaux qui tirent leur fondement de dispositions législatives et réglementaires parfaitement connues, les fonds politiques – encore appelés fonds de souveraineté au Gabon - sont entourés d'une opacité qui rend leur étude particulièrement difficile. On sait néanmoins que ce terme désigne une dotation budgétaire globale allouée trimestriellement au président de la République, aux présidents de certaines institutions constitutionnelles, aux membres du gouvernement et aux parlementaires, afin de couvrir des dépenses indéterminées liées aux charges et autres contraintes de leurs fonctions. Les fonds politiques constituent ainsi une dérogation au principe de la spécialité des crédits, car ils ne font l'objet d'aucune répartition, préalablement à leur utilisation. Cette répartition est plutôt laissée à la discrétion du bénéficiaire. Celui-ci peut donc disposer librement des sommes allouées, d'autant plus que ces sommes ne sont soumises à aucun contrôle institutionnel.

A la lumière de ce qui précède, il apparaît finalement que le principe de la spécialité budgétaire, dont la finalité est de prévenir les risques de dilapidation des deniers publics, a subi de nombreux

---

[114] A. Dioukhané, *Les finances publiques de l'UEMOA - Le budget du Sénégal*, op. cit., p. 157.

aménagements pour répondre aux exigences de l'Etat moderne. Certains de ces aménagements sont même susceptibles d'affecter le sens et la portée d'un autre principe traditionnel qui est celui de l'équilibre budgétaire.

§ 3 – Le principe de l'équilibre budgétaire

114. Conçu à l'époque classique, l'équilibre budgétaire est devenu une règle d'or, un principe sacro-saint qui « a dominé la gestion des finances publiques tout au long du XIXe siècle et encore pendant les premières années du XXe »[115].

On s'intéressera d'abord à la genèse et aux fondements de ce principe (A) avant de voir la place qu'il occupe dans les finances publiques gabonaises (B).

A – La genèse et les fondements du principe

115. Comme le laisse entendre sa dénomination, le principe de l'équilibre budgétaire exige l'égalité entre les recettes et les dépenses de l'Etat. Mais cette égalité a un sens différent selon qu'elle est conçue par les financiers classiques ou par les financiers modernes.

1 – La conception du principe de l'équilibre à l'époque classique

116. La doctrine classique prône l'égalité stricte entre les recettes et les dépenses de l'Etat. Cette égalité est, pour elle, une question de bon sens et un gage de responsabilité. L'Etat, à l'instar des particuliers, ne peut en effet se permettre de dépenser plus d'argent qu'il n'en gagne, au risque de faire faillite ou de recourir à l'emprunt. Or l'emprunt entraîne généralement l'accroissement du déficit budgétaire qui peut, à la longue, engendrer un cercle vicieux de l'endettement. Il en résulterait, à coup sûr, un lourd fardeau pour les générations futures, condamnées à prendre en charge le remboursement de la dette. La doctrine classique prône donc la prohibition du déficit budgétaire et l'observation d'un équilibre strict entre les recettes et les dépenses.

A l'instar des déficits, les financiers classiques condamnent aussi les excédents budgétaires qui représentent, à leurs yeux, la manifestation d'une gestion approximative des finances publiques et la conséquence des prélèvements excessifs et inutiles opérés sur

---

[115] P.-M. Gaudemet et J. Molinier, *Finances publiques*, op. cit., p. 245.

l'activité économique. Ces excédents constituent, de surcroît, une source de gaspillage des deniers publics. L'histoire de nombreux pays enseigne en effet que les gouvernements ont toujours une propension à dépenser sans compter la manne financière générée par les excédents budgétaires, même lorsque l'utilité des dépenses projetées n'est pas avérée. C'est pour prévenir ce genre de dérives que la doctrine classique a érigé l'équilibre budgétaire en dogme financier. Mais telle n'est pas la conception des financiers modernes.

2 – L'évolution du principe de l'équilibre à l'époque moderne

117. Depuis l'avènement de l'Etat moderne, les gouvernants ont de plus en plus du mal à respecter le principe de l'équilibre budgétaire. A ce propos, Loïc Philip note qu'« au cours du XXe siècle, l'équilibre a rarement été réalisé et le principe a perdu une grande partie de sa force »[116]. Cette observation peut être vérifiée dans de nombreux pays où le déficit budgétaire est pratiquement devenu la règle tandis que l'équilibre apparaît désormais comme l'exception. Certains financiers modernes n'hésitent d'ailleurs pas à affirmer que le déséquilibre budgétaire n'est pas un mal en soi et qu'il peut être toléré, voire recommandé dans certaines circonstances.

En cas de récession économique, par exemple, le gouvernement ne devrait pas se soucier de l'équilibre budgétaire. Il doit plutôt prendre des mesures audacieuses capables de juguler la crise ou d'en atténuer les effets. S'inspirant des thèses de John Maynard Keynes, la doctrine classique a en ce sens conçu diverses théories du déséquilibre. Il s'agit notamment des théories du déficit systématique, du budget cyclique et de l'impasse budgétaire[117].

Pour autant, le principe de l'équilibre budgétaire conserve une grande force symbolique et sa valeur mythique demeure presque intacte. C'est en effet à l'aune de ce principe que les citoyens apprécient la manière dont le gouvernement gère l'argent public,

---

[116] Cf. L. Philip, *Finances publiques* ; op. cit., p.184.

[117] Pour plus de précisions, voir notamment P.-M. Gaudemet et J. Molinier, *Finances publiques*, op. cit., pp. 246 et s ; J-L Albert, *Finances publiques*, op. cit., pp. 286 et s ; M. Bouvier, M.-C. Esclassan et J.-P. Lassale, *Finances publiques*, op. cit., pp. 187 et s.

l'équilibre d'un budget étant généralement considéré comme un gage de bonne gestion.

Il arrive pourtant que cette conviction soit démentie par les faits, notamment lorsque l'équilibre prévisionnel annoncé au moment de l'adoption du budget n'est pas confirmé par un équilibre réel constaté au terme de l'exécution du budget. On se retrouve alors en situation de découvert ou d'impasse budgétaire[118].

Au regard des thèses doctrinales précédemment évoquées et de l'évolution historique du principe de l'équilibre budgétaire, on est logiquement amené à s'interroger sur le sort réservé à ce principe au Gabon.

B – La place du principe de l'équilibre dans les finances publiques gabonaises

118. On évoquera d'abord la consécration du principe de l'équilibre budgétaire au Gabon avant de s'intéresser à son application depuis l'accession de ce pays à l'indépendance.

1 – La consécration du principe de l'équilibre budgétaire

119. Le principe de l'équilibre budgétaire procède avant tout de la loi fondamentale. Institué, à l'origine, par l'article 23, alinéa 2, de la Constitution de 1959 adoptée dans le cadre de l'Etat autonome du Gabon[119], ce principe a ensuite été repris par les différentes Constitutions qui se sont succédé après l'indépendance. Il en est ainsi de la Constitution actuellement en vigueur[120] dont l'article 48, alinéa 3, exige que le budget soit voté en équilibre. Ce qui explique cette mise en garde adressée au parlement : « si, au terme de la session budgétaire, le parlement se sépare sans avoir voté le budget en équilibre, le gouvernement est autorisé à reconduire par ordonnance le budget précédent. [...] A la demande du Premier ministre, le parlement est convoqué en session extraordinaire pour une nouvelle délibération. Si le parlement n'a pas voté le budget en équilibre à la fin de cette session extraordinaire, le budget est établi définitivement

---

[118] Idem.

[119] Cf. Loi constitutionnelle n° 4/59 du 19 février 1959.

[120] Il s'agit de la Constitution du 26 mars 1991 qui a fait l'objet de plusieurs modifications.

par ordonnance prise en conseil des ministres et signée par le président de la République ». Il ressort de ce texte que le constituant conditionne la validité du vote du parlement à l'équilibre budget.

On retrouve cette même prescription dans la loi organique de 2015 qui reprend fidèlement les termes de la Constitution[121].

Les dispositions constitutionnelles et législatives qui viennent d'être évoquées donnent à penser que le Gabon accorde une grande importance au principe de l'équilibre budgétaire. La réalité paraît cependant plus nuancée, à en croire Sylvestre Kwahou qui relève que « la méconnaissance par le gouvernement du principe de l'équilibre budgétaire n'est pas strictement sanctionnée. Il est même arrivé, en raison de certaines difficultés d'ordre politique et économique, que la loi de finances de l'année reste inappliquée pendant une longue période et que l'équilibre budgétaire initialement arrêté dans cette loi soit substantiellement modifié avec la bénédiction complaisante du juge »[122]. Ce constat témoigne du laxisme qui caractérise l'application du principe de l'équilibre budgétaire au Gabon.

2 – L'application du principe de l'équilibre budgétaire

120. On peut l'apprécier en suivant l'évolution du solde budgétaire depuis l'accession du Gabon à l'indépendance. Le graphique n° 4 ci-après retrace cette évolution.

<u>Graphique n° 4</u> : Evolution du solde budgétaire entre 1960 et 2016 (en milliards de francs CFA)

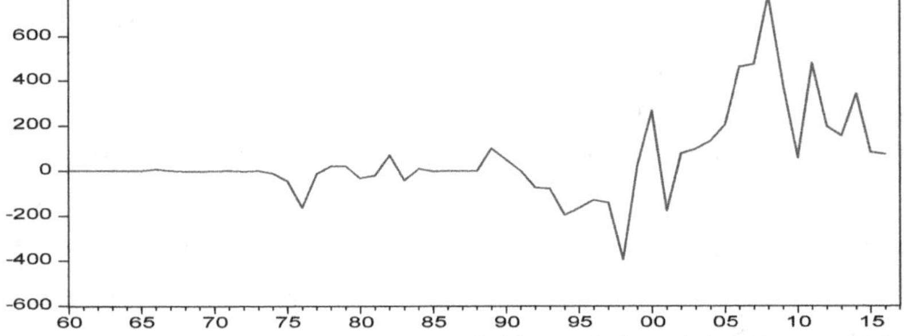

<u>Source</u> : Ministère de L'Economie (Tableau de bord de l'économie)

[121] Cf. article 21, alinéa 4 et 5.

[122] Cf. S. Kwahou, *Le contrôle de la constitutionnalité des lois de finances au Gabon*, note sous diverses décisions de la Cour constitutionnelle, in Revue Afrique Juridique et Politique, volume 3, n° 1et 2, janvier – décembre 2008, p. 156.

Ce graphique révèle que de 1960 à 1989, le principe de l'équilibre budgétaire a été globalement bien observé au Gabon, avec un solde budgétaire plus ou moins égal à 0, à peine affecté par quelques légères variations à la baisse ou à la hausse.

Depuis lors, le déséquilibre serait devenu la règle. Entre 1990 et 1998, l'Etat a en effet enregistré de nombreux déficits budgétaires, frôlant même le chiffre record de 400 milliards de francs CFA en 1998. Il convient toutefois de préciser que cette période coïncide, à une année près, avec la première décennie du processus de démocratisation du Gabon, processus marqué par d'incessantes revendications politiques et sociales, particulièrement coûteuses pour l'Etat.

A partir de 1999, une nouvelle tendance se dessine avec un solde budgétaire qui évolue en dents de scie jusqu'en 2016. Pour autant, l'Etat enregistre, au cours de cette période, des excédentaires budgétaires dont le point culminant avoisine les 800 milliards de francs CFA en 2009.

Mais depuis le début des années 2010, le gouvernement recourt systématiquement à l'emprunt pour financer des projets d'investissement et même pour payer des dépenses de fonctionnement. Ce qui prouve que l'Etat a de plus en plus du mal à assurer l'équilibre du budget.

Au terme du présent chapitre, il apparaît que les principes budgétaires traditionnels n'ont pu véritablement s'appliquer qu'à l'époque classique. Certains auteurs estiment à ce propos que « le strict respect de ces règles traditionnelles est devenu beaucoup plus difficile à l'époque contemporaine. La nature des dépenses de l'Etat a considérablement évolué, les finances publiques se sont diversifiées, les nécessités de l'action à long terme doivent souvent l'emporter sur l'exigence d'un cadre temporel devenu trop étroit »[123].

Malgré tout, les règles budgétaires classiques occupent encore une place non négligeable dans le droit public financier contemporain. Cette évidence est d'ailleurs reconnue par les auteurs précédemment cités. Et l'appréciation finale qu'ils portent sur ces règles est plus

---

[123] M. Bouvier, M.-C. Esclassan, J.-P. Lassale, *Finances publiques*, op. cit. p.273.

nuancée, puisqu'ils admettent que « ce serait une erreur de les considérer comme de simples survivances. Elles reflètent, aujourd'hui encore, une certaine conception de la nature et du fonctionnement de l'Etat »[124].

Les principes budgétaires classiques ne sont cependant pas les seuls à encadrer la gestion des finances publiques, car d'autres règles budgétaires conçues plus récemment poursuivent le même objectif.

[124] Idem.

CHAPITRE 2

LES NOUVELLES REGLES BUDGETAIRES

121. Contrairement aux principes budgétaires traditionnels dont la naissance remonte à l'époque classique, ces nouvelles règles ont vu le jour plus récemment : il s'agit, d'une part, du principe de sincérité budgétaire et, d'autre part, du principe de transparence budgétaire auquel est associée la bonne gouvernance financière[125].

Mais la bonne gouvernance financière ne constitue pas un principe budgétaire en tant que tel. Elle apparaît plutôt comme un objectif à atteindre, notamment par le biais de la transparence budgétaire. Selon la *Collaborative Africa Budget Reforme Initiative* (CABRI), « la gouvernance financière est l'objectif principal des systèmes budgétaires modernes. Elle requiert la mise en place d'institutions saines [...] Il faut surtout, en vue des finalités de bien-être social des nations, que les fonds publics ainsi que les actifs et passifs financiers soient gérés de manière transparente, responsable et intègre »[126].

Cette définition de la CABRI semble faire écho aux recherches de Gérard Marcou sur la gouvernance. Selon ce dernier, « la gouvernance désigne la façon dont est exercé un pouvoir légitime en interaction

---

[125] Voir à ce sujet la directive de la CEMAC n° 06/11-UEAC-190-CM-22 du 19 décembre 2011 relative au Code de transparence et de bonne gouvernance dans la gestion des finances publiques ainsi que la loi du 30 janvier 2015 relative à la transparence et à la bonne gouvernance dans la gestion des finances publiques. Voir également sur le site de la Banque mondiale, *L'importance des nouvelles mesures de transparence des finances publiques pour une bonne gouvernance*, blogs.worldbank.org.

[126] Cf. *La bonne gouvernance : vers une budgétisation moderne*, Actes du 6e Séminaire annuel de la CABRI, organisé à Maurice en 2010, p. 2. www.cabri-sbo.org.

avec les différentes composantes de la société, et pour le bien commun »[127].

En ce qui concerne le Gabon, la loi du 30 janvier 2015 définit la bonne gouvernance financière comme « la gestion qui consiste à utiliser les finances publiques dans l'intérêt général, conformément aux choix et aux actions de développement opérés et aux objectifs à atteindre ».

Toutes ces définitions montrent bien que la bonne gouvernance est devenue une préoccupation majeure des pouvoirs publics. Tous les acteurs étatiques doivent donc s'efforcer d'acquérir une « culture durable de bonne gouvernance des finances publiques »[128]. Derrière cette préoccupation se profile la quête de performance qui constitue le nouveau leitmotiv de tous les gouvernants.

Bien qu'elles aient une connotation philosophique du fait de leur dimension éthique[129], la sincérité et la transparence budgétaires n'en constituent pas moins des normes juridiques désormais consacrées par la loi et sanctionnées par le juge en cas de transgression. Nous traiterons d'abord du principe de sincérité budgétaire avant d'évoquer le principe de transparence budgétaire.

SECTION 1 – LE PRINCIPE DE SINCERITE BUDGETAIRE

122. La sincérité budgétaire peut être définie comme le souci de garantir l'exactitude des informations contenues dans la loi de

---

[127] Cf. *La gouvernance : innovation conceptuelle ou artifice de présentation*, Annuaire des collectivités locales – La gouvernance territoriale, éd. CNRS, 2006, p. 8. Voir également J. du Bois de Gaudusson, *La bonne gouvernance : problématiques et enjeux*, Symposium sur l'accès aux financements internationaux : actes de la table ronde préparatoire n° 3, Agence intergouvernementale de la Francophonie, 2004, p. 17-23, démocratie.francophonie.org ; M. Bouvier (dir. de), *La bonne gouvernance des finances publiques dans le monde*, LGDJ – Lextenso éditions, 2009.

[128] CABRI, *La bonne gouvernance financière : vers une budgétisation moderne*, op. cit., p. 24.

[129] Comme la bonne gouvernance, la sincérité et la transparence constituent avant tout des valeurs morales qui renvoient au comportement vertueux que doivent avoir les gestionnaires de l'argent public.

finances et dans les comptes de l'Etat ainsi que la fiabilité de l'équilibre budgétaire annoncé. On s'intéressera d'abord à la genèse et aux fondements de ce principe (§ 1) avant de voir les exceptions dont il est l'objet (§ 2).

§ 1 – La genèse et les fondements du principe

123. Le principe de sincérité budgétaire, qui est entré dans le droit positif de plusieurs pays au cours des trois dernières décennies, apparaît comme la transposition, au niveau de l'Etat, du principe de l'équilibre réel applicable, depuis longtemps, au budget des collectivités locales. Conçu par le juge constitutionnel français et parachevé par le législateur (A), ce principe s'est également imposé au Gabon (B).

A – Le rôle du juge constitutionnel et du législateur français dans l'avènement du principe de sincérité budgétaire

124. Dans les années 1980 et 1990, le Conseil constitutionnel français a rendu quelques décisions importantes qui ont favorisé la naissance du principe de sincérité budgétaire[130]. Ce travail conceptuel du juge constitutionnel a été complété par le législateur avec l'adoption de la loi organique du 1er août 2001. Selon l'article 32 de ce texte, « les lois de finances présentent de façon sincère l'ensemble des charges et des ressources de l'Etat »[131].

L'exigence de sincérité, qui s'impose à toutes les lois de finances (initiales et rectificatives) et à toutes les étapes du processus budgétaire, concerne d'abord la préparation du budget. Ce qui implique que les prévisions budgétaires doivent être aussi fiables que possible et que le gouvernement doit se garder de toute manœuvre de

---

[130] La décision la plus marquante est sans conteste celle du 29 décembre 1994, 351 DC. Pour plus de détails, voir J.-L. Albert, *Finances publiques*, op. cit., p. 340.

[131] Voir à ce sujet S. Ph. Vachia, *L'émergence du principe de sincérité budgétaire dans le droit financier*, RFFP, n° 91, 2005 ; M.-C. Esclassan, *Performance et renouvellement des principes budgétaires et comptables publics : l'essor du principe de sincérité des comptes dans les systèmes financiers publics contemporains*, in « La Constitution, l'Europe et le Droit » (Mélanges en l'honneur du Jean-Claude Masclet), Publications de Sorbonne, 2013. Voir aussi RFFP, *Le principe de sincérité en finances publiques*, n° 111, 2010 ; L. Pancrazi, *Le principe de la sincérité budgétaire*, L'Harmattan, 2012.

dissimulation ou de manipulation de la réalité. Pour le Conseil constitutionnel français, « la sincérité se caractérise par l'absence d'intention de fausser les grandes lignes de l'équilibre déterminé par les lois de finances »[132].

Le principe de sincérité budgétaire vise ensuite l'exécution du budget, car les documents comptables qui en résultent doivent être le reflet exact des opérations budgétaires effectuées.

B – L'appropriation du principe de sincérité budgétaire par le législateur gabonais

125. C'est sous l'impulsion de la CEMAC que le principe de sincérité budgétaire a été introduit au Gabon[133].

La directive du 20 juin 2008 relative aux lois de finances a en effet conduit à l'adoption par le parlement gabonais de la loi organique de 2010 dont l'article 42 dispose que « les lois de finances présentent de façon sincère l'ensemble des ressources et des charges de l'Etat ainsi que le solde qui en résulte. Leur sincérité s'apprécie compte tenu des informations disponibles et des prévisions qui peuvent raisonnablement en découler ».

De son côté, l'article 73 de la même loi précise que « les comptes de l'Etat sont réguliers, sincères et donnent une image fidèle de son patrimoine et de sa situation financière ».

La combinaison de ces deux articles montre bien que la sincérité doit être observée à toutes les étapes du processus d'élaboration et d'exécution de la loi de finances. Selon Abdourahmane Dioukhané, « le principe de sincérité est au début et à la fin du processus financier car il s'applique au budget et aux comptes »[134].

---

[132] Décisions du 25 juillet 2001, 448 DC ; 27 décembre 2002, 464 DC ; 29 décembre 2012, 662 DC.

[133] Voir à ce sujet la directive n° 01/08-UEAC-190-CM-17 du 20 juin 2008 relative aux lois de finances remplacée par la directive n° 01/11-UEAC-190-CM-22 du 19 décembre 2011 ; la directive n° 06/11-UEAC-190-CM-22 du 19 décembre 2011 relative au Code de transparence et de bonne gouvernance dans la gestion des finances publiques.

[134] Cf. A. Dioukhané, *Les finances publiques dans l'UEMOA – Le budget du Sénégal*, op. cit., p. 66.

Dans la loi du 30 janvier 2015 relative à la transparence et à la bonne gouvernance, le législateur gabonais s'est voulu encore plus précis en définissant le principe de sincérité budgétaire comme « la règle imposant, dans les lois de finances, une présentation complète, exacte et cohérente de l'ensemble des ressources et des charges de l'Etat, compte tenu des informations disponibles et des prévisions raisonnables qui peuvent en découler »[135].

La loi organique du 21 mai 2015 relative aux lois de finances reprend *grosso modo* cette définition, notamment en son article 7, alinéa 4, qui énonce que « les budgets des administrations publiques présentent de façon sincère l'ensemble des recettes et des dépenses. Leur sincérité s'apprécie compte tenu des informations disponibles au moment de leur élaboration et des prévisions qui peuvent raisonnablement en découler ».

D'autres dispositions de ce texte s'inspirent de la loi organique de 2010. C'est le cas de l'article 70, alinéa 2, qui précise que « les comptes de l'Etat (...) doivent être réguliers, sincères et donner une image fidèle de l'exécution du budget et de l'évolution du patrimoine de l'Etat ». Il en est de même de l'article 72, alinéa 4, qui rappelle que « les comptables publics sont responsables de la tenue des comptes de l'Etat (...). Ils s'assurent notamment de la sincérité des enregistrements comptables et du respect des procédures ».

Si la signification de la sincérité budgétaire ne souffre d'aucune équivoque, sa mise en œuvre ne va pourtant pas de soi, en raison des contraintes que ce nouveau principe impose aux acteurs budgétaires. Le législateur a donc dû autoriser quelques dérogations à ce principe pour que son application soit plus aisée.

§ 2 – Les exceptions au principe de sincérité budgétaire

126. On en dénombre quatre : les comptes spéciaux du Trésor ; les budgets autonomes ; la débudgétisation et les prélèvements sur recettes.

---

[135] Cf. article 2. De son côté, l'article 26 précise que « les budgets annuels de l'Etat et des autres organismes publics doivent être réalistes et sincères, aussi bien dans leurs prévisions de dépenses que de recettes ».

A – Les comptes spéciaux

127. Comme indiqué précédemment, les comptes spéciaux retracent des opérations de trésorerie que le législateur entend isoler du budget général de l'Etat, en raison de leur caractère temporaire ou exceptionnel et des conditions particulières de leur financement. Bien qu'elles soient soumises au vote et au contrôle du parlement, l'exclusion de ces opérations du budget général de l'Etat est susceptible d'altérer leur sincérité.

B – Les budgets autonomes

128. Contrairement au budget général de l'Etat, les budgets autonomes ne font pas partie de la loi de finances de l'année. Ils ne sont donc pas soumis à l'approbation et au contrôle du parlement. Pour autant, l'Etat intervient souvent dans la vie des collectivités territoriales et des autres personnes morales de droit public dotées d'un budget autonome. Il peut en effet leur allouer une subvention annuelle en complément de leurs recettes d'exploitation. Il peut aussi leur venir en aide au moyen d'une subvention d'équilibre, notamment lorsque leur bilan d'activité se solde par un déficit d'exploitation.

On peut néanmoins s'interroger sur l'effectivité du principe de sincérité budgétaire dans le processus de préparation, d'adoption et d'exécution des budgets autonomes, dès lors que le parlement n'intervient pas dans ce processus.

C – La débudgétisation

129. Comme on l'a vu précédemment, la débudgétisation est généralement considérée comme une technique de camouflage des dépenses publiques non autorisées par le parlement. Elle empêche ainsi le contrôle de ces dépenses et favorise la dissimulation des déficits budgétaires. Ce qui est contraire au principe de sincérité budgétaire.

Bien qu'elle soit perçue négativement, du point de vue du contrôle parlementaire, la débudgétisation est néanmoins tolérée par le Conseil constitutionnel français qui y voit l'expression de choix politiques, économiques et sociaux parfois fondamentaux[136].

---

[136] Voir à ce sujet J.-L. Albert, *Finances publiques*, op. cit., pp. 347 et s.

D – Les prélèvements sur recettes

130. Ils consistent à reverser à certaines administrations ou organismes publics, dont l'activité génère des recettes, les sommes perçues pour leur compte par les agences comptables du Trésor. Il en est ainsi, par exemple, des frais médicaux pour les hôpitaux, des frais d'inscription et d'écolage pour les universités, des produits des amendes et autres pénalités pour les administrations des douanes et des impôts. Les sommes ainsi reversées permettent aux administrations et organismes publics concernés de prendre en charge certaines de leurs dépenses spécifiques comme, par exemple, le paiement des primes dues à leurs agents.

Cette pratique, qui est courante dans la quasi-totalité des administrations bénéficiant de l'autonomie de gestion financière, ne semble pas cependant conforme au principe de sincérité budgétaire pour deux raisons. La première est que les recettes prélevées et reversées aux administrations et organismes bénéficiaires sont des dépenses publiques qui n'apparaissent pas dans le budget général de l'Etat. Ce qui, selon Jean-Luc Albert, fait de cette pratique « un cas particulier se situant ''à cheval'' sur la limite séparant le budget des opérations extrabudgétaires »[137]. La seconde raison est que ces dépenses ne sont pas formellement autorisées par le parlement puisqu'elles procèdent généralement d'un acte réglementaire.

SECTION 2 – LE PRINCIPE DE TRANSPARENCE BUDGETAIRE

131. La transparence budgétaire peut être définie comme l'obligation pour le gouvernement d'informer les parlementaires et les citoyens sur la manière dont les deniers publics sont gérés[138]. Nous nous intéresserons d'abord à la genèse et aux fondements de ce principe (§ 1) avant d'évoquer les restrictions nécessaires à sa bonne application (§ 2).

---

[137] Op. cit., p. 348.

[138] Voir notamment D. Da, *La recherche de la transparence budgétaire dans les réformes en finances publiques au Burkina Faso*, Revue *Afrilex*, juin 2012.

§ 1 – La genèse et les fondements du principe

132. C'est vers la fin des années 1990 que le principe de transparence budgétaire a vu le jour, grâce aux initiatives de quelques organisations internationales (A). Sous l'impulsion de la CEMAC, ce principe s'est ensuite imposé au Gabon (B).

A – Le rôle des organisations internationales dans la promotion de la transparence budgétaire

133. Les turbulences économiques et financières qui secouent le monde depuis une trentaine d'années ont amené les Nations Unies et d'autres organisations internationales à rechercher, dans le cadre d'un plan d'action mondial pour la gestion des finances publiques, des solutions susceptibles d'en atténuer les effets. L'une des solutions retenues est la promotion de la transparence budgétaire.

La première initiative en faveur de la transparence budgétaire est venue du Fonds monétaire international (FMI) qui a adopté en 1998 un code de bonnes pratiques en matière de transparence des finances publiques[139].

Pour le FMI, la transparence est un gage d'efficacité dans la gestion des finances publiques. Elle implique « l'exhaustivité, la clarté, la fiabilité, l'actualité et la pertinence des informations publiées à propos de la situation passée, présente et future des finances publiques »[140]. A cet effet, le code du FMI recommande aux Etats d'intégrer dans leur système juridique les dispositions suivantes :

- Toute dépense publique doit être engagée sur la base d'une législation et d'une réglementation claires et aisément accessibles ;

- Les impôts, droits, redevances et autres prélèvements doivent avoir un fondement légal explicite tandis que les lois et règlements à caractère fiscal doivent être d'accès et de compréhension faciles ;

- La publication d'informations sur les finances publiques doit être une obligation légale pour l'Etat.

---

[139] La deuxième et la troisième édition de ce code ont respectivement été publiées en 2007 et 2013.

[140] Bulletin du FMI, 1er juillet 2013.

De son côté, l'OCDE a publié en 2002 un manuel des meilleures pratiques dans la gestion des finances publiques, en vue de promouvoir la transparence budgétaire. Dans ce manuel, la transparence budgétaire est définie comme « le fait de faire pleinement connaître, en temps opportun et de façon systématique, l'ensemble des informations budgétaires »[141].

Enfin, dans le cadre de l'Initiative mondiale sur la transparence des finances publiques, l'ONU a adopté en 2012 un ensemble de principes sur la transparence, la participation et la responsabilisation en matière de finances publiques.

Toutes ces initiatives, qui concourent à la lutte contre le gaspillage de l'argent public, l'opacité dans la gestion des finances publiques et la corruption des décideurs, visent à promouvoir une gestion saine et efficace des deniers publics, dans un cadre empreint de transparence budgétaire.

Il faut y ajouter les contributions de l'Organisation internationale des institutions supérieures de contrôle des finances publiques (INTOSAI) et de la Fédération internationale des comptables (IFAC), contributions relatives à la comptabilité publique, au contrôle des finances publiques et, partant, à la promotion de la transparence budgétaire[142].

Le principe de transparence budgétaire comporte de nombreux avantages dont quatre retiennent l'attention.

1 - La transparence budgétaire, associée au contrôle budgétaire (contrôle de la façon dont les ressources sont dépensées), constitue une arme dissuasive contre les fonctionnaires tentés de détourner les fonds publics ;

2 – Le principe de transparence budgétaire contribue à la réduction des écarts entre les dépenses prévues et les dépenses effectivement

---

[141] Cf. OCDE, *Transparence budgétaire : les meilleures pratiques de l'OCDE*, mai 2002, www.oecd.org.

[142] Pour plus de détails, voir OCDE, *Le cadre juridique des systèmes budgétaires – Une comparaison internationale*, Revue de l'OCDE sur la gestion budgétaire, numéro spécial, volume 4, n° 3, 2004, p. 148 et s.

réalisées, grâce au double contrôle exercé sur le budget par les parlementaires et les citoyens.

3 – Le principe de transparence budgétaire permet aux citoyens d'accéder à toutes les informations contenues dans le budget de l'Etat. Ils peuvent ainsi apprécier la qualité des services et des infrastructures fournis, par rapport à leurs attentes.

4 – Le principe de transparence budgétaire favorise une meilleure utilisation des ressources publiques parce qu'il permet de réduire la corruption, en même temps qu'il accorde aux citoyens un droit de regard sur la gestion des deniers publics.

Tenant compte de tous ces avantages et convaincu de la pertinence du plan d'action mondial en faveur de la transparence dans la gestion des finances publiques, le Gabon, sous l'impulsion de la CEMAC, a décidé à son tour de se hisser au niveau des standards internationaux en matière de transparence budgétaire.

B – L'appropriation du principe de transparence budgétaire par le législateur gabonais

134. Le principe de transparence budgétaire a été introduit au Gabon par la loi du 30 janvier 2015 relative à la transparence et à la bonne gouvernance dans la gestion des finances.

Selon l'article 2 de cette loi, la transparence dans la gestion des finances publiques signifie que « la publicité doit entourer les opérations financières de l'Etat, de la préparation à l'exécution jusqu'au contrôle du parlement. Elle englobe également la production des rapports et les points de presse ».

La loi du 30 janvier 2015 procède de deux sources formelles : d'une part, la directive de la CEMAC n° 06/11-UEAC-190-CM-22 du 19 décembre 2011 relative au Code de transparence et de bonne gouvernance dans la gestion des finances publiques ; d'autre part, le Code des bonnes pratiques en matière de transparence des finances publiques publié en 2007 par le FMI.

135. Selon ce dernier Code, la transparence budgétaire est fondée sur quatre exigences que le législateur gabonais a reprises à son compte :

- une définition claire des attributions et des responsabilités des différents acteurs ;

- des processus budgétaires ouverts ;

- l'accès du public à l'information ;

- l'intégrité des acteurs.

1 – L'exigence d'une définition claire des attributions et des responsabilités

136. Elle découle de deux prescriptions de la loi du 30 janvier 2015 précitée. Le deuxième chapitre de cette loi évoque d'abord la nécessité de préciser les compétences des acteurs impliqués dans la conception de la politique budgétaire. Il souligne ensuite la nécessité de définir les attributions des acteurs chargés du contrôle des opérations budgétaires et de la gestion des statistiques budgétaires.

a) Les compétences des acteurs impliqués dans la conception de la politique budgétaire

137. Les acteurs concernés sont le gouvernement et le parlement dont les compétences doivent être clairement définies, notamment dans les deux domaines suivants : conduite de la politique budgétaire et choix des recettes et des dépenses à réaliser ; exécution et contrôle des opérations budgétaires. L'article 13 de la loi du 30 janvier 2015 rappelle à ce propos que les compétences du gouvernement et du parlement sont définies par la Constitution.

Ainsi, le gouvernement assure la préparation du budget de l'Etat. A cet effet, les attributions et les responsabilités respectives du Premier ministre, du ministre chargé du budget, du ministre chargé de l'économie et des autres membres du gouvernement doivent être clairement définies. Toutes les questions relatives à la préparation du budget doivent être délibérées par l'ensemble des membres du gouvernement.

Quant au parlement, il a pour mission d'examiner et d'adopter chaque année le budget de l'Etat. Il doit aussi assurer le contrôle de l'exécution du budget.

b) Les attributions des acteurs chargés du contrôle des opérations budgétaires et de la gestion des statistiques budgétaires

138. Deux catégories d'acteurs sont concernées : d'une part, les juridictions appelées à statuer sur les affaires relatives au budget de l'Etat et aux autres sujets connexes ; d'autre part, les administrations compétentes en matière de statistiques budgétaires.

En ce qui concerne la première catégorie d'acteurs, l'article 18 de la loi du 30 janvier 2015 exige que soient clairement identifiées les juridictions devant connaître des affaires relatives aux domaines suivants : contentieux fiscal, litiges se rapportant aux recettes non fiscales, aux dépenses effectuées par l'Etat, aux problèmes de financement, à la gestion domaniale, aux marchés publics, à la délégation de service public.

S'agissant de la seconde catégorie d'acteurs, il revient aux administrations compétentes en matière de statistiques budgétaires d'assurer la collecte, le traitement et la diffusion des données et informations relatives aux finances publiques. Ces administrations doivent être totalement indépendantes des autorités politiques. Et la méthodologie suivie pour l'établissement des statistiques doit être publiée en même temps que la diffusion de celles-ci.

2 – Le recours à des processus budgétaires ouverts

139. C'est une exigence qui vise à instituer la transparence aussi bien dans les procédures de préparation, d'exécution et de contrôle du budget de l'Etat que dans les relations économiques et financières entre l'Etat et ses partenaires.

a) La transparence dans les procédures de préparation, d'exécution et de contrôle du budget de l'Etat

140. Au stade de la préparation du budget, l'article 21 de la loi du 30 janvier 2015 exige d'insérer le budget de l'Etat dans le cadre global de la politique macroéconomique, financière et budgétaire à moyen terme, c'est-à-dire pour une période couvrant l'année à venir et au moins les deux années suivantes. Les hypothèses économiques retenues doivent être explicitées et justifiées ainsi que les financements attendus de l'assistance extérieure. Ces hypothèses sont, le cas échéant, comparées aux autres projections disponibles établies par des sources compétentes et indépendantes, différentes de celles du gouvernement.

Au niveau de l'exécution du budget, chaque étape du processus d'exécution de la recette ou de la dépense doit être clairement définie. Aucune dépense ne peut être engagée et payée si elle n'est préalablement identifiée dans un texte législatif ou réglementaire et autorisée par une loi de finances. Les modifications éventuelles intervenant dans le courant de l'exercice budgétaire doivent être présentées dans les mêmes formes que celles suivies pour le budget initial.

S'agissant du contrôle du budget, la loi exige que toutes les opérations relatives aux recettes, aux dépenses et au financement du budget de l'Etat soient soumises à un contrôle démocratique, juridictionnel et administratif. Les modalités de contrôle et de sanction ainsi que les responsabilités de chacun des acteurs concernés doivent être formellement explicitées.

Le contrôle démocratique doit être assuré par des assemblées parlementaires régulièrement élues.

Le contrôle juridictionnel est effectué par la Cour des comptes qui doit publier ses décisions au moins dans deux journaux de grande diffusion. Il en est de même en ce qui concerne le suivi des recommandations de la Cour dont les résultats doivent être régulièrement portés à la connaissance du public[143].

Quant au contrôle administratif, il est assuré par des organes internes à l'administration chargés d'évaluer les activités et les finances des services de l'Etat.

b) La transparence dans les relations économiques et financières entre l'Etat et ses partenaires

141. C'est une exigence qui vise d'abord les entreprises publiques : les relations que l'Etat entretient avec ces entreprises, comme avec d'autres organismes publics, doivent être régies par des dispositions claires et accessibles aux citoyens.

Cette exigence concerne aussi le secteur privé : l'implication de l'Etat dans ce secteur doit se faire dans la transparence et sur la base des règles et des procédures non discriminatoires.

A cet égard, les contrats liant l'Etat aux entreprises privées, et même aux entreprises publiques - notamment ceux conclus avec les entreprises d'exploitation des ressources naturelles ou les entreprises

[143] A ce jour, ces prescriptions ne sont pas encore entrées en application.

bénéficiant d'une concession de service public - doivent être clairs et mis à la disposition du public. Cette prescription vaut aussi bien pour les procédures d'attribution des contrats que pour leur contenu[144]. Dans le même ordre d'idées, toute concession de droit d'utilisation ou d'exploitation d'actifs publics ainsi que les partenariats public-privé doivent s'appuyer sur des bases juridiques formelles et explicites.

L'exigence de transparence vise enfin les financements que l'Etat reçoit de la coopération internationale : aucun financement d'une dépense publique par une organisation internationale ou un Etat étranger ne peut être mis en place sans une information préalable des ministres chargés de l'économie et du budget.

3 – L'accès du public à l'information

142. Cette prescription procède de plusieurs dispositions de la loi du 30 janvier 2015. L'information du public apparaît dans ce texte comme une préoccupation majeure du législateur. Elle concerne d'abord les procédures budgétaires et le système fiscal en vigueur. Elle vise ensuite les procédures d'allocation des aides et de cession des biens de l'Etat.

a) L'information sur les procédures budgétaires et le système fiscal

143. Dans un souci de pédagogie et d'objectivité, la loi fait obligation à l'administration de publier, dans les délais appropriés, les informations relatives aux finances publiques. Les citoyens doivent être régulièrement informés sur les grandes étapes de la procédure budgétaire et sur les enjeux économiques, sociaux et financiers liés à celle-ci. A cet effet, le calendrier de diffusion des informations sur les finances publiques doit être annoncé au début de chaque année et son application doit être scrupuleusement respectée.

La presse, les partenaires sociaux et tous les acteurs de la société civile doivent être encouragés à participer à la diffusion des informations ainsi qu'au débat public sur la gestion des finances publiques. La transparence budgétaire a en effet pour finalité l'approfondissement du débat budgétaire parlementaire et public, dans un esprit de responsabilisation et de sincérité.

---

[144] Lesdits contrats doivent, en outre, être soumis au contrôle du parlement et de la Cour des comptes.

Il convient d'ajouter qu'à l'occasion de l'examen et du vote de la loi de finances de l'année, l'administration est tenue de diffuser, à l'intention du grand public, un guide synthétique budgétaire clair et simple permettant de décomposer et d'analyser les grandes masses de recettes et de dépenses ainsi que leur évolution d'une année à l'autre.

Lorsque les décisions gouvernementales sont susceptibles d'avoir une incidence financière, un chiffrage complet de leur impact budgétaire doit être systématiquement réalisé et porté à la connaissance du public.

S'agissant enfin du système fiscal, la loi exige qu'une information large, régulière et approfondie sur la fiscalité en vigueur et ses évolutions soit diffusée à l'intention des contribuables. Les textes fiscaux doivent, de surcroît, se lire aisément pour être facilement compris de tous.

b) L'information sur les procédures d'allocation des aides et de cession des biens de l'Etat

144. La loi fait obligation à l'administration de définir clairement et de porter à la connaissance du public les règles et les critères applicables à l'attribution des aides ainsi qu'à l'octroi des subventions et transferts aux personnes privées.

Par ailleurs, lorsque l'administration décide de céder à titre onéreux des biens de l'Etat, la décision et la procédure de cession doivent être régulièrement portées à la connaissance du public. Et la possibilité d'en bénéficier doit être ouverte à tous, sans discrimination. Il convient de préciser que les transactions d'une certaine importance font l'objet d'une information spécifique.

Il convient toutefois de préciser que de nombreuses prescriptions de la loi du 30 janvier 2015 relatives à l'obligation d'informer le public ne sont pas encore effectives.

4 – L'intégrité des acteurs

145. Le fondement de cette exigence est à la fois juridique et éthique. Selon la loi du 30 janvier 2015, nul ne peut être nommé ou affecté à un poste comportant des responsabilités financières sans vérification préalable de ses compétences techniques, de ses aptitudes professionnelles et de ses qualités morales. Ce texte précise en outre que le comportement des agents de l'Etat est régi par des règles déontologiques claires et largement connues de tous.

Par ailleurs, les règles et procédures disciplinaires de la fonction publique sont renforcées en ce qui concerne les infractions budgétaires. Des sanctions sont ainsi prévues à l'encontre de tous ceux qui sont coupables de malversations dans la gestion des deniers publics.

Afin de garantir davantage l'intégrité des acteurs concernés, la loi exige que les personnels des administrations financières, fiscales et douanières soient préservés de toute influence intérieure et extérieure.

Les différentes prescriptions qui viennent d'être évoquées mettent en évidence les multiples contraintes qu'impose le principe de transparence budgétaire. Ce principe ne peut cependant pas faire l'objet d'une application stricte dans toutes les administrations publiques, à cause des missions stratégiques qu'assurent certaines d'entre elles. Il importe donc de limiter un tant soit peu la portée du principe de transparence budgétaire en imposant quelques restrictions à son application.

§ 2 – Les restrictions à l'application du principe

146. Contrairement à l'Etat classique, l'Etat moderne intervient dans des domaines à la fois nombreux et variés. Certaines informations sensibles se trouvant dans des dossiers stratégiques doivent rester confidentielles. Même les informations moins sensibles ne peuvent être communiquées au public sans prendre, au préalable, un minimum de précaution. Ce qui montre bien que l'application du principe de transparence budgétaire doit être encadrée pour ne pas nuire à l'efficacité de l'action publique.

Certes, la loi du 30 janvier 2015 n'a pas expressément prévu des exceptions au principe la transparence budgétaire. Mais de nombreuses règles de droit actuellement en vigueur au Gabon, ainsi que certains usages et pratiques ayant cours dans ce pays, comme dans d'autres Etats du monde, rendent inéluctables les restrictions à l'application de ce principe, notamment dans deux secteurs stratégiques : celui de la sécurité intérieure et de la défense nationale, d'une part ; celui de la recherche scientifique et de l'activité industrielle, d'autre part.

A – Les restrictions relatives à la sécurité intérieure et à la défense nationale

147. A l'heure où le terrorisme et le grand banditisme sévissent un peu partout dans le monde, les Etats doivent concevoir des stratégies appropriées pour combattre ces fléaux. L'efficacité de ces stratégies ne peut cependant être assurée que si une certaine discrétion entoure leur élaboration et leur mise en œuvre. La transparence totale serait en revanche contreproductive tant pour les services de renseignement que pour les autres administrations impliquées dans ce combat.

La notion de ''secret défense'', que revendiquent tous les Etats du monde, doit être prise en compte à toutes les étapes de la procédure budgétaire. Si l'information du parlement s'impose de toute évidence parce que c'est lui qui vote les budgets alloués aux ministères en charge de la sécurité et de la défense nationale, celle des citoyens paraît, en revanche, inopportune parce qu'elle est susceptible de dévoiler et d'altérer l'efficacité des stratégies de défense et de combat conçues par le gouvernement.

Au Gabon, le budget de l'Etat prévoit une rubrique intitulée « dépenses de souveraineté et de sécurité ». Cette rubrique concerne précisément les dépenses ayant un caractère sensible du fait de leur rapport à la souveraineté et à la sécurité du pays. C'est pourquoi les crédits prévus à cet effet sont toujours entourés d'une certaine opacité qui leur permet d'échapper aux exigences du principe de transparence budgétaire.

Les développements qui précèdent mettent en évidence la nécessité de canaliser l'application du principe de transparence budgétaire, surtout en matière de sécurité et de défense. La même nécessité s'impose dans les domaines de la recherche scientifique et l'activité industrielle.

B – Les restrictions relatives à la recherche scientifique et à l'activité industrielle

148. La quête de progrès et de puissance qui anime tous les Etats du monde les conduit souvent à se livrer une concurrence impitoyable, notamment dans les domaines de la recherche scientifique et de l'activité industrielle.

Dans le cadre de cette compétition, chaque Etat s'emploie à protéger les travaux de recherche menés sur son territoire, tant par les organismes publics que par les entreprises privées. La diffusion des informations relatives au financement et aux résultats de la recherche est par conséquent encadrée. Ce qui permet à l'Etat de se prémunir contre les tentatives de piratage de ses concurrents. Ces dispositions, dont la finalité est le développement et la protection de la recherche scientifique et de l'industrie nationales, entraînent évidemment des restrictions sur l'application du principe de transparence budgétaire.

La Gabon dont l'économie repose principalement sur les industries pétrolière et minière ne peut se passer des mesures de promotion et de protection de la recherche dans ces secteurs.

Les mêmes dispositions s'imposent dans le domaine de la recherche médicale afin de protéger les travaux du Centre international de recherches médicales de Franceville (CIRMF). Ce dernier est en effet devenu un outil de référence tant dans la recherche sur les maladies virales émergentes (maladies à virus Ebola, Marburg et Chikungunya) que dans la recherche sur la drépanocytose et le paludisme.

L'Etat devrait également encourager et protéger la recherche dans le domaine de la pharmacopée traditionnelle où le Gabon jouit d'un avantage comparatif indiscutable, grâce à la richesse exceptionnelle de sa flore et de sa faune ainsi qu'aux savoirs ancestraux de ses habitants. Le Centre national de recherche scientifique et technologique (CENAREST) dont la mission est de concevoir, élaborer, coordonner, et contrôler les programmes nationaux de recherche[145] doit être doté de moyens appropriés pour atteindre les objectifs qui lui sont assignés. Les Universités ne doivent pas être en reste puisqu'elles disposent de nombreux laboratoires au sein desquels travaillent des chercheurs motivés, mais dépourvus de moyens conséquents.

L'efficacité de toutes ces structures dépendra certes des moyens qui leur seront alloués, mais également d'une application adaptée et responsable du principe de transparence budgétaire.

---

[145] Voir la loi n° 22/2000 du 10 janvier 2001 déterminant les principes fondamentaux de la recherche scientifique en République Gabonaise.

DEUXIEME PARTIE

L'ELABORATION, L'ADOPTION ET LA MISE EN APPLICATION DU BUDGET DE L'ETAT

149. C'est un processus à la fois long et complexe, non seulement du fait de la multiplicité des étapes à franchir et des procédures à observer, mais aussi à cause des nombreux acteurs intervenant dans ce processus. On s'intéressera d'abord à l'élaboration et à l'adoption du projet de budget (Titre I), avant d'évoquer la mise en application du budget (Titre II).

TITRE I – L'ELABORATION ET L'ADOPTION DU PROJET DE BUDGET

150. L'élaboration et l'adoption du projet constituent deux phases bien distinctes du processus de gestation du budget de l'Etat. Aussi convient-il de les traiter séparément.

CHAPITRE 1

L'ELABORATION DU PROJET DE BUDGET

151. Le budget de l'Etat, comme on l'a vu précédemment, procède d'un acte législatif qui est la loi de finances. Si, en règle générale, l'initiative des lois appartient concurremment au gouvernement et au parlement, conformément à l'article 53 de la Constitution, il en va différemment en ce qui concerne les lois de finances. Celles-ci ne peuvent être initiées que par le gouvernement, en vertu de l'article 48 de la Constitution. C'est donc au gouvernement seul qu'il revient d'élaborer le projet de budget. Concrètement, la responsabilité de ce chantier incombe avant tout au ministre chargé du budget qui travaille en tandem avec son collègue chargé de l'économie. Sous l'autorité du président de la République et la supervision du Premier ministre, il prépare les projets de lois de finances, conformément à l'article 19, alinéa 1er, de la loi organique de 2015.

L'élaboration du projet de budget soulève deux séries de questions : la première est relative au calendrier de l'élaboration et à l'identité des acteurs concernés par ce travail (Section 1) ; la seconde question se rapporte aux méthodes de prévision et aux normes de classification des recettes et des dépenses (Section 2).

SECTION 1 – LE CALENDRIER ET LES ACTEURS DE L'ELABORATION DU PROJET DE BUDGET

152. On évoquera d'abord le calendrier d'élaboration du projet de budget (§ 1) avant de présenter les différents acteurs chargés de mettre en œuvre ce calendrier (§ 2).

§ 1 – Le calendrier d'élaboration du projet de budget

153. Jusqu'en 2002, l'élaboration du projet de budget n'obéissait pas à un calendrier budgétaire formellement établi. Le seul repère existant dans ce domaine était la date butoir du dépôt au parlement du projet de loi de finances de l'année préparé par le gouvernement. Selon l'article 48, alinéa 1er de la Constitution, ce projet devait – et c'est encore le cas aujourd'hui - parvenir à l'Assemblée nationale au plus tard quarante-cinq jours après l'ouverture de la seconde session ordinaire, soit aux alentours du 15 octobre[146].

Si la Constitution permet ainsi de situer approximativement la fin du processus d'élaboration du projet de budget, elle ne donne, en revanche, aucune indication sur le début de ce processus. Mais en adoptant la loi n° 6/2002 du 14 août 2002[147], le législateur a quand même tenté de préciser davantage le contenu du calendrier budgétaire. Ce texte a cependant été abrogé par la loi organique de 2010 relative aux lois de finances, qui sera à son tour remplacée par la loi organique de 2015. L'article 19, alinéa 2, de celle-ci reprend toutefois les dispositions de l'article 42, alinéa 2, de la loi organique de 2010, en énonçant que « l'élaboration du projet de loi de finances se déroule selon un calendrier et des modalités fixées par voie réglementaire ».

Mais depuis l'adoption de cette loi organique de 2015, aucun acte réglementaire n'est intervenu en ce sens. Le seul texte de référence en la matière est le décret n° 0078/PR/MEP/MBCP du 4 mars 2014 fixant le calendrier et les modalités de préparation des lois de finances.

Aux termes de l'article 3 de ce décret, « les activités relatives à l'élaboration de la loi de finances sont exécutées conformément à un calendrier arrêté par une circulaire du Premier ministre ». Les administrations chargées d'élaborer le projet de budget doivent donc, chaque année, attendre cette circulaire pour être fixées sur le contenu du calendrier budgétaire.

Quoiqu'il en soit, on sait, à la lumière des différentes circulaires prises jusqu'à présent, que l'élaboration du projet de budget doit s'étaler de janvier à octobre. Elle comporte cinq phases décisives dont les dates peuvent varier d'une année à l'autre. Ces phases concernent le cadrage macroéconomique et budgétaire, la préparation des projets de budget sectoriels, l'organisation du débat d'orientation budgétaire,

---

[146] La seconde session ordinaire du parlement, dite session budgétaire, débute le premier jour ouvrable de septembre, conformément à l'article 41, alinéa 3 de la Constitution.

[147] Loi portant modification de certaines dispositions de la loi n° 4/85 du 27 juin 1985 relative aux lois de finances.

la tenue des conférences budgétaires et l'exercice des arbitrages budgétaires.

A – La phase de cadrage macroéconomique et budgétaire

154. Selon l'article 5 du décret du 4 mars 2014 précité, le cadrage macroéconomique et budgétaire, qui est censé débuter en janvier, est conçu par les administrations compétentes des ministères chargés du budget et de l'économie, avant d'être validé par les deux ministres concernés. Il peut néanmoins être modifié par le Premier ministre qui doit approuver son contenu définitif au moment de signer la lettre de cadrage à adresser à tous les membres du gouvernement ainsi qu'aux responsables des institutions autonomes[148].

La finalité du cadrage macroéconomique est de canaliser, par anticipation, les demandes de crédits formulées par les ministères et les institutions autonomes, afin de les mettre en phase avec les moyens financiers attendus par l'Etat et les objectifs visés par le gouvernement.

Il importe de préciser que le cadrage macroéconomique et budgétaire repose sur une programmation pluriannuelle. Les projections de recettes et de dépenses faites par le gouvernement concernent en effet les trois prochaines années. Elles sont déclinées par domaine d'action ministériel et actualisées chaque année en fonction de l'évolution de la situation macroéconomique du pays. Selon les experts de la Direction générale du budget, « la fiabilité du cadrage pluriannuel dépend de la qualité des informations fournies par les diverses administrations économiques et financières. Des statistiques biaisées peuvent, par exemple, générer une projection

---

[148] Il s'agit notamment des institutions constitutionnelles (Assemblée nationale, Sénat, Conseil économique et social, etc.). Ces institutions, ainsi que les autorités administratives indépendantes, jouissent de l'autonomie de gestion financière. Elles doivent, au même titre que les départements ministériels, préparer leur projet de budget en tenant compte des orientations données par le Premier ministre, sur la base des hypothèses macroéconomiques et des perspectives budgétaires définies par les services compétents des ministères chargés de l'économie et du budget.

erronée des recettes budgétaires et, par conséquent, conduire, le moment venu, à l'impossibilité de financer certains projets »[149].

L'Etat, ne pouvant tout financer en même temps, en raison de ses multiples contraintes, le cadrage macroéconomique et budgétaire « doit traduire très concrètement les priorités d'action du gouvernement à moyen terme [...] pour parvenir à une véritable hiérarchisation des politiques publiques et des projets d'investissement »[150].

La phase de cadrage macroéconomique et budgétaire s'achève, en principe, au mois d'avril par l'envoi à tous les membres du gouvernement et responsables des institutions autonomes de la lettre de cadrage du Premier ministre. Celle-ci présente les hypothèses de croissance retenues, la répartition des enveloppes budgétaires en fonction des moyens financiers escomptés ainsi que les plafonds à observer dans les projections de dépenses. La lettre de cadrage constitue donc en quelque sorte la feuille de route que doit suivre chaque administration pour la préparation de son projet de budget.

B – La phase de préparation des projets de budget sectoriels

155. Elle se déroule entre avril et juillet. Munie de la lettre de cadrage du Premier ministre, et assistée du Directeur central des affaires financières (DCAF), chaque administration entreprend d'élaborer son projet de budget pour l'année à venir. Ce projet doit correspondre à l'enveloppe budgétaire qui lui a été attribuée. L'estimation des dépenses doit obéir à une logique de programmation pluriannuelle en phase avec les plans sectoriels et les orientations stratégiques du gouvernement.

Toutes les prévisions de recettes et de dépenses doivent être fondées sur la quête de performance. Ce qui engage chaque responsable de programme à partager avec l'ensemble des acteurs concernés (administration centrale, services déconcentrés, opérateurs de l'Etat ...) les objectifs contenus dans le projet annuel de performance (PAP), afin d'établir les bases d'un véritable dialogue de

---

[149] Cf. « *Tout sur la budgétisation par objectifs de programme* », Brochure BOP, p. 30, www.bop.dgb.ga.
[150] Idem.

gestion. Il faut préciser que dans le cadre de la budgétisation par objectifs de programme (BOP), les responsables de programme (RPROG) sont chargés d'élaborer, avec le concours de tous les membres de l'équipe de programme, des projets annuels de performance (PAP). Ces projets définissent, pour chaque programme, la stratégie retenue, les objectifs à atteindre et les indicateurs permettant d'évaluer les résultats obtenus par rapport aux objectifs fixés. Chacun doit donc présenter son argumentaire sur les actions prioritaires retenues, les objectifs à atteindre et les moyens sollicités à cet effet[151]. Ces échanges débouchent sur l'élaboration d'une esquisse budgétaire appelée à devenir - après des retouches successives destinées à l'affiner davantage - le projet de budget de l'administration concernée. La phase de préparation des projets de budget sectoriels prend fin avec la transmission au ministère chargé du budget desdits projets, préalablement validés par le Premier ministre.

C – La phase d'organisation du débat d'orientation budgétaire

156. Selon l'article 6, alinéa 1er, de la loi organique de 2015, le gouvernement est tenu, chaque année, de transmettre au parlement, avant le 15 juin, les documents de cadrage budgétaire à moyen terme[152], accompagnés d'un rapport sur la situation macroéconomique et d'un rapport sur l'exécution du budget de l'exercice en cours. C'est sur la base de tous ces documents et rapports que doit être organisé, avant le 30 juin, le débat d'orientation budgétaire. Ce débat, qui porte sur l'évolution de l'activité économique et des finances publiques au cours des trois prochaines années, permet au parlement d'être impliqué en amont dans l'orientation de la politique budgétaire et fiscale préconisée par le gouvernement.

Le débat d'orientation budgétaire est incontestablement une innovation politique majeure. De l'avis de certains auteurs français, ce débat, instauré dans la pratique budgétaire française depuis l'adoption de la loi organique 2001, répond au « besoin de décloisonner les pouvoirs, et au premier chef les pouvoirs exécutif et législatif jusque-là totalement séparés au stade de la préparation et de l'adoption de la

---

[151] Pour plus de détails, voir« *Tout sur la budgétisation par objectifs de programme* », op.cit. pp. 31 et s.

[152] Lesdits documents sont énumérés par l'article 5 de la même loi organique.

loi des finances »[153]. Le parlement peut ainsi, dès le départ, donner son avis sur les options et les priorités retenues par le gouvernement, ce qui permet de réduire, par anticipation, les points de désaccord possible au moment du vote du projet de budget.

D – La phase des conférences budgétaires

157. Les conférences budgétaires constituent, pour les responsables des différentes administrations, une épreuve d'habileté au cours de laquelle chacun doit déployer des trésors d'ingéniosité et faire usage de sa capacité de persuasion afin d'obtenir l'inscription dans la loi de finances de la totalité des crédits sollicités. Mais les conférences budgétaires sont aussi une épreuve de vérité au cours de laquelle certaines administrations doivent se contenter de la portion congrue, faute de pouvoir obtenir les crédits escomptés.

Les conférences budgétaires donnent ainsi lieu à une série de compromis entre les représentants des ministères chargés du budget et de l'économie, d'une part, et leurs interlocuteurs des ministères dépensiers et des institutions autonomes, d'autre part. Les premiers doivent s'assurer que les demandes de crédits présentés par les seconds respectent bien les plafonds budgétaires arrêtés par le gouvernement, nonobstant la légitimité des besoins exprimés.

L'article 22 du décret du 4 mars 2014 prévoit à ce sujet quatre séries de conférences budgétaires qui sont, en principe, organisées durant les huit premiers mois de l'année. Il s'agit des conférences d'économies structurelles, des conférences de performance, des conférences de budgétisation et des conférences de répartition des crédits.

1 – Les conférences d'économies structurelles

158. Elles sont organisées au mois de mars et donnent lieu à des échanges entre deux catégories d'acteurs : d'une part, les représentants des institutions autonomes et des ministères dépensiers, lesquels doivent présenter et défendre le budget de leurs administrations respectives[154] ; d'autre part, les responsables des services techniques

---

[153] M. Bouvier, M.-C. Esclassan et J.-P. Lassale, *Finances publiques*, op. cit. p. 335.
[154] La délégation de chaque administration est conduite par le responsable de programme.

du ministère du budget. L'objectif visé par ces échanges est d'identifier des sources potentielles de réduction de dépenses (nouvelle organisation administrative, nouveau système de rémunération des agents, nouveau mode de fonctionnement des services, redéploiement des agents, etc.). Ces rencontres entre techniciens peuvent être prolongées par des réunions ministérielles au cours desquelles les deux ministres financiers (budget et économie) examinent avec les ministres dépensiers ou avec les responsables des institutions concernés, les perspectives budgétaires, les projets de réforme et les économies associées.

2 – Les conférences de performance

159. Elles commencent au plus tard à la fin du mois d'avril et obéissent à la même logique d'économie de moyens, de bonne gouvernance et de quête de performance[155]. Chaque équipe de programme doit en effet expliquer de façon détaillée, et au travers des plans d'engagement clairs, les objectifs à atteindre avec les crédits sollicités. Elle doit également décliner la stratégie envisagée pour y parvenir. Les conférences de performance traitent plus particulièrement des questions suivantes :

- analyse des rapports annuels de performance (RAP) de l'année n-1 et réflexion sur les leviers de la performance[156] ;

- architecture budgétaire ;

- recadrage de la gestion des programmes en fonction des choix de politiques publiques et de la contrainte globale des finances publiques ;

- revue du cadrage stratégique pluriannuel et actualisation du cadre de dépenses à moyen terme (CDMT) ;

---

[155] Du fait de la raréfaction des ressources et de la persistance des déficits budgétaires, la quête de performance est devenue le leitmotiv de la majorité des Etats. C'est dans ce contexte qu'est née la budgétisation par objectifs de programme (BOP) dont la finalité est de transposer dans les finances publiques des règles de gestion empruntées au secteur privé.

[156] Les rapports annuels de performance permettent de se référer à l'exécution du budget de l'exercice précédent pour établir des comparaisons entre les prévisions faites et les résultats enregistrés, d'une part, entre les engagements pris et les objectifs atteints, d'autre part. Ces rapports doivent d'ailleurs être annexés au projet de loi de règlement.

- début de la réflexion sur les objectifs pour l'année à venir.

3 – Les conférences de budgétisation

160. Elles démarrent en juin et consistent, pour chaque administration, à présenter son projet de budget, en indiquant les objectifs poursuivis et les résultats escomptés avec les crédits sollicités. Les discussions portent plus précisément sur les questions suivantes :

- cadrage des ressources ;
- expression des besoins des administrations, en tenant compte des rapports annuels de performance (RAP) des exercices budgétaires précédents, des économies dégagées lors des conférences d'économies structurelles et des éléments de cadrage précédemment communiqués ;
- revue des projets d'investissement.

4 – Les conférences de répartition des crédits

161. Organisées au mois d'août, ces conférences permettent aux représentants des ministères dépensiers et des institutions autonomes de présenter à leurs interlocuteurs des ministères financiers (budget et économie) la dernière mouture du projet de budget de leurs administrations respectives. L'examen de besoins exprimés doit déboucher sur l'élaboration du projet de loi de finances par la Direction générale du budget. En cas de désaccord, le projet peut être porté à un niveau plus élevé de négociation entre le ministre dépensier (ou responsable d'institution) concerné et le ministre chargé du budget. Mais si le désaccord persiste, les deux parties peuvent recourir à l'arbitrage du Premier ministre.

A l'issue des conférences de répartition des crédits, chaque administration est plus ou moins fixée sur les dotations budgétaires qui pourraient lui être allouées au titre de l'année n+1 ainsi que sur les performances qu'elle doit réaliser au cours de cet exercice budgétaire.

Il ressort de ce qui précède que les conférences budgétaires offrent à chaque acteur de l'élaboration du projet de budget, l'occasion de « mieux connaître et prendre en compte la logique et les contraintes de ses interlocuteurs et de faire valoir ses propres arguments et contraintes. Complétées par différentes séries d'arbitrages du Premier Ministre et du Président de la République, […] elles doivent permettre de déboucher, *in fine*, sur un projet de budget, sinon consensuel, au moins compris de tous, avant son dépôt au Parlement au plus tard le 15 octobre »[157].

E – La phase des arbitrages budgétaires

162. Selon l'article 30 du décret du 4 mars 2014, les arbitrages visent à arrêter les niveaux définitifs des recettes et des dépenses, en tenant compte des orientations du cadrage macroéconomique et budgétaire et des conclusions des conférences de budgétisation.

Il convient de préciser que les arbitrages sur le niveau des recettes sont rendus par le ministre chargé de l'économie tandis que ceux sur le niveau des dépenses sont du ressort du ministre chargé du budget, qui doit statuer avant le débat d'orientation budgétaire. En cas de nécessité, le Premier ministre peut, à son tour rendre des arbitrages après ledit débat. Mais il revient au Président de la République de se prononcer en dernier ressort lorsque des désaccords persistent.

Au terme de ces différents arbitrages, le projet de loi de finances est soumis, pour avis, au Conseil économique et social, avant d'être transmis au Conseil d'Etat pour qu'il y appose son visa. Il est enfin soumis au Conseil des ministres pour être adopté par le gouvernement et approuvé par le président de la République.

Le tableau n° 1 ci-après donne un aperçu des différentes phases du calendrier de l'élaboration du projet de budget.

Tableau n° 1 : Calendrier de l'élaboration du projet de budget

Période	**Désignation**
Janvier - avril	Phase de cadrage macroéconomique et budgétaire
Avril - juillet	Phase de préparation des projets de budget sectoriels
Avant le 30 juin	Phase d'organisation du débat d'orientation budgétaire
Février - août	Phase des conférences budgétaires
	1 – Conférences d'économies structurelles
	2 – Conférences de performance
	3 – Conférences de budgétisation
	4 - Conférences de répartition des crédits
Septembre	Phase des arbitrages budgétaires

Source : *Décret n° 0078/PR/MEP/MBCP du 4 mars 2014 fixant le calendrier et les modalités de préparation des lois de finances*

[157] Cf. « *Tout sur la budgétisation par objectifs de programme* », op. cit., p. 12.

Les développements qui précèdent révèlent que plusieurs acteurs interviennent dans l'élaboration du projet de budget de l'Etat, acteurs auxquels il faut s'intéresser à présent afin de préciser davantage le rôle de chacun.

§ 2 – Les acteurs de l'élaboration du projet de budget

163. L'article 19 de la loi organique de 2015, prévoit que « sous l'autorité du président de la République, [...] le ministre chargé du budget prépare, sous la direction du Premier ministre, les projets de lois de finances qui sont adoptés en conseil des ministres».

Il ressort de ce texte que le Premier ministre et le ministre chargé du budget sont des acteurs majeurs de l'élaboration du projet de budget. Il convient d'y associer le ministre chargé de l'économie dont relève l'estimation des recettes[158]. On commencera donc par analyser le rôle que joue chacun de ces trois principaux acteurs dans l'élaboration du projet de budget, avant de voir la place qu'occupent les autres acteurs concernés par ce même travail.

A – Les acteurs principaux

164. On s'intéressera d'abord au Premier ministre, qui a surtout une responsabilité politique dans le processus d'élaboration du projet de budget. On se tournera ensuite vers les ministres chargés du budget et de l'économie qui accomplissent un travail éminemment technique dans ce processus.

1 – Le Premier ministre

165. Il assure la supervision de la préparation du budget. Avant 2002, il partageait cette responsabilité avec le président de la République, conformément à l'article 32, alinéa 1er de la loi du 27 juin 1985 relative aux lois de finances. Mais l'adoption de la loi du 14 août 2002 a amené le président de la République à s'effacer au profit du Premier ministre.

Le Premier ministre intervient d'abord dans la phase de cadrage macroéconomique et budgétaire. A ce niveau, il peut modifier les

---

[158] Le président de la République, qui est également cité, apparaît davantage comme une autorité morale et politique.

orientations retenues par les ministres chargés du budget et de l'économie. C'est d'ailleurs lui qui signe la lettre de cadrage macroéconomique et budgétaire ainsi que les lettres-plafonds adressées à tous les acteurs de la préparation du budget. Ces lettres permettant d'expliquer à chacun les grands axes de la politique économique et budgétaire préconisée par le gouvernement pour les trois années à venir. La finalité de ce cadrage est de canaliser les demandes de crédits émanant des différentes administrations afin de mieux assurer la maîtrise des charges de l'Etat.

La deuxième tâche qui incombe au Premier ministre est l'élaboration du calendrier budgétaire et la rédaction de la circulaire permettant de diffuser ce calendrier dans toutes les administrations.

Le Premier ministre procède enfin aux arbitrages budgétaires lorsqu'à l'issue des conférences budgétaires, des désaccords persistent entre les ministres dépensiers, d'une part, et les ministres financiers (budget et économie), d'autre part.

2 – Les ministres chargés du budget et de l'économie

166. Ils travaillent en tandem et fixent ensemble les orientations du cadrage macroéconomique et budgétaire initié par les administrations compétentes de leurs départements ministériels. Il leur revient aussi d'assurer la coordination des travaux d'élaboration du projet de loi de finances, après avoir préalablement recueilli les projets de budget sectoriels des ministères et des institutions autonomes.

Il s'établit ainsi entre les deux membres du gouvernement une synergie fondée sur une division du travail relativement simple. En vertu de celle-ci, le ministre de l'économie s'occupe de la prévision des recettes tandis que son collègue du budget se charge de la prévision des dépenses. Mais c'est à ce dernier que revient le rôle de manager en chef de l'élaboration du projet de budget, dans la mesure où la majorité des administrations impliquées dans ce travail relève de son département. C'est notamment le cas de la Direction générale du budget et des finances publiques dont la mission est d'orienter et de coordonner la préparation des projets de budget des ministères sectoriels et des institutions autonomes. Le Directeur général du budget et des finances publiques, assisté des membres de l'équipe-projet BOP, assure ainsi le coaching des responsables de programme (RPROG), des points focaux des responsables de programme et de l'ensemble des équipes de programme. Ce travail s'inscrit dans un long processus qui va de l'élaboration des projets annuels de performance (PAP) à l'organisation des conférences budgétaires, en passant par la préparation des projets de budget sectoriels[159].

Les développements qui précèdent montrent bien que le Premier ministre et les ministres chargés du budget et de l'économie occupent une place prépondérante dans le processus d'élaboration du projet de budget. Ils ne sont cependant pas les seuls intervenants dans ce processus puisque d'autres acteurs y sont impliqués.

B - Les autres acteurs

167. Ils peuvent être classés en deux catégories en fonction des missions qui leur sont dévolues : la première catégorie comprend les acteurs chargés de la préparation des projets de budget sectoriels ; la seconde catégorie est constituée des institutions dotées d'un pouvoir consultatif et appelées à se prononcer sur le projet de loi de finances soumis à leur appréciation.

1 – Les acteurs chargés de la préparation des projets de budget sectoriels

168. Il s'agit des ministres dépensiers et des responsables des différentes institutions autonomes. Chacun doit préparer le projet de budget de son administration, en vue de son intégration au projet de loi de finances.

Dans le cadre de la budgétisation par objectifs de programme (BOP), cette préparation est concrètement assurée par les responsables de programme (RPROG), avec le concours des autres membres l'équipe de programme (responsables de budgets opérationnels de programmes, responsables d'unités opérationnelles de programmes, opérateurs de l'Etat).

Au sein de chaque département ministériel, le responsable de programme et les autres membres de l'équipe programme sont

---

[159] A propos du rôle joué dans la préparation et l'exécution des lois de finances par le ministère chargé du budget, à travers la Direction générale du budget et des finances publiques, voir l'appréciation très critique de Raymond Ndong Sima dans son ouvrage intitulé *Quel renouveau pour le Gabon ?*, Editions Pierre-Guillaume de Roux, 2015, pp. 31 à 33.

désignés par le ministre concerné. Il en est de même pour les institutions autonomes.

Les responsables de programme sont notamment chargés de représenter leur ministère ou institution dans les conférences budgétaires. A cette occasion, ils discutent avec leurs interlocuteurs des ministères chargés du budget et de l'économie des voies à explorer en vue d'améliorer la gestion des finances publiques au cours des trois années à venir. Les responsables de programme doivent, en outre, fournir aux acteurs principaux, que sont les ministres chargés du budget et de l'économie, les informations nécessaires à l'élaboration du budget général de l'Etat.

Outre le responsable de programme, deux autres acteurs, nommés auprès de chaque ministère dépensier ou institution autonome par le ministre du budget, interviennent dans la préparation des budgets sectoriels : il s'agit, d'une part, du directeur central des affaires financières (DCAF) et, d'autre part, du contrôleur budgétaire. Ils ont l'un et l'autre un rôle de conseiller technique auprès du ministère ou de l'institution d'accueil. Mais contrairement au DCAF qui jouit d'une compétence générale, le contrôleur budgétaire a, dans la phase de préparation du projet de budget, une compétence plus limitée définie par l'article 67 de la loi organique de 2015. Selon ce texte, le contrôleur budgétaire doit, dans un souci de maîtrise des risques budgétaires, veiller à la sincérité des prévisions de dépenses et d'emplois contenues dans le projet de loi de finances. Il doit aussi s'assurer de leur compatibilité avec les objectifs de bonne gouvernance poursuivis par le gouvernement en matière de gestion des finances publiques.

2 – Les acteurs exerçant un pouvoir consultatif

169. Il s'agit, d'une part, du Conseil économique, social et environnemental[160], d'autre part, du Conseil d'Etat. Le premier est obligatoirement consulté, conformément aux articles 103 et 105 de la Constitution, afin de donner son avis sur le projet de loi de finances préparé par le gouvernement. Cet avis est consigné dans un rapport

---

[160] C'est à la faveur de la loi n° 12/2018 du 12 janvier 2018 portant révision de la Constitution de la République gabonaise que le Conseil économique et social s'est mué en Conseil économique, social et environnemental.

qui indique au gouvernement les attentes des populations et lui suggère les mesures susceptibles d'y répondre.

S'agissant du Conseil d'Etat, c'est la plus haute juridiction en matière administrative. En vertu de l'article 75 de la Constitution, il a des compétences à la fois consultatives et juridictionnelles. En matière consultative, il peut être saisi pour toute question de droit que les pouvoirs publics jugent utile de lui soumettre. En outre, et conformément aux articles 30 et 54 de la Constitution, il doit donner son avis sur les projets de lois, d'ordonnances et de décrets réglementaires avant leur délibération en conseil de ministres. Les projets de loi de finances doivent ainsi recueillir le visa du Conseil d'Etat avant d'être soumis au conseil des ministres.

SECTION 2 – LES METHODES DE PREVISION ET LES NORMES DE CLASSIFICATION DES RECETTES ET DES DEPENSES

170. Au-delà des considérations purement techniques, les méthodes de prévision des recettes et des dépenses jouent un rôle très important en amont du processus d'élaboration du projet de budget, à cause de leur incidence sur la fiabilité des prévisions budgétaires et la portée des autorisations budgétaires. D'où la nécessité de comprendre les règles qui sous-tendent ces méthodes de prévision (§ 1). S'agissant des normes de classification et de présentation des recettes et des dépenses (§ 2), elles conditionnent, dans une large mesure, la clarté du document budgétaire en même temps qu'elles influent sur la discussion et le vote du projet de budget. Les parlementaires doivent donc connaître ces normes afin de mieux apprécier le projet de budget qui leur est soumis par le gouvernement.

§ 1 – Les méthodes de prévision des recettes et des dépenses

171. Dans le droit budgétaire actuellement en vigueur au Gabon, il n'existe pratiquement aucune disposition sur ce sujet. Tout au plus a-t-on pu lire à l'article 34 nouveau de la loi du 27 juin 1985 relative aux lois de finances[161] que l'évaluation des dépenses d'investissement et

---

[161] Loi abrogée par la loi organique du 21 octobre 2010 relative aux lois de finances et à l'exécution du budget.

d'équipement ainsi que le calcul des dépenses de fonctionnement obéissent au système des dossiers et des fiches-projets, lequel fait chaque année l'objet de dispositions spéciales dans la lettre de cadrage du Premier ministre. Mais ni ce texte, manifestement trop vague, ni les lois organiques de 2010 et 2015, qui lui ont succédé, n'ont jamais constitué une source d'information suffisante sur les méthodes de prévision des recettes et des dépenses appliquées au Gabon. On sait néanmoins que ces méthodes sont souvent empiriques et que leur nature diffère selon qu'il s'agit de la projection des recettes ou de l'estimation des dépenses.

A – La projection des recettes

172. Elle doit, en principe, précéder l'estimation des dépenses. Le niveau des recettes escomptées est généralement tributaire de plusieurs variables économiques (taux de croissance du PIB, évolution du commerce extérieur, taux d'inflation, évolution de la consommation ...).

La projection des recettes, notamment des recettes fiscales, est aussi tributaire de l'évolution de la législation, dans la mesure où les taux d'imposition retenus influent souvent sur le comportement des contribuables. Qu'il s'agisse des personnes physiques ou des personnes morales, les contribuables sont toujours soucieux de préserver leurs acquis et d'accroître leurs gains, en payant le moins d'impôts possible. La projection des recettes doit donc prendre en compte les effets induits des nouvelles mesures fiscales adoptées par le parlement. On sait, par exemple, que l'augmentation des taxes sur le tabac, dans le but d'accroître les recettes de l'Etat, peut amener les fumeurs à réduire leur consommation et entraîner, par la même occasion, une diminution des recettes fiscales générées par l'industrie du tabac. Cet exemple montre bien que des mesures fiscales censées renflouer les caisses de l'Etat peuvent se révéler contreproductives parce que le législateur n'a pas su évaluer leurs conséquences.

173. A l'origine, l'évaluation des recettes budgétaires au Gabon se faisait sur la base de la méthode de la pénultième année, méthode conçue en France en 1823 par le Marquis de Villèle. Elle consiste à prévoir les recettes de l'année à venir (n+1) en se référant aux recettes réalisées au cours de l'avant dernier exercice budgétaire (n-1). Le montant de celles-ci est en effet déjà connu au moment où démarre l'élaboration du projet de budget.

Le principal avantage de la méthode de la pénultième année est sa simplicité, bien que sa fiabilité ne soit pas absolument garantie. Les recettes de l'Etat peuvent en effet subir des variations importantes dans l'intervalle de deux exercices budgétaires, car elles sont souvent influencées par de nombreux facteurs et aléas tels que les fluctuations de la conjoncture économique ou les catastrophes naturelles, par exemple.

Le Gabon, dont les recettes budgétaires proviennent principalement de l'exportation des matières premières (pétrole et mines), est d'ailleurs souvent confronté à ce genre de situation, du fait des variations fréquentes de la demande de ces produits ou de l'instabilité de leur prix sur le marché international.

174. Les limites de la méthode de la pénultième année ont finalement conduit la France à adopter en 1882, à l'initiative de Léon Say, un correctif visant à en améliorer la fiabilité. Ce correctif, appelé système des tantièmes de majoration, consiste à pondérer les prévisions de recettes basées sur la pénultième année par l'application d'un coefficient d'accroissement de celles-ci. Ce coefficient, qui représente l'augmentation moyenne des recettes de l'Etat au cours des cinq dernières années[162], permet d'avoir plus de recul par rapport à l'année n+1. Les résultats obtenus avec ce correctif n'ont cependant pas été suffisamment probants. Ce qui a conduit la France à abandonner la méthode de la pénultième année en 1938 au profit de la méthode de l'évaluation directe.

C'est cette dernière méthode qui est actuellement en vigueur au Gabon. Elle utilise la même approche que l'ancienne méthode de la pénultième année et s'appuie sur l'exploitation des indicateurs économiques enregistrées au cours des années antérieures (taux de croissance du PIB, évolution du commerce extérieur, taux d'inflation, évolution de la consommation ...). Elle ne retient cependant que les indicateurs les plus récents et les plus pertinents, lesquels font l'objet

---

[162] Ce système semble exclure l'éventualité d'une diminution des recettes de l'Etat.

d'une pondération basée sur l'évolution prévisible de l'activité économique.

Comparées aux prévisions issues de l'ancienne méthode de la pénultième année, celles obtenues au moyen de l'évaluation directe sont nettement plus fiables. Certes, il existe toujours des écarts entre les prévisions de recettes et les réalisations, mais ces écarts sont moins importants que ceux enregistrés auparavant, grâce notamment aux prouesses de l'informatique et aux progrès réalisés dans le domaine des statistiques. Les mêmes avancées peuvent d'ailleurs être observées au niveau des dépenses.

B – L'estimation des dépenses

175. Depuis son accession à l'indépendance, le Gabon a eu recours à deux méthodes d'estimation des dépenses publiques : la première méthode, utilisée jusqu'en 2001, s'appuyait sur la distinction traditionnelle entre les services votés et les mesures nouvelles[163] ; la seconde méthode, actuellement en vigueur, a pour mode opératoire le système « *budget base zéro* ».

1 – L'ancienne méthode d'estimation basée sur la distinction entre les services votés et les mesures nouvelles

176. C'est une méthode qui considère comme acquis les crédits alloués à chaque administration au titre de l'année précédente (services votés). A ceux-ci viennent s'ajouter d'autres crédits sollicités, pour la première fois, par le gouvernement (mesures nouvelles) en vue de financer de nouveaux besoins.

Les services votés représentent donc le minimum de dotations budgétaires jugé indispensable pour que l'Etat puisse continuer à fonctionner dans les mêmes conditions que celles déjà approuvées l'année précédente par le parlement. A l'inverse, les mesures nouvelles désignent des crédits sollicités par le gouvernement pour couvrir des dépenses figurant, pour la première fois, dans le projet de loi de finances soumis au parlement.

Les crédits alloués au gouvernement au titre des services votés permettent d'assurer le financement des charges habituelles de l'Etat

---

[163] Etablie en France par l'ordonnance du 2 janvier 1959, cette distinction n'a pas été formellement consacrée en droit budgétaire gabonais.

(rémunération des agents, financement des services de base, entretien des infrastructures et des équipements collectifs, ...) et de garantir ainsi la continuité du service public.

Les services votés sont cependant une source de gaspillage des deniers publics parce qu'ils concernent des crédits reconduits systématiquement d'année en année, sans que cette reconduction soit préalablement soumise à une quelconque évaluation. Le risque de gaspillage est d'autant plus grand que les crédits de fonctionnement sollicités, dès le départ, par les différentes administrations sont souvent surévalués et que l'utilité de certains services publics bénéficiaires de ces crédits est elle-même douteuse. C'est pour limiter ce risque qu'une nouvelle méthode d'estimation des dépenses a été conçue.

2 – La nouvelle méthode d'estimation fondée sur le système « budget base zéro »

177. La méthode *budget base zéro (BBZ)* a vu le jour aux Etats Unis dans les années 1970 sous la dénomination *Zero Based Budgeting (ZBB)*. Auparavant, les Etats Unis ont imaginé en 1961 une autre méthode de rationalisation de la prévision des dépenses publiques baptisée *Planning programming budgeting system (PPBS)*[164]. La France a, de son côté, adopté en 1968 la méthode de la *Rationalisation des choix budgétaires (RCB)*[165]. Des expériences de même nature ont été menées en Afrique et dans d'autres pays en voie de développement, concomitamment à la prolifération des budgets de programme[166].

En ce qui concerne le Gabon, la méthode BBZ y a été introduite en 2001[167]. Elle est fondée sur une idée relativement simple qui postule

---

164 Voir à ce sujet E. Andreani, *Une révolution budgétaire ? Le planning programming budgeting system*, Revue de Science Financière, n° 2, 1968, pp. 193-225.

165 Voir Ph. Huet et J. Bravo, *L'expérience française de la rationalisation des choix budgétaires*, PUF, 1973 ; L. Weber, *L'analyse économique des dépenses publiques. Fondements et principes de la rationalisation des choix budgétaires*, PUF, 1978.

166 Voir à ce propos, N. Medé, *Finances publiques – Espace UEMOA/UMOA*, op. cit., pp. 142 et s.

167 Son entrée en vigueur a été précédée par l'organisation en juin 1999 d'un séminaire d'initiation.

que pour bien évaluer les dépenses de l'Etat, il faut partir de zéro, c'est-à-dire faire table rase des budgets antérieurs. Pour Jean-Luc Albert, « il s'agit, en substance, d'effacer toute référence aux crédits de l'année précédente et de justifier chaque année l'ensemble des crédits nécessités par un programme. Les crédits de chaque programme devraient être établis sur la base de la comptabilité analytique associée à ce programme, par référence aux produits et/ou aux charges de l'activité en cause »[168]. Dès lors, aucune dépense ne peut être financée si la preuve de son utilité n'est pas produite. En renonçant ainsi au passé et à toute référence aux crédits précédemment alloués, la méthode BBZ rompt avec la logique des services votés et exige que toute demande de crédits, même en baisse, soit justifiée.

Selon Nicaise Medé, le BBZ a pour fondement « le refus de l'automaticité, de l'empirisme et de la tradition dans l'affectation des ressources aux différents programmes des administrations publiques. La reconduction habituelle d'un budget d'une année à l'autre est proscrite. Chaque année, le budget est construit *ab initio*, sur une base zéro, comme si rien n'existait ou n'avait été fait avant. Chaque dépense correspondant à une activité ou une action nouvelle ou même ancienne et courante doit faire l'objet d'une justification assortie de l'examen des modes alternatifs de financement. Les propositions qui en découlent sont hiérarchisées pour déboucher sur une décision budgétaire optimisée. Ainsi le processus budgétaire reprend à zéro chaque année … »[169].

Le système de budgétisation par objectifs de programme (BOP) actuellement en vigueur au Gabon obéit précisément à cette même logique. Le traditionnel budget de moyens a ainsi cédé la place à un budget de résultats. Le but de cette réforme est d'obtenir des ministères dépensiers et des institutions autonomes des éléments pertinents d'appréciation des besoins exprimés. L'avantage du nouveau système, selon Nicaise Medé, est qu'il « oblige les gestionnaires de crédits, les ministères ''dépensiers'' à faire une

---

[168] Cf. J-L. Albert, *Finances publiques*, op. cit. p.385.
[169] Cf. N. Medé, *Finances publiques – Espace UEMOA/UMOA*, op. cit., p. 233.

réflexion proactive sur leur propre action et sur l'incidence budgétaire de leurs activités et actions »[170].

Les ministères dépensiers et les institutions autonomes doivent à cet effet procéder à une définition claire des objectifs visés et des actions à mener pour les atteindre. Lors de la préparation de leur projet de budget, ils sont tenus d'observer les prescriptions suivantes :

- examiner tous les programmes et procéder à une appréciation rigoureuse de chaque poste de dépense ;
- rechercher les programmes figurant au budget par routine et non par nécessité, afin de mettre un terme à la pratique des services votés ;
- justifier et établir des priorités dans les programmes, afin de rationaliser les dépenses et réaliser des économies.

En outre, la mise en œuvre des programmes retenus doit nécessairement passer par les trois phases suivantes :

- présentation, pour chaque programme, d'un ou de plusieurs ensembles de propositions budgétaires ;
- évaluation et hiérarchisation de toutes les propositions budgétaires sur la base d'une analyse coût/avantage ;
- attribution des ressources humaines et financières en fonction des résultats de l'évaluation et de la hiérarchisation des propositions budgétaires.

A la lumière de ce qui précède, il est clair qu'avec la BOP, aucun crédit n'est plus acquis de façon systématique et irréversible, puisqu'on attribue à chaque poste budgétaire une valeur 0 qui ne peut augmenter qu'après évaluation des moyens sollicités et des objectifs à atteindre avec ces moyens. Toute référence au passé est donc sans intérêt ; seul importe le budget en préparation dont chaque ligne doit être justifiée. C'est pourquoi le BBZ est considéré comme la méthode de budgétisation au premier franc. Cette méthode semble parfaitement en phase avec le système de budgétisation par objectifs de programme (BOP) actuellement en vigueur au Gabon, système fondé à la fois sur la logique d'économie de moyens, la culture de la performance et la quête du résultat. Autant de défis à relever et qui exigent, au préalable,

---

[170] Idem.

de la rigueur dans la présentation du projet de budget élaboré par le gouvernement. Cette rigueur doit nécessairement passer par une classification rationnelle et cohérente des opérations de recettes et de dépenses.

§ 2 - Les normes de classification et de présentation des recettes et des dépenses

178. A priori, on peut penser que les questions liées à la forme ou à l'architecture interne du budget de l'Etat, notamment celles traitant des normes de classification et de présentation des recettes et des dépenses, sont sans importance. Mais ce serait une erreur car, « à travers la forme, ce sont des problèmes de fond qui sont ainsi soulevés. Expression d'une politique globale, un budget doit répondre à une double exigence de cohérence et de clarté. [...] Au moment de la discussion budgétaire, le parlement est saisi d'un ensemble de textes qui doivent lui permettre d'exercer son contrôle, et d'avoir une perception claire du contenu réel des propositions financières faites par le gouvernement »[171].

C'est pour cette raison que les ressources et les charges de l'Etat font l'objet d'une présentation rationnelle découlant de la nomenclature budgétaire. Servant à toutes les étapes du processus d'élaboration, d'adoption, d'exécution et de contrôle de l'exécution du budget, la nomenclature budgétaire peut être définie comme une grille de lecture et d'analyse des opérations budgétaires, classées selon un ordre logique et une codification préétablie.

Le recours à une nomenclature budgétaire préalablement établie présente de multiples avantages dont les principaux sont :

- une meilleure lisibilité des prévisions budgétaires du gouvernement ;
- la mise à la disposition des parlementaires d'une information plus fiable ;
- une meilleure organisation du débat parlementaire à l'occasion du vote du budget ;
- la facilitation de l'analyse des propositions et de la prise de décision ;

---

[171] M. Bouvier, M.-C. Esclassan et J.-P. Lassale, *Finances publiques*, op. cit., pp. 311-312.

- une efficacité accrue dans l'exécution du budget, grâce à un meilleur décryptage des autorisations budgétaires ;
- une présentation claire des opérations budgétaires effectuées ;
- un contrôle budgétaire plus efficient.

Il convient de préciser que la nomenclature des recettes n'a pas les mêmes caractéristiques que la nomenclature des dépenses. D'où la nécessité de les traiter séparément.

A- La nomenclature des recettes

179. Elle découle de l'article 30 de la loi organique de 2015 qui consacre la transposition dans le droit gabonais des dispositions de la directive n° 04/11-UEAC-190-CM-22 du 19 décembre 2011 relative à la nomenclature budgétaire de l'Etat. D'après ce texte, les recettes de l'Etat sont classées en quatre titres en fonction de leur nature économique :

- Titre 1 : recettes fiscales (impôts, taxes, droits et transferts obligatoires autres que les cotisations de sécurité sociale) ;

- Titre 2 : dons, legs et fonds de concours ;

- Titre 3 : cotisations sociales ;

- Titre 4 : autres recettes (revenus de la propriété, ventes des biens et services, rémunération des services rendus par l'Etat, amendes, pénalités et confiscations, transferts volontaires autres que les dons et les recettes diverses).

A l'intérieur de chaque titre, les recettes font l'objet d'une codification en articles, paragraphes et rubriques, conformément à l'article 4 du décret n° 0236/PR/ MBCP du 21 avril 2016 portant nomenclature budgétaire de l'Etat.

Le tableau n° 2 ci-après donne plus de précisions sur cette classification qui prend aussi en compte la codification établie par le Plan comptable de l'Etat (PCE).

Tableau n° 2 : Classification des recettes de l'Etat par nature économique

Titre	Compte PCE	LIBELLE
1		**RECETTES FISCALES**
	71	**Recettes fiscales**
	711	Impôts sur les revenus, les bénéfices et les gains en capital
	712	Impôts sur les salaires versés et autres rémunérations
	713	Impôts sur le patrimoine
	714	Impôts et taxes intérieurs sur les biens et services
	7141	Taxe sur la valeur ajoutée
	7142	Accises
	7143	Droits de timbre et d'enregistrement
	7144	Autres impôts et taxes intérieurs sur les biens et services
	715	Impôts sur le commerce extérieur et les transactions internationales
	7151	Droits et taxes à l'importation
	7152	Droits et taxes à l'exportation
	7159	Autres impôts sur le commerce extérieur et les transactions internationales
	719	Autres recettes fiscales
2	**74**	**Dons, legs et fonds de concours**
	741	Dons des institutions internationales
	7411	Dons courants reçus de l'Initiative Multilatérale d'Allègement de la Dette (IMAD)
	7412	Dons en capital (ou projets)
	7413	Fonds de concours
	7419	Autres dons courants des institutions internationales
	742	Dons des administrations publiques étrangères
	7421	Dons courants reçus de l'Initiative Pays Pauvres Très Endettés (IPPTE)
	7422	Dons en capital (ou projets)
	7423	Fonds de concours
	7429	Autres dons courants des administrations publiques étrangères
	744	Dons intérieurs reçus autres que ceux provenant d'autres budgets publics

	7441	Dons courants
	7442	Dons en capital (ou projets)
	7443	Fonds de concours
	749	Autres dons et legs
	73	**Transferts reçus d'autres budgets publics**
	731	Transferts reçus du budget général
	732	Transferts reçus des budgets annexes et des comptes spéciaux du Trésor
3		**COTISATIONS SOCIALES**
	725	Cotisations de sécurité sociale
4		**AUTRES RECETTES**
	72	**Recettes non fiscales**
	721	Revenus de la propriété autres que les intérêts
	7211	Redevances forestières
	7212	Redevances pétrolières
	7213	Redevances minières
	7214	Dividendes
	7219	Autres revenus de la propriété autres que les intérêts
	722	Droits et frais administratifs
	723	Amendes pénalités et condamnations pécuniaires
	724	Redevances pour concessions, brevets, licences, marques, procédés, logiciels, droits et valeurs similaires
	725	Redevances pour occupations du domaine public
	726	Transferts volontaires autres que les dons des organismes privés extérieurs
	7261	Dons courants
	7262	Dons en capital (ou projets)
	727	Remboursement des cautions et avals
	729	Autres recettes non fiscales
	70	**Vente de produits et services**
	701	Ventes de marchandises
	702	Ventes de produits finis
	703	Ventes de produits intermédiaires
	704	Ventes de produits résiduels
	705	Travaux facturés
	706	Services vendus
	707	Produits accessoires
	77	**Produits financiers**
	771	Produits des participations et créances rattachées

	772	Produits des prêts, avances et cautionnements
	773	Intérêts sur les dépôts à terme
	774	Intérêts sur titres de placement
	775	Gains de détention sur actifs financiers
	776	Gains de change
	75	**Recettes exceptionnelles**
	752	Restitution au Trésor des sommes indûment payées
	754	Cessions d'immobilisations
	759	Autres recettes exceptionnelles

Sources :
- Annexe à la directive de la CEMAC n° 04/11-UEAC-190-CM-22 du 19 décembre 2011 relative à la nomenclature budgétaire de l'Etat ;
- Annexe au décret n° 0236/PR/ MBCP du 21 avril 2016 portant nomenclature budgétaire de l'Etat.

B - La nomenclature des dépenses

180. Les dépenses de l'Etat se prêtent généralement à plusieurs types de nomenclature ou classification qu'il convient de présenter avant de s'intéresser à celles retenues en droit gabonais.

1 – Les différents types de nomenclature de dépenses

Il en existe globalement cinq : la nomenclature par destination ; la nomenclature par nature ; la nomenclature fonctionnelle ; la nomenclature par bénéficiaire et la nomenclature par objectifs de programme. Chacune de ces nomenclatures repose sur des critères spécifiques et permet au gouvernement de concevoir des politiques publiques orientées vers des objectifs bien définis[172].

a) La nomenclature par destination

Elle est encore appelée nomenclature des administrations ou nomenclature juridique[173]. Elle est fondée sur l'idée d'un budget de moyens et vise à ventiler les crédits par entité administrative. Elle permet ainsi d'identifier l'administration bénéficiaire des crédits alloués ainsi que les dépenses à financer avec ces crédits.

---

[172] Voir à ce sujet M. Bouvier, M.-C. Esclassan et J.-P. Lassale, *Finances publiques*, op. cit., pp. 321 et s.
[173] Idem, p. 322.

b) La nomenclature par nature

Elle consiste à répartir les crédits en fonction de leur nature économique. Elle permet ainsi de lutter contre la création des comptes ‘‘fourre-tout’’ et d’améliorer la gestion du budget de l’Etat.

c) La nomenclature fonctionnelle

Elle a pour objet d’identifier les principales fonctions (ou missions) de l’Etat et d’évaluer les coûts des services publics chargés de leur mise en œuvre. La comparaison de ces coûts avec ceux enregistrés dans d’autres Etats permet au gouvernement de prendre la mesure des efforts d’ajustement à fournir par rapport à ces Etats.

A première vue, la nomenclature fonctionnelle ressemble à la nomenclature par destination, dans la mesure où elle se rapporte aussi à une unité administrative ou à une activité spécifique dont il faut déterminer le coût. Il existe pourtant une grande différence entre les deux, car la nomenclature fonctionnelle décrit une activité qu’il faut financer tandis que la nomenclature par destination renvoie à l’entité administrative chargée de gérer les crédits destinés au financement de cette activité.

d) La nomenclature par bénéficiaire

Elle consiste à comparer les ressources que l’Etat tire des différentes régions du pays avec les charges que lui font supporter ces régions. Le gouvernement peut dès lors s’appuyer sur ces comparaisons pour concevoir des politiques cohérentes d’aménagement du territoire.

e) La nomenclature par objectifs de programme

Contrairement à la nomenclature par destination qui est fondée sur un budget de moyens, la nomenclature par objectifs de programme obéit à la logique d’un budget de résultats. Dans le cadre de chaque programme, le gouvernement doit en effet parvenir à des résultats précis avec les crédits alloués par le parlement.

2 – Les classifications de dépenses retenues en droit gabonais

181. Comme en matière de recettes, ces classifications procèdent des deux textes précédemment cités : la loi organique du 21 mai 2015 relative aux lois de finances et à l’exécution du budget, d’une part ; le décret du 21 avril 2016 portant nomenclature budgétaire de l'Etat, d'autre part.

Selon l'article 6 de ce dernier texte, les dépenses de l'Etat font l'objet de trois types de classification : d'abord la classification administrative, qu'il conviendrait de compléter par la classification par programme telle que prévue par la directive de la CEMAC relative à la nomenclature budgétaire de l'Etat[174] ; ensuite la classification fonctionnelle ; enfin la classification économique.

a) La classification administrative

182. Elle consiste à ventiler les crédits budgétaires par services ou groupe de services chargés de la mise en œuvre des politiques publiques. Elle comprend quatre niveaux permettant d'affiner davantage cette ventilation :

Le premier niveau, libellé en sections, permet l'identification des départements ministériels, des institutions autonomes et autres autorités administratives indépendantes bénéficiaires des crédits alloués.

Le deuxième niveau, libellé en politiques publiques, sert à codifier les missions, programmes et actions devant concourir à la mise en œuvre desdites politiques.

Le troisième niveau, libellé en chapitres, permet de préciser davantage la répartition des crédits entre les services et groupes de services.

Le quatrième niveau, libellé en lieu de paiement de la dépense, sert à identifier le poste comptable concerné.

b) La classification par programme

183. Selon l'article 9 de la directive de la CEMAC n° 04/11-UEAC-190-CM-22 du 19 décembre 2011 relative à la nomenclature

---

[174] Directive n° 04/11-UEAC-190-CM-22 du 19 décembre 2011. Le décret du 21 avril 2016 ne fait inexplicablement pas état de la classification par programme prévue par cette directive alors qu'elle répond parfaitement à la nouvelle approche de la budgétisation par objectifs de programme (BOP). Mais il prévoit qu'en cas de nécessité, l'Etat peut recourir à des classifications additionnelles permettant de répondre à des besoins spécifiques.

budgétaire de l'Etat, les crédits budgétaires sont décomposés en programmes à l'intérieur de chaque ministère.

Un programme peut regrouper tout ou partie des crédits d'une direction, d'un service, d'un ensemble de directions ou de services d'un même ministère. Chaque programme est subdivisé en actions et codifié conformément à l'article 10 la directive de la CEMAC n° 04/11-UEAC-190-CM-22 précitée.

c) La classification fonctionnelle

184. Elle consiste à regrouper les dépenses de l'Etat par grande fonction administrative. Dix grandes fonctions, correspondant chacune à un titre, ont ainsi été identifiées :

Titre 1 : services généraux des administrations publiques ;
Titre 2 : défense ;
Titre 3 : ordre et sécurité publics ;
Titre 4 : affaires économiques ;
Titre 5 : protection de l'environnement ;
Titre 6 : logement et équipements collectifs ;
Titre 7 : santé ;
Titre 8 : loisirs, culture et culte ;
Titre 9 : enseignement ;
Titre 10 : protection sociale.

A l'intérieur de chaque titre, les dépenses font l'objet d'une répartition plus détaillée en divisions, groupes et classes.

Le tableau n°3 ci-après donne plus de précisions sur cette classification qui prend aussi en compte la codification établie par le Plan comptable de l'Etat (PCE).

Tableau n° 3 : Classification des dépenses de l'Etat par grandes fonctions administratives

Titre	Compte PCE	LIBELLE
1		**SERVICES GENERAUX DES ADMINISTRATIONS PUBLIQUES**
	011	Fonctionnement des organes exécutifs et législatifs, affaires financières et fiscales, affaires étrangères
	012	Aide économique extérieure
	013	Services généraux
	014	Recherche fondamentale

	015	R-D concernant les services généraux des administrations publiques
	016	Services généraux des administrations publiques, n.c.a
	017	Opérations concernant la dette publique
	018	Transferts de caractère général entre les administrations publiques
2		**DEFENSE**
	021	Défense militaire
	022	Défense civile
	023	Aide militaire à des pays étrangers
	024	R-D concernant la défense
	025	Défense, n.c.a
3		**ORDRE ET SECURITE PUBLICS**
	031	Services de police
	032	Services de protection civile
	033	Tribunaux
	034	Administration pénitentiaire
	035	R-D concernant l'ordre et la sécurité publics
	036	Ordre et sécurité n.c.a
4		**AFFAIRES ECONOMIQUES**
	041	Tutelle de l'économie générale, des échanges et de l'emploi
	042	Agriculture, sylviculture, pêche et chasse
	043	Combustibles et énergie
	044	Industries extractives et manufacturières, construction
	045	Transports
	046	Communications
	047	Autres branches d'activité
	048	R-D concernant les affaires économiques
	049	Affaires économiques, n.c.a
5		**PROTECTION DE L'ENVIRONNEMENT**
	051	Gestion des déchets
	052	Gestion des eaux usées
	053	Lutte contre la pollution
	054	Préservation de la biodiversité et protection de la nature
	055	R-D concernant la protection de l'environnement
	056	Protection de l'environnement, n.c.a
06		**LOGEMENT ET EQUIPEMENTS COLLECTIFS**
	061	Logement
	062	Equipements collectifs
	063	Alimentation en eau

	064	Eclairage public
	065	R-D dans le domaine du logement et des équipements collectifs
	066	Logement et équipements collectifs, n.c.a
07		**SANTE**
	071	Produits, appareils et matériels médicaux
	072	Services ambulatoires
	073	Services hospitaliers
	074	Services de santé publique
	075	R-D dans le domaine de la santé
	076	Santé, n.c.a
08		**LOSIRS, CULTURE ET CULTE**
	081	Services récréatifs et sportifs
	082	Services culturels
	083	Services de radiodiffusion, de télévision et d'édition
	084	Culte et autres services communautaires
	85	R-D dans le domaine des loisirs, de la culture et du culte
	086	Loisirs, culture et culte, n.c.a
09		**ENSEIGNEMENT**
	091	Enseignement préélémentaire et primaire
	092	Enseignement secondaire
	093	Enseignement post secondaire non supérieur
	094	Enseignement supérieur
	095	Enseignement non défini par niveau
	096	Services annexes à l'enseignement
	097	R-D dans le domaine de l'enseignement
	098	Enseignement, n.c.a
10		**PROTECTION SOCIALE**
	101	Maladie et invalidité
	102	Vieillesse
	103	Survivants
	104	Famille et enfants
	105	Chômage
	106	Logement
	107	Exclusion sociale, n.c.a
	108	R-D dans le domaine de la protection sociale
	109	Protection sociale, n.c.a

Sources :

- Annexe à la directive de la CEMAC n° 04/11-UEAC-190-CM-22 du 19 décembre 2011 relative à la nomenclature budgétaire de l'Etat.

- Annexe au décret n° 0236/PR/ MBCP du 21 avril 2016 portant nomenclature budgétaire de l'Etat.

d) La classification économique

185. Elle découle de l'article 33 de la loi organique de 2015 qui consacre la transposition dans le droit gabonais des dispositions de la directive n° 04/11-UEAC-190-CM-22 du 19 décembre 2011 relative à la nomenclature budgétaire de l'Etat. D'après ce texte, les dépenses de l'Etat sont réparties en six titres en fonction de leur nature économique :

Titre 1 : charges financières de la dette ;
Titre 2 : dépenses de personnel ;
Titre 3 : dépenses de biens et services ;
Titre 4 : dépenses de transfert ;
Titre 5 : dépenses d'investissement ;
Titre 6 : autres dépenses.

A l'intérieur de chaque titre, les dépenses font l'objet d'une répartition plus détaillée en articles, paragraphes et rubriques.

Le tableau n°4 ci-après donne plus de précisions sur cette classification qui prend aussi en compte la codification établie par le Plan comptable de l'Etat (PCE).

Tableau n° 4 : Classification des dépenses de l'Etat par nature économique

Titre	Compte PCE	LIBELLE
1		CHARGES FINANCIERES DE LA DETTE
	671	Intérêts et frais financiers sur la dette
	679	Autres intérêts et frais bancaires
2		DEPENSES DE PERSONNEL
	66	**Charges de personnel**
	661	Traitements et salaires en espèces
	663	Primes et indemnités
	664	Cotisations sociales
	665	Traitements et salaires en nature au personnel
	666	Prestations sociales
	669	Autres dépenses de personnel

3		**DEPENSES DE BIENS ET SERVICES**
	60	**Achats de biens**
	601	Matières, matériel et fournitures
	603	Variation des stocks de biens fongibles achetés
	605	Eau, électricité, gaz et autres sources d'énergie
	606	Matériel et fournitures spécifiques
	609	Autres achats de biens
	61	**Acquisitions de services**
	611	Frais de transport et de mission
	612	Loyer – actifs produits
	614	Entretien et maintenance
	615	Assurances
	617	Frais de relations publiques – communication
	618	Frais de formation du personnel
	619	Autres acquisitions de services
	62	**Remboursement des recettes encaissées**
	621	Impôts sur les revenus, les bénéfices et les gains en capital
	622	Impôts sur les salaires versés et autres rémunérations
	623	Impôts sur le patrimoine
	624	Impôts et taxes intérieurs sur les biens et services
	6241	Taxe sur la valeur ajoutée
	6249	Autres Impôts intérieurs sur les biens et services
	625	Impôts sur le commerce extérieur et les transactions internationales
	626	Autres recettes fiscales
	627	Recettes non fiscales
	629	Autres recettes
4		**DEPENSES DE TRANSFERT**
	63	**Subventions**
	632	Subventions aux entreprises publiques
	6321	Subventions versées aux sociétés publiques de raffinerie
	6322	Subventions versées aux sociétés publiques minières
	6329	Subventions versées aux autres entreprises publiques
	633	Subventions aux entreprises privées
	634	Subventions aux institutions financières

	639	Subventions à d'autres catégories de bénéficiaires
	64	**Transferts**
	641	Transferts aux établissements publics nationaux
	642	Transferts aux collectivités locales
	643	Transferts aux autres administrations publiques
	644	Transferts aux institutions à but non lucratif
	645	Transferts aux ménages
	646	Transferts aux autorités supranationales et contributions aux organisations internationales
	647	Transferts à d'autres budgets publics
	648	Pensions de retraites des fonctionnaires et autres agents de l'Etat
	649	Autres Transferts
5		**DEPENSES D'INVESTISSEMENT**
	21	**Immobilisations incorporelles**
	211	Frais de recherche et de développement
	212	Brevets, marques de fabrique, droits d'auteur
	213	Conceptions de systèmes d'organisation – progiciels
	214	Droits d'exploitation fonds de commerce
	219	Autres droits et valeurs incorporels
	22	**Immobilisations non produites**
	221	Terrains
	222	Sous-sols, gisements et carrières
	223	Plantations et forêts
	224	Plans d'eau
	225	Droits d'exploitation fonds de commerce
	229	Autres droits et valeurs incorporels non produits
	23	**Acquisitions, constructions et grosses réparations des immeubles**
	231	Bâtiments administratifs à usage de bureau
	232	Bâtiments administratifs à usage de logement (civils et militaires)
	233	Bâtiments administratifs à usage technique
	234	Ouvrages
	235	Infrastructures
	236	Réseaux informatiques
	24	**Acquisitions et grosses réparations du matériel et mobilier**
	241	Mobilier et matériel de logement et de bureau
	242	Matériel informatique de bureau

	243	Matériel de transport de service et de fonction
	244	Matériel et outillages techniques
	245	Matériel de transport en commun et de marchandises
	246	Objets de valeur – collections – œuvres d'art
	247	Stocks stratégiques ou d'urgence
	248	Cheptel
	25	**Equipements militaires**
	251	Bases militaires
	252	Ouvrages et infrastructures militaires
	253	Mobiliers, matériels militaires et équipements
	26	Prises de participation et cautionnement
	261	Prises de participation à l'intérieur
	262	Prises de participation à l'extérieur
	264	Cautionnement
6		**AUTRES DEPENSES**
	65	Charges exceptionnelles
	651	Annulations de produits constatés au cours des années antérieures
	652	Condamnations et transactions
	655	Loyers – actifs non produits
	656	Valeur des garanties
	658	Dépenses accidentelles
	659	Autres charges exceptionnelles

Source : Annexe à la directive de la CEMAC n° 04/11-UEAC-190-CM-22 du 19 décembre 2011 relative à la nomenclature budgétaire de l'Etat.

Les développements qui précèdent montrent que dans le cadre de la préparation du budget, les recettes et les dépenses de l'Etat font l'objet d'une classification méthodique et minutieuse. Cette classification est d'une grande utilité pour l'étape suivante qui est celle de l'adoption du projet de budget par le parlement.

CHAPITRE 2

L'ADOPTION DU PROJET DE BUDGET

186. Elle obéit non seulement aux dispositions de la Constitution et de la loi organique de 2015, mais également à celles des règlements intérieurs de l'Assemblée nationale et du Sénat[175].

C'est une étape particulièrement importante du processus de gestation du budget, car c'est à l'issue du vote du parlement que la loi de finances voit le jour et que le budget de l'Etat prend juridiquement naissance.

Le projet de budget est adopté au cours de la seconde session ordinaire du parlement, encore appelée session budgétaire parce qu'elle lui est presque entièrement consacrée. Celle-ci constitue, chaque année, un des temps forts de la vie de l'Etat, puisque les moyens de l'action future du gouvernement en dépendent.

Parmi les nombreuses questions qui se posent à l'occasion de la session budgétaire du parlement, trois nous paraissent essentielles : la première concerne la recevabilité du projet de loi de finances de l'année préparé par le gouvernement (section 1) ; la seconde question est relative à l'ordre d'intervention des deux chambres parlementaires et aux délais dont elles disposent pour adopter le budget (Section 2) ; la troisième porte sur les modalités de vote du projet de loi de finances (Section 3).

SECTION 1 – LA RECEVABILITE DU PROJET DE LOI DE FINANCES DE L'ANNEE

187. Avant de déposer le projet de loi de finances de l'année au parlement, le gouvernement doit répondre à une exigence préalable qui est la présentation au parlement du projet de loi de règlement de

---

[175] Voir à ce sujet Télesphore Ondo, *Le droit parlementaire gabonais*, Paris, L'Harmattan, 2008, pp. 187 et s.

l'année n-2 (§ 1). Mais cette prescription n'est pas rigoureusement respectée parce que la Cour constitutionnelle l'a pratiquement vidée de son contenu (§ 2).

§ 1 – La présentation préalable du projet de loi de règlement

188. Les dispositions de la Constitution et de la loi organique de 2015 indiquent que l'examen du projet de loi de finances de l'année par le parlement est subordonné à la présentation par le gouvernement du projet de loi de règlement.

Selon l'article 28, alinéa 6, de la Constitution, le projet de loi de règlement doit être déposé au parlement, au plus tard, au début de la première session ordinaire de la deuxième année qui suit l'exercice d'exécution du budget concerné. De son côté, l'article 26, alinéa 2, de la loi organique de 2015 dispose que le projet de loi de règlement doit être présenté au parlement avant le dépôt du projet de loi de finances de l'année à venir.

Il ressort de ce qui précède que le constituant et le législateur subordonnent l'examen de la loi de finances de l'année à l'adoption de la loi de règlement de l'année n-2. Le parlement a en effet besoin de savoir l'utilisation faite des dotations budgétaires précédemment allouées au gouvernement pour mieux apprécier les nouvelles demandes de crédits qui lui sont adressées au titre de l'année n+1. Mais, contre toute attente, la Cour constitutionnelle a pratiquement affranchi le gouvernement de cette obligation.

§ 2 – L'altération de la prescription du constituant et du législateur par le juge constitutionnel

189. Les dispositions constitutionnelles et législatives en vigueur au Gabon ont subi de nombreux assauts de la part du juge constitutionnel qui semble moins préoccupé de dire le droit que de voler au secours du gouvernement, afin de pallier ses défaillances. La prescription du constituant et du législateur qui établit un lien de subordination entre l'examen de la loi de finances de l'année et la présentation préalable du projet de loi de règlement n'a pas échappé à cette logique du juge constitutionnel. Pour ce dernier, « quand bien même il serait judicieux pour les membres du parlement de disposer du projet de loi de règlement au moment de l'examen de la loi de finances de l'année, afin de mieux contrôler l'affectation et l'utilisation des dotations budgétaires antérieures, l'on ne saurait en déduire que l'adoption de ladite loi de finances doive être subordonnée à la présentation du projet de loi de règlement concernant l'exercice budgétaire correspondant »[176]. Cette jurisprudence de la Cour constitutionnelle a évidemment pour effet de dévaloriser la loi de règlement.

SECTION 2 – L'ORDRE ET LES DELAIS D'INTERVENTION DES DEUX CHAMBRES PARLEMENTAIRES

190. On évoquera d'abord l'ordre d'intervention des deux chambres parlementaires (§ 1), avant d'analyser les délais dont elles disposent pour adopter le projet de loi de finances (§ 2).

§ 1 – L'ordre d'intervention

191. Il est déterminé par l'article 54, alinéa 4, de la Constitution qui dispose que « les projets de loi de finances [...] sont déposés en premier lieu à l'Assemblée nationale ». Autrement dit, le projet de budget est d'abord soumis aux députés avant d'être examiné par les sénateurs. Mais si l'Assemblée nationale ne parvient pas à voter le budget dans les délais impartis par la Constitution, elle perd son droit de préséance au profit du Sénat qui est alors invité à se prononcer en premier. Les députés doivent, dans ce cas, attendre l'adoption du budget par les sénateurs pour être saisis à nouveau.

Selon l'article 58a de la Constitution, la loi de finances, à l'instar des autres textes législatifs, doit être adoptée en termes identiques par les deux chambres du parlement. En cas de désaccord, le Premier ministre peut demander la réunion d'une commission mixte paritaire, chargée de proposer un texte consensuel sur les dispositions encore en discussion. Si les membres de la commission mixte s'accordent sur un texte commun, ce dernier devient celui du parlement dès lors qu'il est adopté séparément par l'une et l'autre chambre. Mais si les membres de la commission mixte ne parviennent pas à s'entendre sur un texte commun, le gouvernement saisit l'Assemblée nationale qui statue définitivement.

---

[176] Décision n° 1/CC du 17 janvier 2001 (considérant n° 8), *Recueil des décisions et avis de la Cour constitutionnelle*, 1998-2001, p. 94.

§ 2 – Les délais d'intervention

192. Ils sont fixés par l'article 48, alinéa 2 de la Constitution. D'après ce texte, les députés disposent, en première lecture, de quarante-cinq jours, pour voter la loi de finances[177].

Si ce délai n'est pas respecté, le gouvernement saisit le Sénat qui doit statuer dans les vingt jours. Au sortir de cette étape, le texte revient à l'Assemblée nationale et la procédure se poursuit comme précédemment indiqué.

Si, au terme de la session budgétaire, le parlement se sépare sans avoir pu voter le budget en équilibre, le gouvernement est autorisé à reconduire par ordonnance le budget de l'exercice précédent[178]. A la demande du Premier ministre, le parlement est convoqué en session extraordinaire dans les quinze jours pour une nouvelle délibération. En cas d'échec de cette session extraordinaire, le budget est définitivement établi par ordonnance.

Les dispositions constitutionnelles et législatives qui viennent d'être évoquées ont, de toute évidence, été adoptées pour prévenir ou remédier à toute situation de crise ou de dysfonctionnement institutionnel pouvant survenir au moment du vote du projet de budget. Elles permettent ainsi d'éviter tout risque de paralysie de l'Etat. C'est bien le sens qui leur est donné par la Cour constitutionnelle, laquelle affirme, dans sa décision du 12 novembre 1999, que « dans le souci d'assurer le fonctionnement régulier de toutes les institutions de la République, [le constituant] a envisagé le cas où le parlement ne parviendrait pas à adopter la loi de finances à la fin de la session budgétaire ; qu'il a, à cet effet, édicté des solutions applicables pour sortir l'Etat de la situation de paralysie qui pourrait en résulter »[179].

---

[177] On retrouve la même disposition à l'article 21, alinéa 3 de la loi organique de 2015.

[178] Cf. article 48, alinéa 3 de la Constitution et article 21, alinéas 4 et 5 de la loi organique de 2015. Il convient de préciser qu'en cas de nécessité, cette ordonnance peut prévoir toute réduction de dépenses ou augmentation de recettes.

[179] Décision n° 6/CC du 12 novembre 1999, (considérant n° 4), *Recueil des décisions et avis de la Cour constitutionnelle*, 1998-2001, p. 59.

L'impossibilité d'adopter le projet de budget à temps peut cependant avoir une autre cause qui n'a pas été envisagée par le constituant : c'est le non-respect par le gouvernement du délai imparti pour soumettre ce projet au parlement. En effet, selon l'article 48, alinéa 1er, de la Constitution, le projet de la loi de finances de l'année doit être déposé par le gouvernement sur le bureau de l'Assemblée nationale au plus tard quarante-cinq jours après l'ouverture de la seconde session ordinaire. Cette même prescription est reprise par l'article 21, alinéa 2, de la loi organique de 2015. Pour autant, la Cour constitutionnelle a pratiquement affranchi le gouvernement de cette obligation en déclarant, dans sa décision du 12 novembre 1999 précitée, que « lorsque la loi de finances annuelle ne peut être votée et promulguée avant le début de l'exercice budgétaire, en raison du dépôt tardif du projet de celle-ci à l'Assemblée nationale, le gouvernement dépose, quinze jours avant la clôture de la session budgétaire, un projet de loi spéciale, discuté et adopté selon la procédure d'urgence, l'autorisant à percevoir les impôts existants et à ouvrir les crédits se rapportant aux services votés dans la limite de 1/12e, renouvelable »[180].

Même si le fonctionnement ininterrompu de l'Etat est une préoccupation que la Cour partage avec le constituant, cette décision du 12 novembre 1999 semble toutefois s'écarter des dispositions de l'article 48, alinéa 3, de la Constitution. La Cour va même plus loin en estimant qu'« une loi de finances dont le projet a été déposé tardivement à l'Assemblée nationale est valablement adoptée lorsque son adoption et sa promulgation interviennent avant le début de l'exercice budgétaire considéré »[181].

Deux autres décisions rendues en 2000 et 2001 confirment cette position de la Cour[182]. Dans la décision n° 1/CC du 14 janvier 2000, la Cour a même ajouté un délai supplémentaire au délai fixé par la Constitution pour le dépôt du projet de loi de finances à l'Assemblée

---

[180] Idem (considérant n° 6).
[181] Idem (considérant n° 6).
[182] Décision n° 1/CC du 14 janvier 2000 (considérant n° 6 et 7), *Recueil des décisions et avis de la Cour constitutionnelle*, 1998-2001, p. 67 ; Décision n° 1/CC du 17 janvier 2001 (considérant n° 5), *Recueil des décisions et avis de la Cour constitutionnelle*, 1998-2001, p. 93.

nationale. De l'avis de Sylvestre Kwahou, cette jurisprudence « a l'inconvénient de souscrire implicitement à la réduction du temps imparti au parlement pour examiner la loi de finances de l'année. Ce faisant, elle l'empêche d'exercer ses prérogatives budgétaires en toute sérénité »[183].

Quoiqu'il en soit, le vote du projet de budget se déroule selon une procédure à laquelle le parlement doit absolument se conformer.

SECTION 3 – LES MODALITES DE VOTE DU PROJET DE LOI DE FINANCES

193. Le projet de loi de finances doit être examiné et voté séparément par les deux chambres du parlement. Au sein de chaque chambre, il doit franchir deux étapes successives : la première étape est celle de l'examen du projet en commission (§ 1 ; la seconde est celle du débat en séance plénière, suivi du vote des parlementaires. (§ 2).

§ 1 – L'examen du projet en commission

194. Au sein de chaque chambre parlementaire existent six commissions permanentes. Il convient toutefois de dissocier la commission des finances[184], qui a un rôle prépondérant dans l'animation du débat budgétaire (A), des autres commissions parlementaires qui n'interviennent que de façon marginale (B).

A – Le rôle prépondérant de la commission des finances

195. Dès qu'il parvient à l'Assemblée nationale, le projet de loi de finances est aussitôt soumis à l'appréciation de la commission des finances. Il est accompagné de plusieurs documents explicatifs permettant de mieux renseigner les membres de la commission sur son contenu : il s'agit notamment du rapport économique et financier, de

---

[183] Cf. S. Kwahou, *Le contrôle de la constitutionnalité des lois de finances au Gabon*, op. cit., p. 154.

[184] Il s'agit précisément de la commission des finances, du budget et de la comptabilité publique en ce qui concerne l'Assemblée nationale, et de la commission des finances, du budget et des comptes économiques de la nation pour ce qui est du Sénat.

l'annexe explicative, du rapport explicatif de la gestion du budget de l'année n-2 et du projet annuel de performance.

Le projet de loi de finances est présenté à la commission des finances, au nom du Premier ministre, par les ministres chargés du budget et de l'économie. Les membres de la commission peuvent éventuellement leur demander des informations complémentaires. Après cette présentation globale du projet de budget, chaque ministre ou responsable d'institution[185] est invité à venir défendre le projet de budget de son administration devant la commission.

Avec l'accord du président de l'Assemblée nationale ou du président du Sénat, selon le cas, la commission peut également entendre toute personne susceptible d'éclairer son jugement. Mais cette personne ne peut participer ni assister aux délibérations de la commission. Il en est de même des membres du gouvernement.

Pendant le déroulement des travaux, les membres de la commission peuvent, conformément à l'article 55 de la Constitution, formuler des amendements visant à améliorer le contenu du projet de loi de finances. La recevabilité de ces amendements doit toutefois être appréciée par le bureau de la commission. Il convient de préciser que la commission n'a pas le pouvoir de modifier le projet présenté par le gouvernement, car cette prérogative est réservée à l'assemblée plénière.

Le droit d'amendement est ainsi reconnu aux parlementaires n'appartenant pas à la commission des finances. Ils peuvent l'exercer lors de la discussion du projet de loi de finances en séance plénière. L'exercice de ce droit est cependant rigoureusement encadré par la Constitution qui dispose, en son article 55, que les amendements déposés par les parlementaires « sont irrecevables lorsque leur adoption aurait pour conséquence, soit une diminution des recettes publiques, soit la création ou l'aggravation d'une charge publique sans dégagement de recettes correspondantes ». Cette disposition, que reprend l'article 23 de la loi organique de 2015, semble avoir un double objectif : premièrement, faire échec à tout amendement

[185] Dans la pratique, les responsables des institutions sont représentés par le ministre chargé des relations avec parlement.

susceptible de porter atteinte à l'équilibre du budget ; deuxièmement, prévenir les amendements démagogiques formulés par certains parlementaires dans le but de duper leurs électeurs.

Pour autant, avec l'instauration de la budgétisation par objectifs de programme (BOP), le parlement dispose d'une marge de manœuvre plus grande dans l'exercice du droit d'amendement. Il peut en effet prendre l'initiative de majorer les crédits d'un programme donné, à condition de ne pas augmenter l'enveloppe globale allouée à la mission dont relève ledit programme.

Au terme de ses travaux, la commission rédige un rapport général dans lequel figurent son appréciation et ses propositions sur le projet de budget soumis au parlement. Ce rapport présente aussi les observations et les recommandations issues des autres commissions parlementaires.

B – La contribution des autres commissions

196. Outre la commission des finances, il existe au sein de chaque chambre parlementaire cinq autres commissions[186] qui concourent à l'examen du projet de budget. Mais, contrairement à la commission des finances qui jouit d'une compétence générale lui permettant de se prononcer sur l'ensemble du projet de budget, les autres commissions n'interviennent que dans les aspects de ce projet relevant de leur domaine de compétence. Chacune doit ainsi produire un rapport particulier qui est transmis à la commission des finances et dont le contenu est exploité pour l'élaboration de son rapport général.

Une fois approuvé par les membres de la commission des finances, le rapport général est distribué à tous les parlementaires au moins deux jours avant le débat en séance plénière.

---

[186] En ce qui concerne l'Assemblée nationale, il s'agit des commissions suivantes : lois, affaires administratives et droits de l'homme ; affaires étrangères, coopération internationale et défense nationale ; planification, aménagement du territoire et environnement ; affaires économiques, production et développement ; affaires sociales, affaires culturelles et communication. Pour ce qui est du Sénat, ce sont les mêmes commissions, à quelques détails près dans la dénomination et les attributions de chacune. Voir à ce propos l'article 27 du règlement intérieur de l'Assemblée nationale et l'article 25 du règlement intérieur du Sénat.

§ 2 – La discussion et le vote du projet en séance plénière

197. On s'intéressera d'abord aux modalités de la discussion (A) avant de se pencher sur les modalités du vote (B).

A – Les modalités de la discussion

198. Elles procèdent des dispositions de la Constitution, d'une part, des règlements intérieurs de l'Assemblée nationale et du Sénat, d'autre part. D'après l'article 85 du règlement intérieur de l'Assemblée nationale et l'article 84 du règlement intérieur du Sénat, la discussion du projet de loi de finances en séance plénière comporte plusieurs étapes : audition éventuelle du gouvernement ; présentation du rapport de la commission des finances ; exposé du représentant du Conseil économique, social et environnemental ; audition des orateurs inscrits.

Le législateur n'a pas jugé utile de rendre obligatoire l'audition du gouvernement en séance plénière, celle-ci étant déjà organisée en amont par la commission des finances.

Les travaux en séance plénière commencent donc véritablement par la présentation du rapport de la commission des finances. Cette présentation est suivie de l'intervention du représentant du Conseil économique, social et environnemental, conformément à l'article 107 de la Constitution. Ladite intervention a pour objet de communiquer aux députés l'avis du Conseil sur le projet de loi de finances soumis à son appréciation par le gouvernement. Après cet exposé, les travaux en séance plénière se poursuivent avec l'audition des orateurs inscrits. Ceux-ci s'expriment au nom de leur groupe parlementaire ou à titre individuel.

Il importe de préciser que tout au long du débat en séance plénière, le président et le rapporteur de la commission des finances sont en première ligne pour défendre les recommandations de la commission. Au terme du débat, le projet de budget est soumis au vote des parlementaires.

B – Les modalités du vote

199. Elles sont définies par la loi organique de 2015, d'une part, et par les règlements intérieurs des deux chambres parlementaires, d'autre part. Il ressort des dispositions de ces textes que les deux parties du projet de loi de finances sont débattues et votées séparément. La seconde partie, qui traite essentiellement des dépenses, ne peut être mise en discussion avant l'adoption de la première partie, largement consacrée aux recettes.

Par ailleurs, les modalités de vote diffèrent selon qu'il s'agit des recettes ou des dépenses.

Les recettes inscrites au budget général de l'Etat, dans les budgets annexes et dans les comptes spéciaux font l'objet d'un vote d'ensemble. L'article 25, alinéa 2, de la loi organique de 2015 prévoit toutefois un vote séparé pour chaque compte de prêt, d'avance ou de garantie.

S'agissant des dépenses, les modalités de vote varient en fonction de leur nature : les dépenses inscrites au budget général de l'Etat font l'objet d'un vote par mission[187] ; celles inscrites dans les budgets annexes et les comptes spéciaux sont en revanche votées par budget annexe et par compte spécial.

Après l'adoption de chacune des deux parties du projet de loi de finances, les travaux en séance plénière prennent fin avec le vote de l'ensemble du projet.

La promulgation de la loi finances de l'année par le président de la République est la dernière formalité précédant la mise en application du budget.

---

[187] Ce vote concerne à la fois les autorisations d'engagement et les crédits de paiement. Il est à noter que les plafonds d'autorisation des emplois donnent lieu à un vote par ministère.

TITRE II – LA MISE EN APPLICATION DU BUDGET DE L'ETAT

200. Elle intervient dès l'entrée en vigueur de la loi de finances de l'année. Avec celle-ci, l'exécution du budget peut effectivement débuter (chapitre 1). Il importe de préciser que les opérations de recettes et de dépenses découlant de l'exécution du budget sont soumises à un contrôle multiforme (chapitre 2).

CHAPITRE 1

L'EXECUTION DU BUDGET

201. L'exécution du budget met à contribution plusieurs acteurs dont il faut préciser le rôle (Section 1). Elle obéit en outre à des procédures et des modalités qu'il convient d'analyser (Section 2).

SECTION 1 – LES ACTEURS DE L'EXECUTION DU BUDGET

202. Selon l'article 65 de la loi organique de 2015, l'exécution du budget incombe à trois catégories d'acteurs : les ordonnateurs, les comptables publics et les contrôleurs budgétaires. Mais cette présentation issue de la loi n'est pas tout à fait conforme à la réalité, car elle place les trois catégories d'acteurs sur un pied d'égalité. Or, les missions respectivement assignées à l'ordonnateur et au comptable dans l'exécution du budget sont sans commune mesure avec celles prescrites au contrôleur budgétaire. Ce dernier est essentiellement chargé de vérifier la régularité des engagements de dépenses initiés par les ordonnateurs. Ses attributions seront par conséquent analysées dans le chapitre 2 consacré au contrôle de l'exécution du budget.

En revanche, les développements qui suivent traiteront exclusivement des ordonnateurs (§ 1) et des comptables publics (§ 2). Ils permettront aussi d'analyser un principe fondamental de la comptabilité publique qui est celui de la séparation des ordonnateurs et des comptables (§ 3). Ils s'intéresseront enfin au Trésor public parce qu'il est l'administration dont relève la majorité des comptables publics et qu'il joue un rôle très important dans l'exécution du budget (§ 4).

§ 1 – Les ordonnateurs

203. Selon l'article 6 du décret du 8 février 2016 portant règlement général sur la comptabilité publique, l'ordonnateur est toute personne ayant qualité pour prescrire l'exécution des recettes et des dépenses inscrites dans le budget de l'Etat.

Il convient toutefois de préciser, à la suite du doyen Luc Saïdj, que « les ordonnateurs, à la différence des comptables, ne constituent pas un corps particulier d'agents publics et n'occupent pas, en tant que tels, un emploi dans la fonction publique ; la notion d'ordonnateur ne correspond, en effet, qu'à une qualité conférée à certaines autorités administratives en complément de leurs fonctions »[188]. Autrement dit, toute personne servant dans l'administration publique, à un niveau de responsabilité suffisamment élevé, peut exercer la fonction d'ordonnateur, celle-ci n'étant que « l'accessoire d'une mission d'administrateur exercée à titre principal »[189].

Il existe au Gabon plusieurs catégories d'ordonnateurs. On s'intéressera d'abord aux ordonnateurs principaux (A) dont le nombre s'est considérablement accru depuis 2010. On présentera ensuite les autres catégories d'ordonnateurs (B). On traitera enfin des droits, des obligations et de la responsabilité des ordonnateurs (C).

A – Les ordonnateurs principaux

204. Dans certains pays, les ordonnateurs principaux sont encore appelés ordonnateurs primaires[190]. Au Gabon, la fonction d'ordonnateur principal a beaucoup évolué depuis 2010. Avant cette date, et conformément aux dispositions de la loi du 27 juin 1985 portant règlement général sur la comptabilité publique de l'Etat, le ministre des finances était l'unique ordonnateur principal du budget général de l'Etat et des comptes spéciaux du Trésor. Il était par conséquent la seule autorité habilitée à prescrire le recouvrement des recettes et le paiement des dépenses, à l'exception des dépenses d'investissement dont l'exécution relevait plutôt des attributions du ministre de la planification, en vertu d'une délégation permanente de

---

[188] Cf. *Dictionnaire encyclopédique de finances publiques*, op. cit., p. 1107.

[189] Cf. M. Bouvier, M.-C. Esclassan et J. P. Lassale, *Finances publiques*, op. cit., p. 368. Sur ce même sujet, voir également S. Thébault, *L'ordonnateur en droit public financier*, LGDJ, 2007.

[190] Voir à ce sujet G. Orsoni, *Finances publiques*, Publisud, 1989, p. 184.

compétence prévue par l'article 4 de la loi du 27 juin 1985 précitée[191].

Toutes ces dispositions ont été abrogées par la loi organique de 2010 relative aux lois de finances et à l'exécution du budget qui a consacré l'existence de plusieurs ordonnateurs principaux. La même option a été retenue par loi organique de 2015 dont l'article 66 désigne les autorités habilitées à exercer la fonction d'ordonnateur principal. Il s'agit d'abord du ministre de l'économie, qui est désormais l'ordonnateur principal unique des recettes de l'Etat et des crédits destinés à la couverture des risques de mise en jeu des garanties et avals donnés par l'Etat. Il s'agit ensuite du ministre du budget, qui devient l'ordonnateur principal unique des crédits prévus pour la couverture des dépenses accidentelles et des besoins urgents et imprévisibles. Les autres ordonnateurs principaux désignés par la loi sont : le Premier ministre, les ministres, les responsables des institutions autonomes et des autorités administratives indépendantes. Ces derniers peuvent toutefois déléguer leurs compétences à des agents soumis à leur autorité hiérarchique directe. S'agissant de la Présidence de la République et des administrations publiques qui y sont rattachées, les ordonnateurs principaux sont désignés par décision du président de la République.

Le diagramme n° 1 ci-après donne un aperçu de la réorganisation des fonctions d'ordonnateur principal au Gabon après l'adoption des lois organiques de 2010 et 2015.

---

[191] Le ministre de la planification pouvait, à son tour, sous-déléguer cette compétence au commissaire général au plan qui devenait ainsi administrateur des crédits d'investissement. Plusieurs autres administrateurs de crédits avaient été prévus par le législateur : il s'agissait, selon l'article 7 de la loi du 27 juin 1985, des membres du gouvernement, des présidents des institutions constitutionnelles (encore appelés corps constitués), des commandants en chef des forces de défense ou de sécurité et des hauts fonctionnaires placés à la tête des services autonomes. Ces personnes étaient qualifiées pour gérer les crédits du budget général de l'Etat et des comptes spéciaux du Trésor correspondant à leurs attributions et faisant l'objet d'une gestion directe. Outre ces administrateurs de crédits désignés par la loi, d'autres pouvaient être nommés par arrêté du ministre des finances.

Diagramme n° 1 : Réorganisation des fonctions d'ordonnateur principal au Gabon

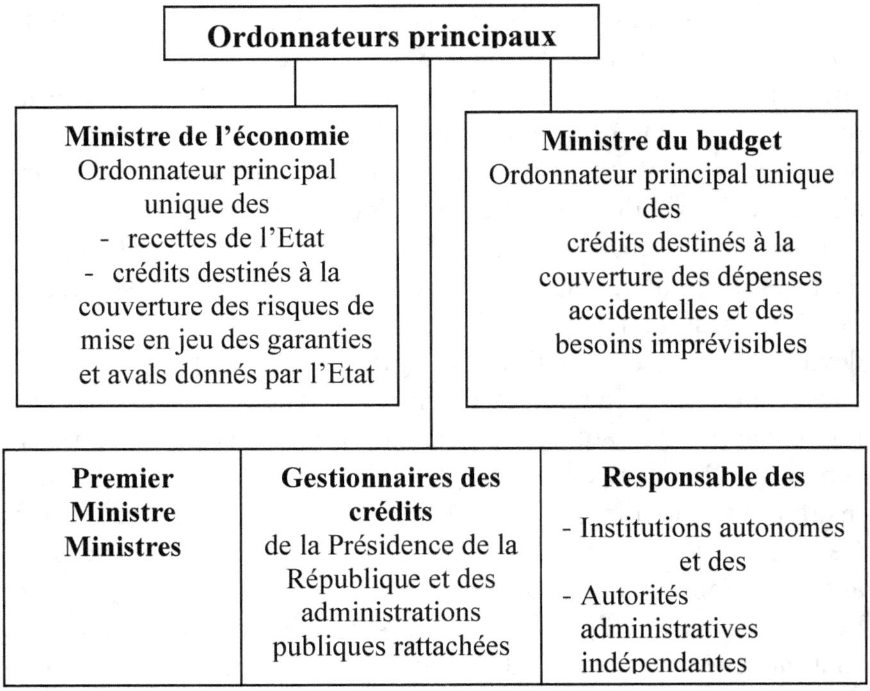

Sources :

- Loi organique du 21 mai 2015 relative aux lois de finances et à l'exécution du budget ;
- Décret du 8 février 2016 portant règlement général sur la comptabilité publique.

B - Les autres catégories d'ordonnateurs

205. Il s'agit, d'une part, des ordonnateurs délégués et, d'autre part, des ordonnateurs secondaires.

1 – Les ordonnateurs délégués

206. Ils ont remplacé les administrateurs de crédits depuis l'instauration de la BOP et opèrent au sein des administrations centrales.

Selon l'article 66, alinéa 6, de la loi organique de 2015, peuvent être nommés ordonnateurs délégués les responsables de programme, les responsables de budget opérationnel de programme et les responsables d'unité opérationnelle de programme. La même fonction peut être exercée par d'autres agents publics en vertu d'une délégation de pouvoir accordée par un ordonnateur principal.

2 – Les ordonnateurs secondaires

207. On les retrouve dans les administrations déconcentrées de l'Etat. Mais certains pays les assimilent aux ordonnateurs délégués qui, selon le cas, sont parfois appelés administrateurs de recettes ou de crédits[192].

Le diagramme n° 2 ci-après donne un aperçu de l'organisation et de la hiérarchisation des fonctions d'ordonnateur délégué et d'ordonnateur secondaire au Gabon après l'adoption des lois organiques de 2010 et 2015.

Diagramme n° 2 : Organisation et hiérarchisation des fonctions d'ordonnateur délégué et d'ordonnateur secondaire

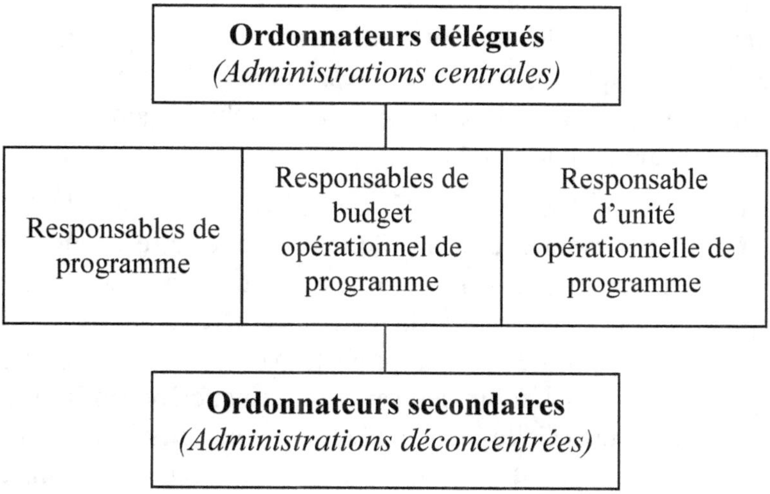

Sources :

- Loi organique du 21 mai 2015 relative aux lois de finances et à l'exécution du budget ;
- Décret du 8 février 2016 portant règlement général sur la comptabilité publique.

---

[192] Voir à ce sujet G. Orsoni, *Finances publiques*, op. cit., p. 184.

Il convient de noter qu'en cas d'absence ou d'empêchement, les ordonnateurs principaux et les ordonnateurs délégués ont la possibilité de confier tout ou partie de leurs attributions à un ordonnateur suppléant. Cela montre bien que, selon les circonstances, la fonction d'ordonnateur peut être exercée avec une certaine souplesse, en dépit des obligations et de la responsabilité qui pèsent sur son titulaire.

C – Les droits, les obligations et la responsabilité des ordonnateurs

208. Les ordonnateurs ont pour mission d'assurer l'exécution des recettes et des dépenses inscrites au budget de l'Etat. A cet effet, ils adressent au comptable public compétent les ordres de recouvrement des recettes ou de paiement des dépenses, assortis des pièces justificatives requises.

Les ordonnateurs assurent aussi l'exécution des opérations se rapportant à la trésorerie et au patrimoine de l'Etat. Ils sont donc qualifiés pour émettre les ordres de mouvement affectant les biens et matières de l'Etat. Ils doivent veiller, sous leur responsabilité, à la tenue de la comptabilité des matières, valeurs et titres de l'Etat. Ce faisant, ils participent à la tenue de la comptabilité générale de l'Etat, sous le contrôle du comptable.

Selon l'article 89, alinéa 1er, de la loi organique de 2015, la responsabilité personnelle de l'ordonnateur peut être engagée s'il est établi qu'il a commis des irrégularités ou des fautes de gestion dans les opérations effectuées. Et dans ce cas, il encourt des sanctions disciplinaires, pénales et civiles prévues par les lois et règlements en vigueur. Il peut aussi subir des sanctions financières infligées par la Cour des comptes. Celle-ci a également pour mission de juger les comptes des comptables publics et de sanctionner les infractions commises par ces derniers dans l'exercice de leurs fonctions.

§ 2 - Les comptables publics

209. Situés en aval du processus d'exécution du budget, les comptables publics sont chargés d'effectuer le recouvrement des recettes et le paiement des dépenses prescrites par les ordonnateurs. Il importe de préciser qu'à la différence des ordonnateurs, les comptables constituent un corps particulier au sein de la fonction publique. En effet, « c'est à titre principal et en leur qualité d'agents publics spécialement chargés d'un emploi de comptable que les comptables publics interviennent dans le processus d'exécution »[193].

D'après l'article 68 de la loi organique de 2015, les comptables publics sont des fonctionnaires nommés sur proposition du ministre chargé des comptes publics, en vue d'exécuter, au nom de l'Etat, des opérations de recettes, de dépenses et de maniement de titres.

De son côté, l'article 38 du décret du 8 février 2016 portant règlement général sur la comptabilité publique révèle qu'il existe au Gabon plusieurs catégories de comptables publics. A cet égard, Il convient, dans un premier temps, d'opérer une distinction entre les comptables deniers et valeurs, d'une part, et les comptables d'ordre, d'autre part (A). Il faut ensuite s'intéresser aux autres distinctions découlant des textes en vigueur (B). Il importe enfin d'étudier les droits, les obligations et la responsabilité des comptables publics (C).

A – La distinction entre les comptables en deniers et valeurs et les comptables d'ordre

210. Il s'agit là des deux principales catégories de comptables publics. Selon l'article 41 du décret du 8 février 2016 précité, les comptables deniers et valeurs sont des personnes habilitées au maniement et à la conservation des fonds publics et des valeurs de l'Etat. Ils sont donc qualifiés pour effectuer les encaissements et les décaissements découlant des ordres de recettes et des ordres de dépenses émis par les ordonnateurs. S'agissant du maniement des titres, il se fait soit au moyen de fonds et valeurs[194], soit par virement interne d'écritures, soit par l'intermédiaire d'autres comptables.

A la différence des comptables deniers et valeurs, les comptables d'ordre ne sont pas qualifiés pour manier les fonds et les valeurs. Leur mission consiste à centraliser et à retracer dans leurs écritures et leurs comptes les opérations financières exécutées par les autres comptables

---

193 M. Bouvier, M.-C. Esclassan et J.-P. Lassale, *Finances publiques*, op. cit. 389. Voir également F. Akhoune, *Le statut de comptable public*, LGDJ, Lextenso éditions, 2008 ; J. Magnet, *Les comptables publics*, LGDJ, 2è édition, 1998.

194 Les fonds sont constitués par tous les moyens de paiement ayant cours légal et pouvoir libératoire tels que les billets de banque, par exemple. Quant aux valeurs, elles comprennent les valeurs de portefeuille, les bons, les traites, les obligations, les rentes et les actions de société.

publics ; ce qui, à terme, permet l'élaboration des comptes annuels de l'Etat. Les opérations effectuées par les comptables d'ordre n'influencent donc pas la trésorerie de l'Etat puisqu'elles ne donnent pas lieu à des encaissements ou à des décaissements[195].

La distinction entre les comptables deniers et valeurs et les comptables d'ordre est certes fondamentale, mais elle n'est pas la seule car, au sein de chacune de ces deux catégories de comptables publics, existent d'autres distinctions.

B – Les autres distinctions

211. On en retiendra cinq, notamment la distinction entre :

- les comptables directs du Trésor et les comptables publics des autres administrations ;
- les comptables supérieurs et les comptables subordonnés ;
- les comptables principaux et les comptables secondaires ;
- les comptables centralisateurs et les comptables non centralisateurs ;
- les comptables assignataires et les comptables correspondants.

1 – La distinction entre les comptables directs du Trésor et les comptables des autres administrations

212. Les comptables directs du Trésor peuvent être considérés comme des « comptables de droit commun »[196] ayant compétence générale sur toutes les opérations financières de l'Etat. Les comptables des autres administrations apparaissent, en revanche, comme des comptables d'attribution dans la mesure où ils ne peuvent exécuter que les opérations financières liées aux compétences qui leur sont expressément dévolues par la loi. Dans cette dernière catégorie figurent, par exemple, les comptables de l'administration des impôts et ceux de l'administration des douanes. Bien qu'ayant la qualité de comptables deniers et valeurs, ils sont exclusivement chargés du recouvrement des impôts, droits, redevances, pénalités fiscales, frais de poursuites et autres recettes, dans les conditions fixées par le Code

---

[195] L'article 45 du décret du 8 février 2016 précise toutefois que les fonctions de comptable d'ordre ne sont pas incompatibles avec celles de comptable deniers et valeurs.

[196] L'expression est de A. Dioukhané, *Les finances publiques dans l'UEMOA – Le budget du Sénégal*, op. cit., p.176.

général des impôts, le Code des douanes, le Code du domaine de l'Etat ainsi que les autres textes en vigueur.

2 – La distinction entre les comptables supérieurs et les comptables subordonnés

213. Il existe dans la catégorie des comptables deniers et valeurs une hiérarchie interne qui confère à certains le titre de comptables supérieurs tandis que d'autres sont considérés comme des comptables subordonnés. Ceux-ci ne peuvent par conséquent exercer leurs fonctions que sous l'autorité de ceux-là.

3 – La distinction entre les comptables principaux et les comptables secondaires

214. C'est une distinction qui s'apparente plus ou moins à la précédente, dans la mesure où il existe un rapport hiérarchique entre les deux catégories de comptables. Les comptables principaux, en plus de leur propre gestion, doivent en effet rendre compte au juge financier de la gestion des comptables secondaires placés sous leur autorité.

4 – La distinction entre les comptables centralisateurs et les comptables non centralisateurs

215. Cette distinction repose sur la même logique que les deux précédentes. Les comptables centralisateurs ont en effet un droit de regard sur le travail accompli par les comptables non centralisateurs parce qu'ils assurent la centralisation des opérations effectuées par ces derniers en vue de l'élaboration du compte général de l'Etat et des états financiers y afférents.

5 – La distinction entre les comptables publics assignataires et les comptables publics correspondants

216. Cette distinction a pour fondement la responsabilité du comptable public. Alors que les comptables publics assignataires sont chargés d'exécuter des opérations budgétaires dont ils assument l'entière responsabilité, les comptables publics correspondants ne peuvent effectuer que certaines opérations, pour le compte des comptables assignataires et sous la responsabilité de ces derniers.

En marge des différentes distinctions qui viennent d'être présentées, certaines opérations de recettes ou de dépenses peuvent être exécutées par des comptables occasionnels appelés régisseurs de recettes ou régisseurs d'avances. Les régies de recettes sont destinées à faciliter l'encaissement des recettes d'un faible montant ou dont le recouvrement présente un caractère d'urgence. Quant aux régies d'avances, elles permettent le règlement de menues dépenses ou l'accélération du règlement des dépenses présentant un caractère d'urgence. Ce qui se traduit par la mise à la disposition du régisseur d'avances de tout ou partie des fonds correspondant aux crédits inscrits sur une ligne budgétaire de l'unité administrative concernée. Le montant des fonds débloqués doit être plafonné à la hauteur des dépenses à régler.

Certes les régisseurs de recettes ou d'avances n'ont pas nécessairement le statut de comptable public, mais ils sont autorisés à effectuer, sous leur responsabilité personnelle et pécuniaire, de façon ponctuelle ou circonstancielle, des encaissements ou des décaissements de fonds. Le comptable public auquel ils sont rattachés a néanmoins l'obligation de contrôler sur pièces et sur place les opérations effectuées ainsi que la comptabilité y afférente. Sa responsabilité personnelle et pécuniaire peut évidemment être engagée, mais dans la limite des contrôles qui lui incombent.

C – Les droits, les obligations et la responsabilité des comptables publics

217. Ils sont définis par la loi organique de 2015 et par le décret du 8 février 2016.

Avant d'entrer en fonction, le comptable public doit prêter serment devant la Cour des comptes. Il est, en outre, tenu de constituer des garanties se traduisant par le versement d'une caution à l'Etat et la mise sous hypothèque de ses biens immobiliers[197]. Ces garanties, apparemment excessives, sont largement justifiées par la nécessité de prévenir et de couvrir les risques énormes que la fonction de comptable public fait courir à l'Etat. Il est clair que sans ces garanties,

---

[197] Pour les comptables principaux, la libération des garanties ainsi constituées ne peut intervenir qu'à la cessation des fonctions, après les arrêts définitifs de quitus rendus par la Cour des comptes sur les différentes gestions dont ils avaient la charge. Pour les comptables secondaires, cette libération est accordée par décision du ministre chargé du budget, sur proposition du directeur général de la comptabilité publique.

la responsabilité du comptable serait purement théorique et les poursuites engagées contre lui, à la suite d'un grave préjudice causé à l'Etat, auraient très peu de chance d'aboutir au dédommagement de ce dernier.

Dans l'exercice de ses fonctions, le comptable public assure les tâches suivantes :

- prise en charge et recouvrement intégral des ordres de recettes et encaissement des droits au comptant et des recettes de toute nature que l'Etat et ses démembrements sont habilités à percevoir ;
- visa, prise en charge et règlement des dépenses publiques ;
- examen des différentes requêtes et préparation de la suite à donner aux oppositions et autres significations ;
- garde et conservation des fonds, valeurs, titres et matières appartenant ou confiés à l'Etat ;
- maniement des fonds et des mouvements des comptes de disponibilités ;
- exécution des autres opérations de trésorerie des établissements publics nationaux ;
- tenue de la comptabilité du poste comptable qu'il dirige ;
- conservation des pièces justificatives y afférentes ;
- tenue de la comptabilité des dépenses et des recettes dont il est assignataire et tenue de la comptabilité des valeurs inactives.

Avant d'effectuer certaines opérations, le comptable doit s'assurer de la régularité des prescriptions de l'ordonnateur. Il est ainsi tenu de contrôler les actes pris ou les documents établis en amont par l'ordonnateur en vue du recouvrement d'une recette ou du paiement d'une dépense, au risque d'engager sa responsabilité personnelle et pécuniaire[198].

S'agissant des recettes, le comptable doit contrôler :

- la validité de l'autorisation de percevoir la recette ;
- l'exactitude de la liquidation de la recette ;

---

[198] Il en est de même des actes concernant la gestion du patrimoine de l'Etat.

- la validité de la mise en recouvrement ;
- la régularité des réductions ou annulations opérées sur les ordres de recettes.

En matière de dépenses, le comptable est tenu de contrôler :

- l'habilitation des autorités administratives intervenant dans les différentes étapes de l'opération de dépense ;
- la validité de la créance ;
- l'exactitude de l'imputation budgétaire et la disponibilité des crédits ;
- la justification du service fait ;
- l'exactitude de la liquidation de la dépense ;
- la réalisation des contrôles préalables prescrits par la réglementation en vigueur ;
- l'existence du visa ou de l'avis préalable du contrôleur budgétaire sur le bon d'engagement de la dépense ;
- la production des pièces justificatives ;
- l'application des règles de prescription et de déchéance ;
- l'absence d'opposition au règlement de la dépense ;
- le caractère libératoire du paiement.

En ce qui concerne le patrimoine de l'Etat, le comptable doit contrôler :

- la prise en charge à l'inventaire des actifs financiers et non financiers acquis ;
- la conservation des droits, privilèges et hypothèques ;
- la conservation des immobilisations incorporelles et corporelles ;
- la conservation des biens faisant l'objet d'une comptabilité matière.

Au total, le comptable public doit s'assurer que l'ordonnateur a scrupuleusement respecté toutes les procédures prévues par les textes en vigueur concernant l'exécution des recettes et des dépenses publiques.

D'après l'article 96 du décret du 8 février 2016, le comptable n'est pas obligé de déférer aux ordres irréguliers de recouvrement des recettes ou de paiement des dépenses émis par l'ordonnateur et susceptibles d'engager sa responsabilité personnelle et pécuniaire. Il n'est tenu de le faire que sur réquisition émanant de l'ordonnateur principal, ce qui a pour effet de substituer la responsabilité de ce dernier à la sienne. Aucune réquisition n'est cependant possible lorsque la suspension du paiement de la dépense par le comptable public est motivée par l'indisponibilité des crédits, l'absence de certification du service fait ou le caractère non libératoire du règlement.

Les comptables principaux sont en outre soumis à une autre obligation qui est la production de leurs comptes de gestion à la Cour des comptes au plus tard le 30 juin de l'année suivant l'exercice auquel ces comptes se rapportent. Le non-respect de ce délai peut amener la Cour à infliger une amende au retardataire. Ce dernier peut même être remplacé par un autre comptable public commis d'office par le ministre chargé du budget.

La responsabilité personnelle et pécuniaire du comptable public se trouve aussi engagée lorsque les infractions suivantes ont été commises :

- déficit de caisse ou manquant en denier ou valeur ;
- défaut de recouvrement d'une recette ;
- paiement irrégulier d'une dépense au mépris des obligations de contrôle prescrites par la loi ;
- paiement irrégulier d'une indemnisation mise indûment à la charge de l'Etat.

Dans tous ces cas, la sanction est prononcée par la Cour des comptes qui, après audition du comptable incriminé, rend un arrêt fixant le montant de la somme que ce dernier doit verser à l'Etat. Cet arrêt tient compte du préjudice subi et des circonstances de l'infraction[199]. La Cour peut, en outre, infliger une amende au comptable, en raison de la gravité de la faute commise par ce dernier.

Il importe de souligner que toute personne qui exerce des activités de comptable public sans en avoir la qualité se rend coupable d'une gestion de fait[200]. Cette personne est, par voie de conséquence, déclarée comptable de fait par la Cour des comptes et doit, dès lors,

---

[199] La responsabilité pécuniaire d'un comptable public défaillant peut aussi découler d'un arrêté de débet pris par le ministre chargé du budget.

[200] Voir à ce propos N. Groper, *Responsabilité des gestionnaires publics devant le juge financier*, Dalloz, 2009. Voir également dans la Revue française de finances publiques, n° 66, 1999, *La gestion de fait.*

être soumise aux mêmes obligations et responsabilités que les comptables publics dûment nommés et assurant une gestion patente. Le comptable de fait peut, de surcroît, être condamné par la Cour des comptes au paiement d'une amende, du fait de son immixtion dans les fonctions de comptable public. Le montant de cette amende prend en compte l'importance et la durée de la détention ou du maniement des deniers publics.

Il ressort des développements qui précèdent que le statut des comptables publics et la responsabilité qui en découle sont sans commune mesure avec ceux applicables à l'ordonnateur. La démarcation des deux fonctions est d'ailleurs consacrée par un principe fondamental du droit public financier qui est celui de la séparation des ordonnateurs et des comptables.

§ 3 – Le principe de la séparation des ordonnateurs et des comptables publics

218. Pour bien comprendre le sens et la portée de ce principe, nous nous intéresserons d'abord à son origine et à ses implications (A). Nous évoquerons ensuite sa consécration au Gabon (B). Nous traiterons enfin des dérogations dont ce principe est l'objet (C).

A – L'origine et les implications du principe

219. Le principe de la séparation des ordonnateurs et des comptables a vu le jour en France où son adoption s'est faite en deux temps : d'abord sous la Révolution, à travers les décrets du 24 vendémiaire et du 17 frimaire An III relatifs à l'exécution des recettes ; ensuite sous la Seconde Restauration, à la faveur de l'ordonnance royale du 14 septembre 1822 consacrée à l'exécution des dépenses. D'autres textes réaffirmant ce principe sont intervenus ultérieurement[201].

Depuis la Révolution française, la séparation des ordonnateurs et des comptables est ainsi devenue un principe fondamental du droit de la comptabilité publique dont la finalité est de garantir la régularité des différentes opérations relatives à l'exécution du budget de l'Etat. Ce principe consacre la division du travail et la démarcation des

---

[201] Il s'agit de l'ordonnance du 31 mai 1838, du décret du 31 mai 1862 et, plus récemment, du décret du 7 novembre 2012.

activités des deux groupes d'acteurs que constituent les ordonnateurs et les comptables publics. Abdourahmane Dioukhané note à ce propos que « dans la chaîne de la dépense comme celle de la recette, ce sont les ordonnateurs qui disposent du pouvoir de décision. Ce sont eux qui sont habilités à prendre les actes qui font naître la dépense et à prescrire la perception des recettes. Les comptables publics, quant à eux, ont pour rôle de payer les dépenses ainsi décidées et de recouvrer ces recettes. La règle de la séparation des ordonnateurs et des comptables peut, de ce point de vue, être regardée comme une application en droit financier du principe général de la séparation des pouvoirs »[202].

Pour une application rigoureuse du principe de la séparation des ordonnateurs et des comptables, deux aspects très importants de ce principe doivent être pris en compte : le premier est l'incompatibilité des fonctions d'ordonnateur et de comptable. Ce qui signifie que la même personne ne peut simultanément assurer ces deux fonctions qui sont exclusives l'une de l'autre.

Le deuxième aspect du principe de la séparation des ordonnateurs et des comptables à prendre en compte est l'indépendance de chacun de ces deux groupes d'acteurs. Cette indépendance a une importance toute particulière pour le comptable public lorsqu'il est appelé à exercer ses fonctions sous l'autorité de l'ordonnateur dont il doit pourtant contrôler les actes. C'est notamment le cas des comptables publics nommés dans leur ministère de rattachement ; ils sont statutairement soumis à l'autorité hiérarchique du ministre alors que celui-ci est l'ordonnateur principal du budget de son département. C'est aussi le cas des comptables publics nommés dans les institutions constitutionnelles et dans les établissements publics ; ils sont administrativement placés sous l'autorité du responsable de l'organisme concerné, alors que celui-ci est l'ordonnateur principal du budget de cet organisme. Il est clair que sans l'indépendance qui lui est garantie par les textes, le comptable public aurait bien du mal à exercer son contrôle. Il serait en effet dans l'incapacité de rejeter les

---

202 Cf. A. Dioukhané, *Les finances publiques dans l'UEMOA - Le budget du Sénégal,* op. cit., p.162.

actes irréguliers pris par l'ordonnateur, à cause du rapport de subordination qui le lie à ce dernier[203].

B – La consécration du principe de la séparation des ordonnateurs et des comptables au Gabon

220. Au Gabon, le principe de la séparation des ordonnateurs et des comptables découle avant tout des dispositions de la loi organique de 2015. L'article 65, alinéa 1er, de ce texte dispose que « les opérations d'exécution du budget de l'Etat incombent aux ordonnateurs [...] et aux comptables publics ». Ce texte montre bien que les deux catégories d'acteurs sont distinctes et séparées. Cette séparation est d'ailleurs confirmée par l'alinéa 3 du même article 65 qui dispose que les opérations relatives à l'exécution du budget « sont retracées dans les comptabilités tenues tant par les ordonnateurs que par les comptables publics ». La séparation des comptabilités ainsi établie n'est que le prolongement et la conséquence logique de la séparation des deux catégories d'acteurs.

De son côté, l'article 68, alinéa 4, de la loi organique de 2015 précise que « les fonctions d'ordonnateur et de comptables publics sont incompatibles ». L'incompatibilité des deux fonctions implique évidemment la séparation des autorités ou agents publics chargés de les exercer.

L'importance accordée à cette prescription est telle que le décret du 8 février 2016 portant règlement général sur la comptabilité publique y intègre des considérations d'ordre familial, en interdisant aux personnes issues de la même famille d'exercer les fonctions d'ordonnateur et de comptable au sein d'un même organisme public. C'est ce qui ressort de l'article 9 du même décret qui énonce que « les fonctions d'ordonnateur et de comptable sont incompatibles. Les conjoints, les ascendants et les descendants des ordonnateurs ne peuvent être comptables des entités publiques auprès desquelles ces ordonnateurs exercent leurs fonctions ».

---

[203] Il convient toutefois de signaler que le comptable public peut refuser d'exécuter un ordre de recouvrement ou un ordre de paiement irrégulier, sauf s'il y est contraint par une réquisition de paiement de l'ordonnateur. Mais cette procédure exceptionnelle entraîne comme effet la substitution de la responsabilité de l'ordonnateur à celle du comptable.

En dépit de ce qui précède, quelques dérogations jugées nécessaires à la bonne application du principe de la séparation des ordonnateurs et des comptables ont été autorisées par le législateur.

C – Les dérogations au principe de la séparation des ordonnateurs et des comptables

221. La frontière qui sépare le domaine d'action de l'ordonnateur de celui du comptable est en réalité plus poreuse qu'elle ne paraît à première vue. Il arrive en effet que chacun de ces deux acteurs intervienne dans la sphère de compétence de l'autre. L'ordonnateur est ainsi parfois habilité à accomplir les tâches réservées au comptable tandis que ce dernier peut être autorisé à exercer les attributions normalement dévolues à l'ordonnateur.

1 – Les interventions de l'ordonnateur dans la sphère de compétences du comptable

222. Elles concernent aussi bien le recouvrement des recettes que le paiement des dépenses.

a) Le recouvrement des recettes

223. L'ordonnateur peut être habilité à percevoir certaines recettes en lieu et place du comptable public. C'est notamment le cas de certains et impôts et taxes dont le recouvrement est assuré par l'administration fiscale qui, à cette occasion, délivre une quittance au contribuable. Les sommes perçues doivent ensuite être reversées au Trésor public.

La régie de recettes est un autre exemple d'intervention de l'ordonnateur dans le recouvrement des recettes. Sous certaines limites, elle permet en effet à un agent public de l'administration concernée, nommé par l'ordonnateur principal, de percevoir les recettes générées par ladite administration. Mais les opérations effectuées par le régisseur sont placées sous la responsabilité du comptable et soumises à son contrôle. Le régisseur est par conséquent tenu de lui reverser l'intégralité des sommes encaissées.

b) Le paiement des dépenses

224. L'ordonnateur est parfois amené à payer ou à faire payer des dépenses en lieu et place du comptable. Il en est ainsi, par exemple, de certaines dépenses jugées sensibles et financées par les fonds politiques mis à la disposition du Président de la République. Le comptable n'a aucun contrôle à exercer sur ces dépenses qui exigent la plus grande discrétion. Il est simplement chargé d'assurer le décaissement des sommes nécessaires à leur paiement, sous le contrôle exclusif de l'ordonnateur.

Un autre exemple de dérogation au principe de la séparation des ordonnateurs et des comptables est fourni par la gestion des crédits alloués aux navires de l'Etat en vue de couvrir les dépenses relatives aux missions qu'ils doivent effectuer. Ces crédits sont en effet gérés par l'intendant du navire qui cumule ainsi les fonctions d'ordonnateur et de comptable.

On peut enfin évoquer le mécanisme de la régie d'avances qui permet à un agent public de l'administration concernée, désigné par l'ordonnateur principal, de payer certaines dépenses avec les fonds mis à sa disposition par le comptable public. La régie d'avances est souvent constituée pour le paiement de menues dépenses nécessaires au fonctionnement de certains services administratifs, ce qui évite à l'ordonnateur de recourir trop fréquemment à de nouveaux engagements. La régie d'avances peut aussi être utilisée pour la couverture des dépenses relatives à certaines missions urgentes à l'étranger ou à l'intérieur du pays. Dans tous les cas, le régisseur est tenu de rendre compte de sa gestion au comptable public.

2 – Les interventions du comptable dans la sphère de compétences de l'ordonnateur

225. Le comptable public est parfois autorisé à exercer les attributions normalement dévolues à l'ordonnateur. Il peut ainsi liquider et régler certaines dépenses sans avoir reçu, au préalable, un ordre de paiement de l'ordonnateur. Le comptable est également habilité, dans le cadre d'une régie d'avances, à remettre les fonds sollicités au régisseur avant l'émission d'un ordre de régularisation émis par l'ordonnateur.

Ces opérations, facilitées de nos jours par le développement de l'outil informatique, constituent bien évidemment des dérogations à la procédure habituelle d'exécution des dépenses publiques. Il importe toutefois de préciser que le comptable n'agit pas ici en qualité d'ordonnateur. Les actes qu'il prend ne remettent pas du tout en cause le pouvoir de décision de ce dernier.

Au-delà des dérogations qui viennent d'être évoquées, le principe de la séparation des ordonnateurs et des comptables garde toute sa force. La séparation fonctionnelle de ces deux catégories d'acteurs trouve d'ailleurs son prolongement dans la séparation organique des administrations qui les emploient. Alors que les ordonnateurs sont issus de la quasi-totalité des administrations publiques, les comptables publics, dans leur grande majorité, relèvent d'une administration particulière qui est le Trésor public, et qui occupe une place très importante dans l'exécution du budget de l'Etat.

§ 4 - Le rôle du Trésor public

226. Le Trésor public est une notion complexe et ambiguë qui recouvre plusieurs acceptions. Il désigne tantôt l'administration chargée de gérer les fonds publics, tantôt la caisse publique dans laquelle sont conservés ces fonds, tantôt les fonds publics eux-mêmes. Pour bien comprendre le rôle du Trésor public dans l'exécution du budget de l'Etat, on présentera d'abord la genèse de cette administration avant d'évoquer les fonctions qu'elle remplit.

A – La genèse de l'administration du Trésor

227. Le Trésor public a pris naissance sous la Monarchie française, à la faveur de la séparation intervenue au IIIe siècle entre les fonds de l'Etat et le patrimoine personnel du Roi. Il a fallu toutefois attendre le XIXe siècle pour que se mette en place une véritable administration du Trésor[204].

L'histoire du Trésor public gabonais est marquée par sa singularité, car l'ouverture de la Trésorerie centrale du Gabon n'est intervenue qu'en 1965, soit cinq années après l'accession de ce pays à l'indépendance. Jusqu'à cette date, la gestion du Trésor gabonais était assurée par le Trésor français, en vertu de la convention du 22 mars 1960 définissant les relations entre les deux administrations. Cette convention, qui a placé le Trésor gabonais sous la double tutelle des

---

[204] Pour plus de détails, voir M. Bouvier, M.-C. Esclassan et J.-P. Lassale, *Finances publiques*, op. cit., pp. 517 et s.

autorités françaises et gabonaises[205], est restée en vigueur jusqu'en 1965, avant de céder la place au décret n° 00295 du 25 septembre 1965 portant organisation du Service du Trésor gabonais, lequel a théoriquement consacré l'affranchissement de cette administration du Trésor public français. D'autres textes précisant ses attributions ont été édictés ultérieurement. Il s'agit notamment :

- du décret 1207/PR/MINECOFIN du 17 novembre 1977 portant attributions et organisation du Ministère de l'économie, des finances et des participations ;

- du décret n° 1563/PR/MFEBP du 28 décembre 1995 portant création, attributions et organisation de la Direction générale de la comptabilité publique et de la Direction générale des services du Trésor ;

- du décret n° 790/PR/MBCPFPRE du 3 novembre 2010 portant réorganisation de la Direction générale des services du Trésor ;

- du décret n° 280/PR/MBCP du 22 août 2014 portant création et organisation de la Direction générale de la comptabilité publique et du Trésor.

Aux termes de l'article 2 de ce dernier texte, la Direction générale de la comptabilité publique et du Trésor a pour missions de traiter des questions relatives à la comptabilité publique, à l'exécution du budget et à la gestion de la trésorerie de l'Etat[206]. Ces missions renvoient aux différentes fonctions que remplit aujourd'hui le Trésor public.

B – Les fonctions du Trésor public

228. L'histoire des finances publiques enseigne que l'administration du Trésor assure deux types de fonctions ; les unes sont considérées comme des fonctions traditionnelles tandis que les autres apparaissent comme de nouvelles fonctions.

---

[205] Pour une appréciation générale de l'évolution du Trésor public en Afrique francophone subsaharienne, voir D. Bouley, J. Fournel et L. Leruth, *Comment fonctionnent les systèmes du Trésor dans les pays francophones de l'Afrique subsaharienne ?*, Revue de l'OCDE sur la gestion budgétaire, 2003, vol. 2, n° 4, p. 57-95.

[206] Le contenu de ces trois missions est détaillé par les articles 3, 4 et 5 du même décret.

1 – Les fonctions traditionnelles

229. Il s'agit, d'une part, de l'exécution de la loi de finances et, d'autre part, de l'information des autorités sur l'état de la trésorerie publique. L'exécution de la loi de finances consiste à assurer de façon soutenue le recouvrement des recettes en vue de garantir le paiement des dépenses. Quant à la fonction d'information, elle a pour finalité de mettre à la disposition des autorités compétentes des renseignements permettant à tout moment d'apprécier la situation et l'évolution de la trésorerie de l'Etat. Ce dernier peut, dès lors, agir en parfaite connaissance de cause et faire face à ses obligations, en tenant compte des moyens financiers disponibles.

2 – Les nouvelles fonctions

230. Avec l'avènement de l'Etat moderne, le Trésor public a vu ses missions s'accroître, ce qui l'amène à exercer deux nouvelles fonctions : la fonction de banquier, d'une part ; la fonction de régulateur du marché financier et monétaire, d'autre part.

a) La fonction de banquier

231. En tant que banquier, le Trésor public gère des comptes et reçoit des dépôts de divers organismes publics ou privés appelés correspondants du Trésor.

Selon l'article 115 du décret du 8 février 2016 portant règlement général sur la comptabilité publique au Gabon, les correspondants du Trésor sont des personnes morales et les particuliers qui, soit en application des textes en vigueur, soit en vertu de conventions, déposent des fonds au Trésor. Certains correspondants du Trésor le sont à titre obligatoire : c'est notamment le cas des établissements publics nationaux, des collectivités locales et des établissements publics locaux. Ils sont tenus de déposer l'intégralité de leurs fonds dans les caisses du Trésor, conformément à l'article 60 de la loi organique de 2015 relative aux lois de finances et à l'exécution du budget. En contrepartie, ils peuvent effectuer des opérations de recettes et de dépenses par l'intermédiaire des comptables publics de l'Etat, notamment ceux nommés auprès de leurs administrations. En outre, indépendamment des subventions que certains organismes reçoivent de l'Etat, celui-ci peut leur accorder sa garantie financière ou son aval lorsqu'ils émettent des emprunts d'une durée inférieure à cinq ans[207].

En dehors des correspondants obligatoires, il existe des correspondants à titre facultatif qui déposent leurs fonds au Trésor à la suite d'une convention passée avec l'Etat.

L'argent émanant ainsi des correspondants du Trésor garantit à l'Etat d'importantes réserves de fonds. L'Etat peut dès lors se passer des moyens de financement exceptionnels tels que les emprunts publics ou les avances de la Banque centrale, car ces moyens s'apparentent à la création de monnaie et sont susceptibles d'alimenter l'inflation.

Les développements qui précèdent montrent que l'Etat parvient, par le biais des correspondants du Trésor, à ramener dans les caisses publiques les liquidités qui en sont sorties à l'occasion des dépenses publiques. Dans un Etat moderne, il est important que l'argent public injecté dans l'économie revienne d'une façon ou d'une autre dans les caisses du Trésor. Cette réappropriation de l'argent public par le Trésor public est devenue possible grâce à un dispositif spécial conçu au XXe siècle et qui a reçu la dénomination de ‘‘phénomène du circuit’’. L'Etat doit tout mettre en œuvre pour assurer la fermeture du circuit afin de disposer en permanence de liquidités suffisantes[208].

La figure n°3 ci-après donne une idée du fonctionnement de ce circuit du Trésor.

---

[207] Voir à ce sujet les dispositions de l'article 62 de la loi organique de 2015. Il convient toutefois de préciser que cette limite de cinq ans ne s'applique pas aux garanties données par l'Etat aux prêts accordés par les bailleurs de fonds internationaux.

[208] Voir à ce sujet M. Bouvier, M.-C. Esclassan et J.-P. Lassalle, *Finances publiques*, op. cit. p. 535.

Figure n° 3 : Le circuit du Trésor

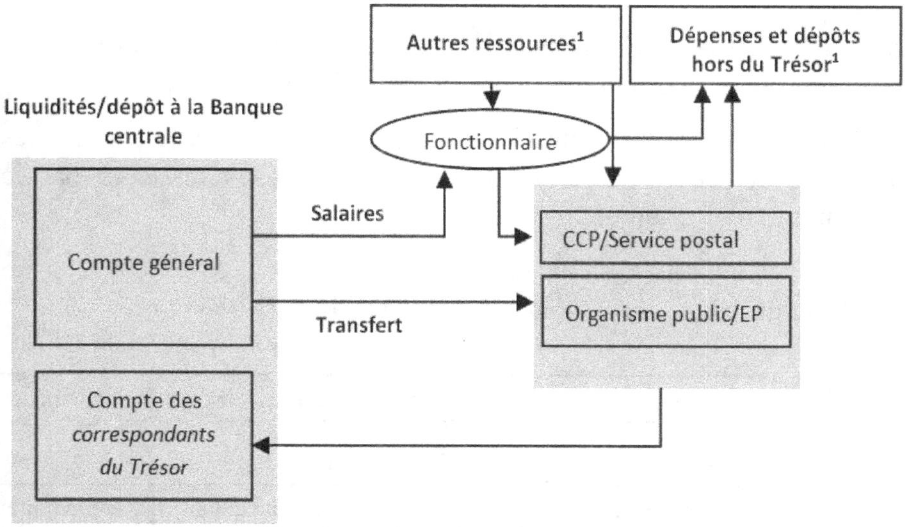

1. Les dépenses et les dépôts *hors circuit du trésor* sont des fuites du *circuit* et épuisent ses ressources. Par ailleurs, d'autres ressources recueillies par les *correspondants du trésor* hors du *circuit du trésor* viennent s'ajouter aux liquidités de ce que l'on appelle parfois les *deniers du Trésor.*

Source : D. Bouley, J. Fournel et L. Leruth, « Comment fonctionnent les systèmes du Trésor dans les pays francophones de l'Afrique subsaharienne ? », in Revue de l'OCDE sur la gestion budgétaire, 2003, vol. 2, n° 4, p. 78.

b) La fonction de régulateur du marché financier et monétaire

232. Elle se situe dans le prolongement de la fonction de banquier. Avec l'aide de ses correspondants, le Trésor s'efforce en effet de drainer vers les caisses publiques la masse monétaire en circulation. En confiant cette deuxième mission au Trésor, l'Etat souhaite atteindre deux objectifs : d'une part, juguler l'inflation ; d'autre part, orienter l'épargne publique et privée vers des investissements productifs susceptibles de stimuler la croissance et de contribuer au développement du pays.

Il ressort de ce qui précède que de nombreux acteurs interviennent dans l'exécution du budget de l'Etat. Mais quels que soient la nature et le niveau de leur intervention, ils doivent tous se soumettre aux procédures et aux modalités d'exécution du budget prescrites par la loi.

SECTION 2 – LES PROCEDURES ET LES MODALITES D'EXECUTION DU BUDGET

233. La procédure classique d'exécution des recettes et des dépenses de l'Etat passe par plusieurs étapes schématisées par le diagramme n° 3 ci-après

<u>Diagramme n° 3</u> : *Les différentes étapes de la procédure classique d'exécution des recettes et des dépenses de l'Etat*

RECETTE	Constatation	Liquidation	Ordonnancement	Paiement
	PHASE ADMINISTRATIVE	PHASE COMPTABLE		
DEPENSE	Engagement	Liquidation	Ordonnancement	Recouvrement

234. On s'intéressera d'abord à l'exécution des recettes (§ 1), avant d'évoquer l'exécution des dépenses (§ 2).

§ 1 – L'exécution des recettes

235. Elle obéit à une procédure classique découlant du principe de la séparation des ordonnateurs et des comptables (A). Cette procédure comporte néanmoins quelques dérogations (B).

A – La procédure classique d'exécution des recettes

236. Elle se déroule en deux phases : la phase administrative, d'une part, et la phase comptable, d'autre part.

1 – La phase administrative

237. Elle relève de la compétence de l'ordonnateur et comporte trois opérations successives : la constatation de la recette, sa liquidation et son ordonnancement.

a) La constatation de la recette

238. D'après l'article 52 du décret du 8 février 2016 portant règlement général sur la comptabilité publique, « les recettes de l'Etat comprennent les produits d'impôts, de taxes, de droits et les autres produits institués par les lois et règlements en vigueur ou résultant de décisions de justice ou de conventions ».

Ce texte est un peu moins précis que la directive de la CEMAC relative au règlement général sur la comptabilité publique[209], dont l'article 34 classe les recettes de l'Etat en quatre grandes catégories :

- Recettes fiscales (impôts, taxes, droits et autres prélèvements obligatoires) ;
- Dons, legs et fonds de concours ;
- Cotisations sociales ;
- Autres recettes (revenus de la propriété, ventes de biens et services, amendes, pénalités et confiscations, transferts volontaires autres que les dons, recettes diverses).

La constatation a d'abord pour objet d'identifier la recette à percevoir. Elle vise ensuite à s'assurer de la légalité de cette recette. L'ordonnateur ne saurait en effet - au risque de commettre un délit de concussion et d'engager sa responsabilité personnelle - prescrire au comptable le recouvrement d'une recette non autorisée par les lois et règlements en vigueur, par une décision de justice ou par une convention. Le comptable engagerait aussi sa responsabilité personnelle s'il donnait suite à un ordre de recette indûment émis par l'ordonnateur.

b) La liquidation de la recette

239. Elle consiste à déterminer le montant de la recette à partir des bases de calcul prévues par les textes en vigueur. S'agissant des recettes fiscales par exemple, le calcul de la somme que doit payer le contribuable s'appuie sur la base imposable fixée par le code général des impôts, le code des douanes ou d'autres lois fiscales.

En cas d'erreur de liquidation, l'ordonnateur émet soit un ordre complémentaire de recouvrement, soit un ordre d'annulation ou de réduction de la recette, en indiquant les bases de la nouvelle liquidation.

---

[209] Directive n° 02/11-UEAC-190-22 du 19 décembre 2011.

c) L'ordonnancement de la recette

240. Après la constatation et la liquidation de la recette, l'ordonnateur adresse au comptable assignataire un ordre de recette. Celui-ci peut prendre la forme d'une ordonnance ou d'un mandat de recette selon qu'il émane de l'ordonnateur principal ou d'un autre ordonnateur. Et dans la seconde hypothèse, le terme ordonnancement est remplacé par celui de mandement.

Il convient de préciser que certaines recettes ne font pas l'objet d'un ordre de recette car elles procèdent d'un titre de perception qui est par lui-même exécutoire. C'est notamment le cas des impôts directs qui sont perçus par voie de rôles. Ceux-ci ont en effet force exécutoire et peuvent, en cas de nécessité, donner lieu à la procédure d'exécution forcée.

2 – La phase comptable : le recouvrement de la recette

241. Elle est du ressort du comptable public et ne comporte qu'une seule opération qui est le recouvrement de la recette.

A l'issue de la phase administrative, les actes formant titre de perception de la recette sont notifiés au comptable assignataire par l'ordonnateur, en vue de leur prise en charge. Le comptable doit, à son tour, communiquer aux redevables la date d'échéance et les modalités de règlement de leur dette. Il doit aussi leur indiquer les moyens de contestation et les voies de recours prévus par la loi.

Il importe de préciser que le comptable assignataire est responsable du recouvrement de la totalité des droits liquidés dès la prise en charge par ses soins des titres de perception émis par l'ordonnateur. Il doit justifier l'apurement de ces prises en charge dans les délais et formes prévus par les textes en vigueur. L'apurement résulte soit de recouvrements effectifs[210], soit de l'annulation des droits préalablement liquidés, soit de leur admission en non-valeur.

Pour s'acquitter de leur dette, les redevables ont le choix entre plusieurs modes de règlement : versement d'espèces au guichet du

---

[210] Selon l'article 58 du décret du 8 février 2016 portant règlement général sur la comptabilité publique, le recouvrement d'une créance peut être suspendu ou abandonné. Il peut aussi faire l'objet d'une remise de dette, d'une transaction ou d'une adhésion à concordat.

comptable public ; remise de chèques ou d'effets bancaires ; versement ou virement dans l'un des comptes disponibles ouverts au nom du comptable. Dans des cas expressément prévus par les textes en vigueur, les redevables peuvent aussi s'acquitter de leur dette par dation en paiement, par remise de valeurs, de timbres, de formules ou fournitures, d'effets de commerce ou d'obligations cautionnées. Ils peuvent enfin fournir des prestations en nature.

Sauf dispositions contraires de la loi, le débiteur d'une créance publique ne peut invoquer à son profit la compensation. Il est par conséquent tenu de s'acquitter de l'intégralité de sa dette. Il faut souligner qu'en cas de nécessité, le comptable peut procéder au recouvrement forcé de la créance. Celui-ci est toutefois précédé d'une tentative de recouvrement amiable.

B – Les dérogations à la procédure classique d'exécution des recettes

242. Elles visent à simplifier et à accélérer le recouvrement des recettes pour permettre à l'Etat de disposer, en temps voulu, des moyens nécessaires à son action. Certaines recettes sont ainsi perçues par versement spontané du redevable, sans que ce versement soit précédé d'un titre de recette émis par l'ordonnateur. Ce dernier intervient donc a posteriori, à la demande du comptable, pour établir un titre de régularisation.

Il faut aussi relever le fait que des agents publics n'ayant pas la qualité d'ordonnateur peuvent procéder à la constatation et à la liquidation des recettes. C'est notamment le cas en matière fiscale où la plupart des impôts sont constatés (évaluation de l'assiette) et liquidés par des agents du fisc. Il en est de même des amendes infligées aux contrevenants au code de la route ; la constatation et de la liquidation de ces amendes sont effectuées par des policiers ou des gendarmes qui en assurent même parfois le recouvrement.

§ 2 – L'exécution des dépenses

243. Elle obéit à une procédure classique découlant du principe de la séparation des ordonnateurs et des comptables. On commencera par présenter cette procédure (A), avant d'évoquer les dérogations dont elle est l'objet (B).

A – La procédure classique d'exécution des dépenses

244. Comme en matière de recettes, la procédure d'exécution des dépenses comporte deux phases : la phase administrative, d'une part, et la phase comptable, d'autre part.

1 – La phase administrative

245. Elle relève de la compétence de l'ordonnateur et se décompose en trois opérations successives : l'engagement de la dépense, sa liquidation et son ordonnancement.

a) L'engagement de la dépense

246. D'après l'article 21 du décret du 8 février 2016 portant règlement général sur la comptabilité publique, l'engagement revêt un double aspect juridique et comptable. Au plan juridique, c'est l'acte par lequel l'ordonnateur crée ou constate à l'encontre de l'Etat une obligation dont résultera une charge. Du point de vue comptable, l'engagement consiste à s'assurer de la disponibilité des crédits et à les réserver, par précaution, préalablement à l'engagement juridique.

Les engagements concernent plusieurs catégories de dépenses et procèdent de divers actes pris ou conclus par l'Etat. Il s'agit :

- en matière de dépenses de personnel, des décisions prises par les autorités compétentes concernant la situation de chaque agent ;
- en matière d'achats de fournitures, de l'exécution de travaux ou de la prestation de services, de l'établissement d'une commande ou de la passation d'une convention de marché ;
- en matière d'acquisition immobilière, de la passation d'un contrat ou la prise d'un acte d'expropriation ;
- en matière de subventions et secours, des décisions prises par les autorités compétentes ;
- en matière de charges liées à l'exécution des opérations de trésorerie, des décisions du ministre chargé du budget ;
- en matière d'indemnisation, des décisions des autorités administratives ou judiciaires.

L'engagement doit préciser l'imputation de la dépense, c'est-à-dire la ligne budgétaire devant en assurer la couverture, conformément aux dispositions de la loi de finances et à la nomenclature budgétaire de l'Etat. L'engagement doit, en outre, rester dans la limite des autorisations budgétaires votées par le parlement. Il doit enfin obtenir les visas prévus par les textes en vigueur, notamment celui du contrôleur budgétaire.

b) La liquidation de la dépense

247. Elle a pour objet de vérifier la réalité de la dette de l'Etat et d'arrêter le montant de la dépense qui en découle. La liquidation ne peut être faite qu'au vu des titres et pièces constituant la preuve des droits acquis par le créancier. En ce qui concerne, par exemple, les fournitures, services et travaux, les titres et pièces exigés pour la liquidation de la dépense sont constitués par les documents suivants : conventions de marchés ; mémoires ou factures décrivant les livraisons, services ou travaux effectués ; procès-verbaux de réception ou certificats de service fait, dûment signés soit par l'ordonnateur, soit par le responsable du service technique de l'administration ou de l'organisme public concerné.

A l'exception des avances et des paiements préalables autorisés par les textes en vigueur, l'ordonnateur ne peut arrêter les droits du créancier qu'après constatation du service fait, c'est-à-dire lorsqu'il est établi que le créancier a rempli la totalité de ses obligations.

c) L'ordonnancement de la dépense

248. C'est l'acte par lequel l'ordonnateur prescrit au comptable assignataire de régler la dette de l'Etat, conformément aux formalités déjà effectuées en amont, dans le cadre de l'engagement et de la liquidation de la dépense. Comme en matière de recettes, l'ordonnancement peut prendre la forme d'une ordonnance ou d'un mandat de paiement, selon qu'il émane de l'ordonnateur principal ou d'un autre ordonnateur. Dans tous les cas, l'imputation budgétaire de la dépense ainsi que son montant doivent être clairement indiqués.

2 – La phase comptable : le paiement de la dépense

249. Elle est du ressort du comptable public et se ramène, comme en matière de recettes à une seule opération qui est le paiement de la dépense. Il s'agit concrètement de l'acte par lequel l'Etat se libère de sa dette.

Avant de procéder au paiement, le comptable doit effectuer plusieurs contrôles portant à la fois sur l'habilitation de l'autorité ayant initié l'engagement de la dépense, l'exactitude de l'imputation budgétaire et la validité de la dette. Celle-ci sous-entend :

- la certification du service fait et l'exactitude des calculs de liquidation de la dépense ;
- la production des documents justificatifs de la dépense ;
- la vérification des visas préalables et des contrôles prévus aux différents stades du circuit de la dépense précédant le paiement ;
- l'absence d'opposition à paiement ;
- l'exacte application des prescriptions, des déchéances et des autres règles en vigueur en matière de paiement des dépenses publiques.

Sauf pour les cas exceptionnels prévus par l'article 92 du décret du 8 février 2016 portant règlement général sur la comptabilité publique, le paiement ne peut intervenir avant l'échéance de la dette, l'exécution du service, la décision d'attribution de subvention, d'allocation ou d'avance.

Si le comptable constate des irrégularités dans le dossier qui lui est transmis, il doit refuser d'y apposer son visa et suspendre le paiement. Il en informe l'ordonnateur aux fins de régularisation, en lui adressant une déclaration écrite et motivée, accompagnée des pièces rejetées. L'ordonnateur peut toutefois contourner ce refus au moyen d'une réquisition de payer adressée par écrit au comptable. L'acte de réquisition a pour effet de transférer du comptable à l'ordonnateur la responsabilité du paiement de la dépense en cause.

Cependant, le comptable n'est pas tenu de déférer à la réquisition de l'ordonnateur lorsque la suspension du paiement est motivée par :

- l'indisponibilité des crédits ;
- l'absence de certification du service fait ;
- le caractère non libératoire du règlement ;
- l'absence de visa de l'ordonnance de paiement par le contrôleur budgétaire.

Selon l'article 97 du décret du 8 février 2016, les créances non payées dans un délai de quatre ans, à partir du premier jour de l'année suivant celle au cours de laquelle les droits ont été acquis, sont frappées de prescription. Cette disposition ne concerne pas cependant les créances dont la liquidation, l'ordonnancement et le paiement n'ont pas été effectuées dans les délais légaux du fait de l'administration ou par suite d'action en justice.

Sauf disposition contraire des textes en vigueur, le paiement peut être effectué par remise d'espèces, de chèques, ou par virement bancaire sur un compte ouvert dans les écritures du Trésor public. Préalablement à tout paiement, le comptable doit opérer la compensation légale au cas où le bénéficiaire serait en même temps redevable d'une dette envers l'Etat. Il est en outre tenu de vérifier les droits et qualité du bénéficiaire ainsi que la régularité de son acquit. A cet effet, il doit exiger du bénéficiaire la production de toutes justifications utiles.

La figure n° 4 ci-après donne une idée du processus d'exécution des dépenses publiques.

Figure n° 4 : Processus d'exécution des dépenses d'achat des biens et des services

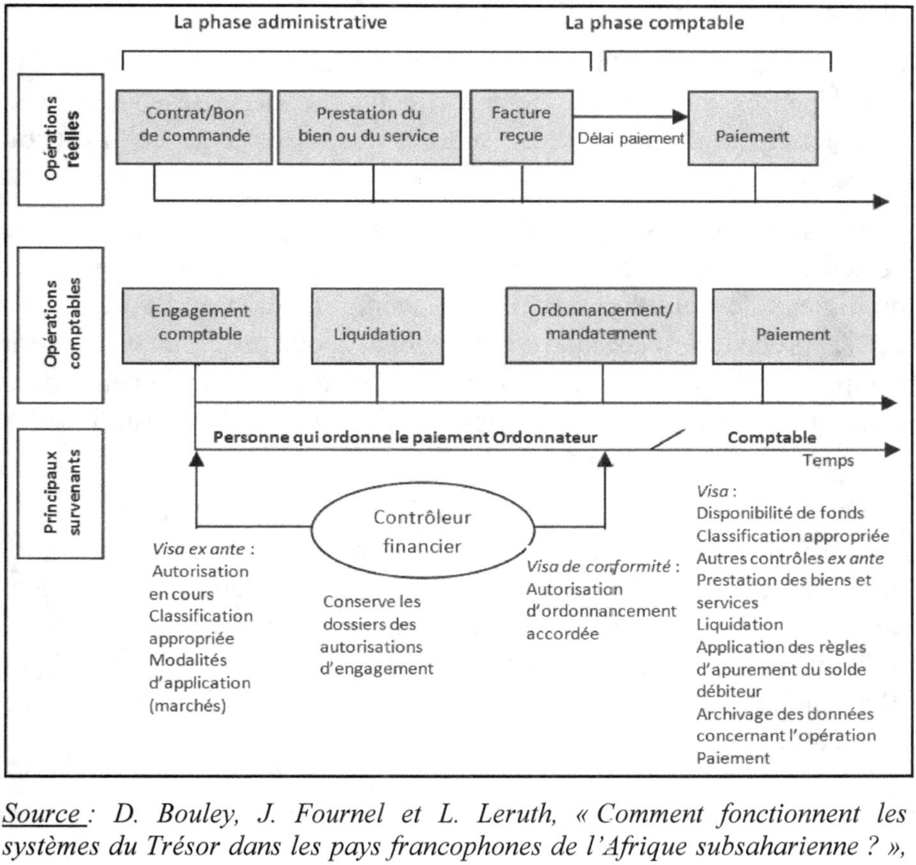

Source : *D. Bouley, J. Fournel et L. Leruth, « Comment fonctionnent les systèmes du Trésor dans les pays francophones de l'Afrique subsaharienne ? »*, in Revue de l'OCDE sur la gestion budgétaire, 2003, vol. 2, n° 4, p. 62.

B – Les dérogations à la procédure classique d'exécution des dépenses

250. En considération de leur nature ou de leur montant, certaines dépenses, dont la liste est arrêtée par le ministre du budget, peuvent être payées sans ordonnancement. C'est notamment le cas des dépenses couvertes par les crédits évaluatifs. Elles peuvent être payées sans ordonnancement, dans les conditions fixées par arrêté du ministre du budget. Dans ce cas, le comptable se réfère uniquement aux éléments de liquidation fournis par l'ordonnateur.

D'autres dépenses peuvent être payées avant ordonnancement, en attendant leur régularisation par l'ordonnateur. Tel est, par exemple, le cas des dépenses courantes payées par le comptable public pour garantir la continuité du service public ; les montants décaissés à cet effet sont généralement assez limités. Il en est de même des menues dépenses payées par le comptable ou le régisseur d'avances pour répondre à des situations d'urgence.

Le dernier cas de dérogation à la procédure classique d'exécution des dépenses qu'on doit retenir est celui des dépenses qui exigent l'établissement formel d'une ordonnance, sans que celui-ci soit nécessairement un préalable au paiement.

Dans tous les cas, l'objectif visé est la célérité dans le paiement de la dépense. Celle-ci est désormais possible grâce au développement prodigieux de l'outil informatique. La simplification ou l'accélération de la procédure classique a cependant pour effet de relativiser l'importance de l'ordonnancement. Ce qui a finalement pour conséquence de réduire la portée du principe de la séparation des ordonnateurs et des comptables.

Quoiqu'il en soit, la complexité des opérations de recettes et de dépenses, telle qu'elle ressort des développements du présent chapitre, et les risques de malversations qui en découlent, rendent absolument nécessaire l'encadrement de ces opérations. Cet encadrement, qu'assurent déjà les principes budgétaires et les procédures d'exécution des opérations budgétaires, est renforcé par le contrôle de l'exécution du budget.

CHAPITRE 2

LE CONTROLE DE L'EXECUTION DU BUDGET

251. L'exécution du budget de l'Etat est soumise à trois types de contrôle : le contrôle administratif, le contrôle juridictionnel et le contrôle parlementaire.

SECTION 1- LE CONTROLE ADMINISTRATIF

252. Il comporte deux variantes : le contrôle hiérarchique et le contrôle organique.

§ 1 – Le contrôle hiérarchique

253. C'est un contrôle organisé au sein de chaque administration. Selon l'article 47 de la loi du 30 janvier 2015 relative à la transparence et à la bonne gouvernance dans la gestion des finances publiques, « les activités et les finances des administrations publiques sont soumises au contrôle des organes internes de l'administration ». Ce contrôle est celui que doit exercer tout supérieur hiérarchique sur les agents placés sous son autorité, notamment ceux impliqués dans la gestion des finances publiques. Il peut s'agir d'un contrôle a priori ou d'un contrôle concomitant.

Le contrôle a priori intervient généralement au début de l'année budgétaire, après la mise à disposition des crédits alloués à chaque entité administrative. Obligation est alors faite à chaque ordonnateur délégué de soumettre à l'ordonnateur principal, c'est-à-dire au ministre, le plan d'utilisation des crédits inscrits dans son budget. Après examen de ce plan, le ministre peut soit l'approuver sans réserve, soit exiger des modifications avant de donner son approbation.

S'agissant du contrôle concomitant, il est exercé quasi quotidiennement, tout au long de l'année budgétaire. Chaque supérieur hiérarchique doit en effet s'assurer du bon usage des moyens financiers et matériels mis à la disposition de ses agents, en vue d'atteindre les objectifs assignés à son administration. A cet effet, des dispositifs de contrôle de gestion et d'audit interne peuvent être mis en place au sein de chaque entité administrative.

§ 2 – Le contrôle organique

254. Il est exercé par des organes de contrôle spécialisés qui peuvent intervenir avant, pendant ou après l'exécution du budget. Il s'agit donc, selon le cas, de contrôles a priori, concomitants ou a posteriori. Effectués sur pièces et sur place, ces contrôles peuvent être programmés à l'avance ou déclenchés inopinément par l'un des trois organes de contrôle suivants : la Direction générale du budget et des finances publiques ; le Contrôle général d'Etat et l'Inspection générale des finances.

A – Le contrôle exercé par la Direction générale du budget et des finances publiques

255. Ce contrôle était, à l'origine, assuré par des agents relevant de la Direction générale du contrôle financier et portant le titre de contrôleurs financiers. Nous nous intéresserons d'abord à la genèse de la Direction générale du budget et des finances publiques, avant d'évoquer les missions de contrôle qui lui sont prescrites.

1 – La genèse de la Direction générale du budget et des finances publiques

256. Il faut remonter à la création du contrôle financier pour retrouver les origines de la Direction générale du budget et des finances publiques. C'est en 1977 que le contrôle financier a été institué au Gabon[211]. En 2011, la Direction générale du contrôle financier devient la Direction générale du contrôle des ressources et des charges publiques[212] tandis que les contrôleurs financiers prennent la dénomination de contrôleurs budgétaires l'année suivante[213]. En 2015, la Direction générale du contrôle des ressources et des charges

---

[211] Cf. décret n° 1377/PR/MINECOFIN/PART du 24 décembre 1977 fixant le régime général du contrôle financier.

[212] Cf. décret n° 1402/ du 6 décembre 2011 portant création et organisation de la Direction générale du contrôle des ressources et des charges publiques.

[213] Cf. décret n° 173/PR/MBCPFPRE du 7 mai 2012 portant création et organisation de la Direction générale du contrôle des ressources et des charges publiques.

publiques disparaît au profit de la Direction générale du budget et des finances publiques[214].

Née de la fusion de trois entités administratives préexistantes (Direction générale du budget, Direction générale des marchés publics et Direction générale du contrôle financier), la Direction générale du budget et des finances publiques présente une certaine singularité car elle intervient aussi bien dans la procédure d'attribution des marchés publics que dans le contrôle de l'exécution des dépenses liées à ces marchés. Cette position de juge et partie qu'occupe la Direction générale du budget et des finances publiques amène plusieurs observateurs à douter de l'objectivité de ses décisions et de l'efficacité de ses contrôles. Ces doutes ne semblent pas totalement infondés, au regard des irrégularités observées dans l'attribution de nombreux marchés publics, d'une part [215], et du laxisme affiché par certains contrôleurs budgétaires dans l'exercice de leurs fonctions, d'autre part.

2 – Les missions de contrôle de la Direction générale du budget et des finances publiques

257. Ces missions sont assurées par des contrôleurs budgétaires. A cet effet, un contrôleur budgétaire est nommé auprès de chaque ordonnateur par le ministre du budget.

Nous verrons, dans un premier temps, les tâches assignées au contrôleur budgétaire dès la mise en place du budget (*a*), puis pendant l'exécution du budget (*b*). Nous nous intéresserons ensuite aux différentes missions d'assistance et de conseil qui incombent au contrôleur budgétaire (*c)* et qui visent à améliorer la gestion des finances publiques. Nous évoquerons enfin les droits, les obligations et la responsabilité du contrôleur budgétaire dans l'exercice de ses fonctions (*d*).

---

[214] Cf. décret n° 58/PR/MBCP du 16 janvier 2015 portant création et organisation de la Direction générale du budget et des finances publiques.

[215] Entre, 2010 à 2016, plusieurs marchés publics ont été attribués de gré à gré, au mépris des principes fondamentaux de la commande publique et de la procédure d'appel d'offres à laquelle ces marchés auraient dû être soumis. Or, la procédure d'appel d'offres est la seule à pouvoir garantir l'objectivité et la transparence dans le choix des entreprises soumissionnaires.

a) Les tâches à accomplir dès la mise en place du budget

258. Dès la mise en place du budget, le contrôleur budgétaire est astreint à un certain nombre de tâches. Il doit notamment :

- viser le document de répartition initiale des crédits et emplois ainsi que le document prévisionnel de gestion des emplois et des crédits ;

- émettre un avis sur le caractère soutenable de la programmation des engagements de dépenses ;

- attirer l'attention de l'ordonnateur sur les conséquences que les mesures envisagées et les actes projetés pourraient avoir sur les finances publiques.

b) Les contrôles à effectuer pendant l'exécution du budget

259. Pendant l'exécution du budget, le contrôleur budgétaire doit :

- exercer un contrôle a priori sur les propositions d'engagement de dépenses qui lui sont transmises par l'ordonnateur principal et par les ordonnateurs délégués ;

- assurer le suivi des engagements de dépenses, en veillant au respect des autorisations budgétaires votées par le parlement ;

- contrôler les opérations de dépenses dispensées de visa ou d'avis.

L'examen de chaque dossier doit normalement amener le contrôleur budgétaire à apposer un visa préalable sur les propositions d'engagement de dépense initiées par l'ordonnateur principal ou par les ordonnateurs délégués[216]. Mais il doit auparavant s'assurer du respect des prescriptions légales suivantes :

- conformité aux autorisations parlementaires des projets d'engagement de dépense initiés par l'ordonnateur ;

- exactitude de l'imputation de la dépense ;

- disponibilité des crédits ;

- conformité des prix pratiqués à la mercuriale en vigueur ;

- exactitude des calculs de liquidation de la dépense ;

---

[216] Le contrôleur budgétaire assure également le contrôle a posteriori des opérations dispensées de visa ou d'avis.

- stricte application des lois et règlements en vigueur en matière de dépenses publiques.

D'après l'article 67, alinéa 1er, de la loi organique de 2015, le contrôleur budgétaire accorde son visa préalable aux propositions d'engagement ne souffrant d'aucune irrégularité. Les propositions entachées d'irrégularités doivent, en revanche, être rejetées. En cas de désaccord persistant avec l'ordonnateur, le contrôleur doit en référer au ministre du budget qui peut éventuellement accorder par écrit une autorisation permettant de passer outre le refus de visa. Cette autorisation, qui a pour effet de substituer la responsabilité du ministre à celle du contrôleur budgétaire, doit être annexée au dossier de paiement transmis au comptable public. Une copie de ladite autorisation est adressée, pour information, à la Cour des comptes.

c) Les missions d'assistance et de conseil du contrôleur budgétaire

260. Elles consistent à :

- évaluer les circuits et procédures des dépenses publiques ;
- analyser les déterminants de la dépense ;
- assister les services gestionnaires dans la mise en œuvre de la loi organique relative aux lois de finances et à l'exécution du budget ;
- coordonner l'action des autorités chargées du contrôle budgétaire dans les services déconcentrés du ministère (ou institution) auprès duquel il est placé ;
- promouvoir le développement du contrôle interne ;
- évaluer la qualité et l'efficacité du contrôle interne et du contrôle de gestion mis en œuvre par les ordonnateurs principaux et les ordonnateurs délégués[217] ;
- rédiger, à l'intention de l'ordonnateur principal et des autres autorités budgétaires du ministère (ou de l'institution) auprès duquel il est placé, un rapport annuel sur l'exécution du budget et l'analyse de la situation financière ;

---

[217] La BOP ayant pour *credo* la performance dans la gestion des finances publiques, et pour source d'inspiration les règles de management du secteur privé, le contrôle budgétaire doit désormais être complété par le contrôle de gestion, le contrôle interne et l'audit interne.

- assurer, pour le compte du ministre du budget, la centralisation de la comptabilité budgétaire du ministère (ou de l'institution) auprès duquel il est placé.

d) Les droits, les obligations et la responsabilité des contrôleurs budgétaires

261. Les contrôleurs budgétaires sont soumis, dans l'exercice de leurs fonctions, au régime des droits, obligations, interdictions et incompatibilités applicable aux ordonnateurs et aux comptables publics, sous réserve de la spécificité de chaque fonction. Il importe, à ce propos, de préciser que les fonctions de contrôleur budgétaire sont incompatibles avec celles d'ordonnateur et de comptable public.

D'après l'article 89, alinéa 3 de la loi organique de 2015, la responsabilité personnelle du contrôleur budgétaire est engagée si les infractions commises par l'ordonnateur auprès duquel il est placé ont été rendues possibles par une défaillance des contrôles dont il a la charge.

B- Le rôle du Contrôle général d'Etat

262. Pour comprendre l'essence et la finalité du Contrôle général d'Etat, il faut d'abord s'intéresser à sa genèse avant de se pencher sur son organisation et ses missions.

1 – La genèse du Contrôle général d'Etat

263. Le Contrôle général d'Etat a été institué au Gabon à la fin des années 70 par l'ordonnance n° 21/79/PR du 14 avril 1979. Placé sous l'autorité directe du président de la République, mais dépourvu de moyens de travail conséquents, il n'a jamais été en mesure de remplir correctement ses missions.

Pour autant, le Contrôle général d'Etat prend un nouveau départ au début des années 2000, par suite de sa transformation en département ministériel[218]. Mais le ministère du contrôle d'Etat ne connaîtra pas un meilleur sort que l'entité administrative originelle qu'il a remplacée, puisqu'il sera finalement supprimé. Il faudra attendre le décret n°

---

[218] Voir à ce sujet le décret n° 501/PR/MCEILPLC du 1er août 2002 portant attributions, organisation et fonctionnement du ministère du contrôle d'Etat, des inspections, de la lutte contre la pauvreté et de la lutte contre la corruption.

857/PR/PM du 2 décembre 2009[219] pour que le Contrôle général d'Etat sorte à nouveau de son hibernation. Deux années plus tard intervient le décret n° 1020/PR/MRPICIRNDH du 24 août 2011 portant réorganisation du contrôle général d'Etat. Ce texte est à son tour abrogé par le décret n° 219/PR/PM du 4 juin 2012[220] dont l'article 2 consacre l'intégration du Contrôle général d'Etat dans les services du Premier ministre.

Les développements qui précèdent témoignent de la longue odyssée du Contrôle général d'Etat qui est, depuis sa création, une administration en quête de repères et de stabilité.

2 – L'organisation et les missions du Contrôle général d'Etat

264. L'organisation du Contrôle général d'Etat est définie par le décret du 4 juin 2012 précité. Selon l'article 5 de ce décret, le Contrôle général d'Etat est placé sous l'autorité du Premier ministre et comprend trois inspections générales : l'inspection générale de l'administration, l'inspection générale technique et l'inspection générale des finances.

265. S'agissant des missions du Contrôle général d'Etat, elles découlent également des dispositions du décret du 4 juin 2012. Selon l'article 2 de ce texte, le Contrôle général d'Etat doit veiller, par ses contrôles, audits et conseils, à la mise en œuvre d'une gestion rigoureuse et efficace des services publics, des finances publiques et du patrimoine des collectivités publiques, ainsi qu'à la modernisation de l'administration. A ce titre, il a essentiellement pour mission de :

- contrôler l'exécution du budget de l'Etat, des budgets des collectivités territoriales, des établissements publics et des organismes de toute nature faisant appel, directement ou indirectement, au concours financier de l'Etat ou des autres collectivités publiques ;
- effectuer la vérification des opérations des ordonnateurs et des administrateurs de crédits et des matières, ainsi que des comptes des comptables publics, en matière de gestion des deniers, biens et valeurs ;

---

219 Décret portant rattachement du Contrôle général d'Etat aux services du Premier ministre.

220 Décret portant création et organisation du Contrôle général d'Etat.

- proposer toutes mesures propres à assurer une meilleure organisation, en vue de simplifier le fonctionnement et de minorer les charges budgétaires de l'ensemble des services de l'Etat.

Mais plus de trente ans après la création du Contrôle général d'Etat, son utilité est encore sujette à caution et son efficacité reste à prouver.

C - Le rôle de l'Inspection générale des finances

266. Comme pour le Contrôle général d'Etat, nous nous intéresserons d'abord à la genèse de l'Inspection générale des finances avant d'évoquer ses missions.

1 – La genèse de l'Inspection générale des finances

267. La naissance de l'Inspection des finances – qui deviendra plus tard l'Inspection générale des finances - a précédé d'une année celle du Contrôle général d'Etat. Elle procède du décret n° 1207/PR/MINECOFIN du 10 octobre 1978 portant création et fixation du statut particulier du corps de l'Inspection des finances. En 1979, l'Inspection des finances cesse d'être une administration autonome et devient une des composantes du Contrôle général d'Etat sous la dénomination de « Inspection des affaires administratives et financières »[221]. L'année suivante, elle se transforme en inspection générale des finances, à la faveur du décret n° 455/PR/MINECOFIN du 22 avril 1980[222]. Cette dernière appellation a été maintenue par le décret n°219/PR/PM du 4 juin 2012 portant création du Contrôle général d'Etat.

2 – Les missions de l'Inspection générale des finances

268. Aux termes de l'article 13 du décret du 4 juin 2012, « l'Inspection générale des finances exerce des missions de contrôle, d'audit, d'étude, de conseil et d'évaluation en matière économique et financière ». Elle est notamment chargée des tâches suivantes :

---

221 Cf. article 2 de l'ordonnance n° 21/79 du 14 avril 1979 portant création du Contrôle général d'Etat, modifiée par l'ordonnance n° 23/85 du 25 juin1985.

222 Décret portant réglementation du contrôle de l'Inspection générale des finances et fixant les attributions, devoirs et droits des inspecteurs généraux et inspecteurs des finances.

- contrôler l'exécution du budget de l'Etat, des budgets annexes, des comptes spéciaux du Trésor, des budgets des collectivités territoriales et des établissements publics ;
- vérifier et surveiller les opérations des ordonnateurs et administrateurs de crédits, ainsi que les comptes des comptables publics, tant pour les deniers publics que pour les matières ;
- contrôler la gestion des services personnalisés de l'Etat et des organismes d'intérêt public ou reconnus d'utilité publique, afin d'identifier et de prévenir les risques que pourrait engendrer de cette gestion ;
- effectuer des investigations sur d'éventuelles pratiques de corruption ou de délinquance économique ou financière dans les services publics et organismes contrôlés, afin d'y remédier par la prévention ou la répression ;
- évaluer les performances des services publics dans le but d'optimiser la gestion de l'argent public et de veiller aux intérêts patrimoniaux de l'Etat ;
- accompagner la mise en œuvre des grandes orientations comptables et financières de l'Etat, par l'amélioration de la qualité des documents comptables et financiers et le suivi des politiques patrimoniales, en vue de la certification des comptes de l'Etat ;
- proposer toutes mesures susceptibles d'améliorer l'organisation et de simplifier le fonctionnement de l'Etat, dans le but de minorer les charges budgétaires de l'ensemble des services publics ;
- veiller, par des contrôles, audits et conseils, au suivi des services financiers de l'Etat, des collectivités territoriales et des établissements publics, en vue de leur modernisation, au plan méthodologique comme au plan de la qualité et de la programmation des activités ;
- rédiger et publier des rapports à la suite de ses activités de contrôle.

Il ressort de ce qui précède que de nombreuses attributions ont été confiées à l'Inspection générale des finances. Mais à l'instar du contrôle général d'Etat, dont elle n'est qu'un démembrement, l'Inspection générale des finances est, depuis sa création, plongée dans une profonde léthargie qui suscite des interrogations. Celles-ci sont d'autant plus justifiées que de nombreux inspecteurs et inspecteurs généraux des finances ont été nommés au sein de cet organe de contrôle. Mais l'image qu'il renvoie à l'opinion publique est celle d'une sinécure pour certains hauts fonctionnaires triés sur le volet et choisis en fonction de leurs origines, de leur appartenance politique ou d'autres considérations.

SECTION 2- LE CONTROLE JURIDICTIONNEL

269. Il est principalement assuré par la Cour des comptes qui est la plus haute juridiction de l'Etat en matière de contrôle des finances publiques[223]. On s'intéressera d'abord à l'organisation et au fonctionnement de la Cour (§ 1). On analysera ensuite ses compétences et les règles de procédure qui y sont appliquées. (§ 2). On évoquera enfin les décisions et les autres actes qui en sont issues (§ 3).

§ 1 – L'organisation et le fonctionnement de la Cour des comptes

270. Ils découlent des dispositions de la Constitution[224] et de la loi organique n° 11/94 du 17 septembre 1994[225]. Il convient de présenter d'abord l'organisation de la Cour (A) avant d'étudier son fonctionnement (B).

A – L'organisation de la Cour des comptes

271. Pour mener à bien ses missions de contrôle, la Cour des comptes dispose d'un siège et d'un parquet général. Elle s'appuie aussi sur des services administratifs relevant du secrétariat général[226].

1 – Le siège

272. Il est organisé en chambres et dirigé par un premier président. Ce dernier est choisi parmi les magistrats de l'ordre financier justifiant

---

[223] La justice financière repose aussi sur les chambres provinciales des comptes qui, dans leurs circonscriptions respectives, sont chargées du jugement des comptes des comptables publics locaux et du contrôle de la gestion des services publics et des établissements publics administratifs. Une chambre provinciale des comptes est prévue dans chaque chef-lieu de province.

[224] Articles 76 à 77a.

[225] Loi fixant l'organisation, la composition, les compétences, le fonctionnement et les règles de procédure de la Cour des comptes.

[226] Outre le siège, le parquet général et le secrétariat général, la Cour dispose d'une agence comptable chargée, d'une part, du paiement de ses dépenses et, d'autre part, du recouvrement des amendes et des débets qu'elle prononce.

du grade hors hiérarchie[227]. Dans sa configuration actuelle, le siège est constitué de six chambres. Mais ce nombre peut varier d'une année à l'autre en fonction des nécessités de service. Il en est de même des missions assignées aux différentes chambres dont la définition et la répartition doivent s'adapter à l'évolution des besoins et des tâches de la Cour des comptes.

2 – Le parquet général

273. Il est placé sous l'autorité d'un procureur général justifiant, comme le premier président, du grade de magistrat hors hiérarchie dans l'ordre financier.

Le procureur général est assisté de procureurs généraux adjoints et d'avocats généraux. Il dispose aussi d'un secrétariat du parquet. Il a pour mission de :

- veiller à l'application de la loi ;
- exercer le ministère public par voie de réquisitions ou de conclusions écrites ;
- représenter le ministère public, par lui-même ou par ses substituts, à toutes les audiences ou réunions de la Cour ;
- donner son avis sur l'organisation générale des travaux de la Cour ;
- assurer le suivi des décisions de la Cour ;
- rendre compte au président de la République de l'absence ou de l'insuffisance des réponses des ministres aux référés de la Cour.

3 – Le secrétariat général

274. Il est dirigé par un secrétaire général justifiant du même grade que le premier président et le procureur général. Le secrétaire général assure la coordination des services administratifs de la Cour. Il s'agit notamment des services du personnel, du matériel, de la documentation, des archives et du courrier. Le diagramme n° 4 ci-après présente l'organigramme structurel de la Cour des comptes.

---

[227] En plus des magistrats classés hors hiérarchie, la Cour emploie d'autres juges. Il s'agit, suivant un ordre décroissant, des conseillers maîtres, des conseillers référendaires, des auditeurs supérieurs et des auditeurs. Dans l'exercice de leurs fonctions, les magistrats de la Cour des comptes sont assistés par d'autres agents dont les principaux sont les greffiers, les secrétaires de parquet et les assistants de vérification.

Diagramme n° 4 : Organigramme structurel de la Cour des comptes

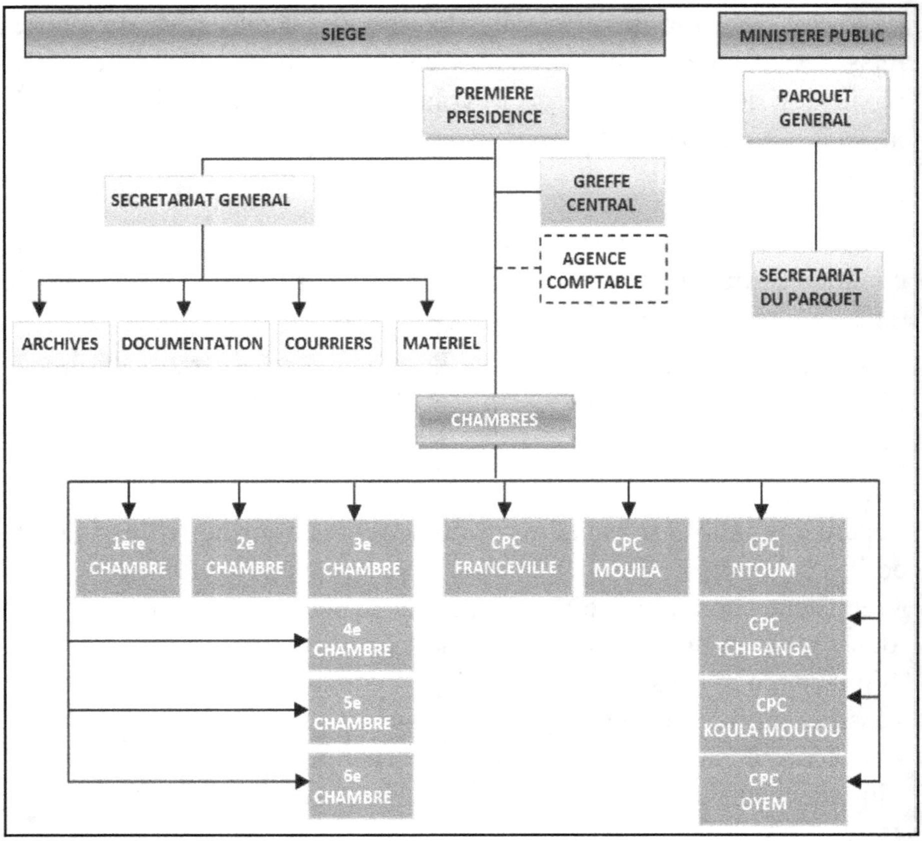

Source : Cour des comptes[228]

B – Le fonctionnement de la Cour des comptes

275. Le travail de la Cour des comptes est réparti entre les différentes chambres qui la composent. En fonction de leur domaine de compétence, selon les nécessités et les circonstances, les chambres siègent séparément ou collectivement dans le cadre des différentes instances prévues par la loi organique de 1994. Il s'agit notamment :

- de la formation de jugement ;

[228] www.ccomptes.ga. La présentation du diagramme telle que conçue par les services de la Cour des comptes a été modifiée et actualisée par l'auteur.

- des chambres réunies ;
- de l'audience solennelle ;
- de la chambre de conseil ;
- du conseil de direction ;
- de l'assemblée générale.

1 – La formation de jugement

276. Elle a pour vocation de rendre des décisions à caractère juridictionnel. Chaque chambre qui se réunit en formation de jugement est composée d'un président et de deux conseillers maîtres. Elle dispose aussi d'un greffe[229].

2 - Les chambres réunies

277. Lorsqu'elle siège toutes chambres réunies, la Cour est composée du premier président, des présidents de chambres, des conseillers maîtres et d'un représentant du ministère public. A cette occasion, elle juge les affaires qui lui sont renvoyées par le premier président sur proposition d'une chambre ou sur réquisition du procureur général. Elle statue notamment sur les recours en révision, les pourvois en cassation ainsi que les appels des décisions rendues par les chambres provinciales des comptes. En chambres réunies, la Cour formule également des avis sur les questions de procédure ou de jurisprudence soumises à son examen, soit par le premier président, soit sur proposition d'une chambre ou sur réquisition du procureur général. Elle doit enfin se prononcer sur les demandes de récusation qui lui sont transmises par le premier président.

3 – L'audience solennelle

278. Elle est présidée par le premier président entouré de tous les magistrats de la Cour. Elle se tient à l'occasion de la rentrée judiciaire, de la prestation de serment des comptables publics, de l'installation des magistrats promus ou de la lecture de la déclaration générale de conformité. Elle est ouverte au public.

---

[229] Le greffe central de la Cour est tenu par un greffier en chef, assisté d'un greffier en chef adjoint et de greffiers.

4 – La chambre du conseil

279. Elle est composée du premier président, des présidents de chambre, des conseillers maîtres, du procureur général ou son représentant. Le secrétaire général de la Cour en assure le secrétariat. En cas d'empêchement, il est remplacé par le greffier en chef.

La chambre du conseil doit se prononcer sur divers documents soumis à son examen. Il s'agit notamment du projet de rapport annuel de la Cour des comptes, du projet de rapport sur l'exécution des lois de finances, du projet de déclaration générale de conformité à adresser au parlement et au gouvernement, des projets de rapports spécifiques sur toute autre question relevant de la compétence de la Cour. La chambre de conseil doit en outre statuer sur toutes les affaires ou questions dont elle est saisie, soit de sa propre initiative, soit à la demande du premier président ou du procureur général.

5 – Le conseil de direction

280. Il est composé du premier président, des présidents de chambre, du secrétaire général, du procureur général ou son représentant. Il est chargé, d'une part, de veiller à l'application du statut des magistrats et, d'autre part, de formuler des avis sur toute question relative à l'organisation et au fonctionnement des services de la Cour.

6 – L'assemblée générale

281. Elle est composée de tous les personnels de la Cour des comptes. Elle se réunit sur convocation du premier président pour débattre de tous les problèmes relatifs aux conditions de travail des agents (magistrats et autres personnels). L'objectif visé est évidemment d'accroître le rendement de chacun et l'efficacité des différents services de la Cour.

§ 2 – Les compétences et les règles de procédure de la Cour des comptes

282. Elles sont définies par l'article 76 de la Constitution, d'une part, et par les articles 38 et suivants de la loi organique de 1994, d'autre part. On étudiera d'abord les compétences de la Cour des comptes avant d'analyser les règles de procédure en vigueur au sein de cette juridiction.

A – Les compétences de la Cour

283. La Cour des comptes a des compétences à la fois juridictionnelles et non juridictionnelles.

1 - Les compétences juridictionnelles

284. Elles permettent à la Cour de juger les comptes des comptables publics ainsi que ceux des comptables de fait. Elles lui donnent aussi le pouvoir de sanctionner les fautes de gestion commises par d'autres agents publics[230].

Lorsque la Cour constate de graves irrégularités à l'occasion des contrôles effectués, elle peut prendre les mesures conservatoires suivantes :

- proposition de suspension de fonction de l'agent incriminé ;
- blocage de ses comptes bancaires ;
- interdiction de sortir du territoire et obligation de se tenir à la disposition de la Cour jusqu'à la clôture du dossier ;
- interdiction d'accomplir certains actes de gestion ;
- proposition de nomination d'un conseil de gestion provisoire.

2 – Les compétences non juridictionnelles

285. Elles sont à la fois consultatives et administratives.

a) Les compétences consultatives

286. Dans le cadre de ses compétences consultatives, la Cour peut être saisie par le président de la République, le gouvernement, le parlement ou toute autre personne morale de droit public afin de procéder à des enquêtes, émettre des avis ou faire des suggestions sur toute question d'ordre financier et comptable. Il en est ainsi en ce qui concerne l'organisation et le fonctionnement des services financiers de l'Etat, des collectivités locales et des organismes publics. Il en de même pour l'orientation de la politique de l'Etat en matière de finances publiques et d'investissement. La Cour peut enfin assister le

---

[230] L'article 75 de la directive de la CEMAC de 2011 relative aux lois de finances donne une énumération des faits constitutifs de faute de gestion. La responsabilité des agents coupables de fautes de gestion est, quant à elle, définie par l'article 89 de la loi organique de 2015 relative aux lois de finances et à l'exécution du budget.

gouvernement ou le parlement dans l'exploitation des communications qui leur sont adressées.

b) Les compétences administratives

287. Dans le cadre de ses compétences administratives, la Cour des comptes assiste le parlement dans le contrôle de l'action gouvernementale. A cet effet, elle doit contrôler :

- l'exécution des lois de finances et en informer le parlement et le gouvernement par un rapport auquel est jointe une certification de la régularité, la sincérité et la fidélité des comptes de l'Etat[231] ;

- les comptabilités administratives des services de l'Etat ;

- les finances de tout organisme créé par l'Etat pour résoudre un problème d'intérêt général ponctuel ;

- la gestion de tout organisme bénéficiant d'un concours financier de l'Etat ou d'une autre personne morale de droit public.

Il importe de préciser que l'exercice des compétences administratives peut déboucher sur l'ouverture de procédures juridictionnelles devant la Cour. Et en cas de nécessité, des poursuites peuvent aussi être engagées devant les juridictions de l'ordre judiciaire ou de l'ordre administratif.

B – Les règles de procédure en vigueur à la Cour des comptes

288. Elles définissent les modalités de la saisine de la Cour. Elles déterminent aussi les différentes étapes de la procédure applicable au sein de cette juridiction. Elles permettent enfin de mieux comprendre les spécificités de cette procédure.

1 – La saisine de la Cour

289. La Cour des comptes peut se saisir d'office de toutes les affaires relevant de sa compétence. Elle peut, en outre, être sollicitée par les institutions de l'Etat, les autres organismes de contrôle, les représentants légaux des administrations publiques ou privées ainsi que par toute personne morale de droit public, en vue d'un contrôle ou

---

[231] Dans le même ordre d'idées, la Cour produit chaque année un rapport faisant état de tous les manquements constatés dans la gestion des finances publiques par les services de l'Etat et des autres organismes publics.

pour avis. Il faut enfin préciser que le dépôt des comptes par tout agent soumis à la compétence de la Cour vaut saisine de cette dernière.

Mais quelles que soient les modalités de la saisine, la procédure applicable au sein de la Cour des comptes passe par différentes étapes qu'il faut analyser.

2 – Les étapes de la procédure

290. Tout procès devant la Cour des comptes comporte deux étapes : la première est celle de la présentation des comptes ; la seconde est celle du jugement des comptes.

a) La présentation des comptes

291. Au terme de chaque exercice budgétaire, les comptables publics doivent présenter leurs comptes à la juridiction financière au plus tard le 30 juin de l'année suivant l'exercice budgétaire auquel ces comptes se rapportent. Le non-respect de ce délai, après une mise en demeure éventuelle du procureur général, peut amener la Cour à infliger au retardataire une amende dont le montant varie entre 50.000 et 500.000 FCFA par mois de retard[232]. En contrepartie, la Cour dispose d'un délai de cinq ans pour juger les comptes de gestion déposés en état d'examen. Si le jugement de la Cour n'intervient pas dans ce délai, le comptable public est déchargé d'office de sa gestion[233].

Lorsque des difficultés particulières ne permettent pas la présentation des comptes dans les délais impartis ou l'apurement de la gestion du comptable, le ministre du budget nomme, à la demande de la Cour, un commis d'office chargé de donner suite aux injonctions, en lieu et place du comptable ou de ses héritiers.

b) Le jugement des comptes

292. La Cour apprécie la régularité et la sincérité des opérations inscrites dans les comptes soumis à son examen. Lorsqu'elle constate

---

[232] Cf. article 141 de la loi organique du 17 septembre 1994 relative à la Cour des comptes.

[233] Cf. article 86 de la loi organique du 21 mai 2015 relative aux lois de finances et à l'exécution du budget.

des irrégularités mettant en cause la responsabilité du comptable, elle rend un arrêt provisoire enjoignant à ce dernier d'apporter la preuve de leur rectification ou de produire des justifications complémentaires. Le comptable dispose d'un délai de deux mois pour répondre aux injonctions de la Cour, sous peine de se voir infliger une amende.

Si le comptable a satisfait aux injonctions formulées par l'arrêt provisoire ou produit toutes les pièces justificatives exigées, la Cour lève les charges retenues contre lui et le déclare quitte de sa gestion. Si, en revanche, les réponses du comptable ne sont pas jugées satisfaisantes, la Cour confirme, par un arrêt définitif, les charges prononcées.

3 – Les spécificités de la procédure

293. Quatre traits spécifiques caractérisent la procédure en vigueur à la Cour des comptes : il s'agit d'une procédure écrite, contradictoire, inquisitoire et secrète.

a) Le caractère écrit de la procédure

294. Il réside dans le fait que de la saisine de la Cour à la clôture du dossier, les travaux sont consignés par écrit. Ce qui signifie que l'agent public mis en cause n'a pas la possibilité de présenter oralement ses moyens de défense. Cette règle comporte toutefois deux exceptions applicables à l'instruction et à l'audience.

Pendant la phase d'instruction, le magistrat rapporteur peut en effet demander au justiciable de venir s'expliquer sur les actes qui lui sont reprochés. Les déclarations orales de ce dernier sont alors consignées dans un procès-verbal d'audition signé par l'intéressé, le magistrat rapporteur et le greffier.

Par ailleurs, la Cour peut inviter à l'audience, pour y être entendue, toute personne dont la déposition peut contribuer à la manifestation de la vérité.

b) Le caractère contradictoire de la procédure

295. La procédure s'ouvre en principe avec l'instruction du dossier par le magistrat rapporteur. Les irrégularités relevées par ce dernier sont ensuite soumises à l'appréciation de la Cour. Au terme de ses délibérations, la Cour rend un arrêt provisoire qui est notifié à l'agent incriminé pour lui permettre de réagir. Ce dernier doit répondre par un mémoire en défense que la Cour analyse avant de rendre un arrêt définitif. Le caractère contradictoire de la procédure est précisément fondé sur ce système de double arrêt (provisoire et définitif). Ce qui garantit le respect des droits de la défense[234].

c) Le caractère inquisitoire de la procédure

296. Pour permettre aux magistrats de la Cour des comptes de mener à bien leurs investigations, la loi leur accorde d'importantes prérogatives. Ils jouissent notamment d'un droit de communication pouvant être exercé à tout moment et en tout lieu. Ils peuvent ainsi accéder à tous les bureaux, locaux et dépendances des organismes contrôlés. Les ordonnateurs, les comptables publics, les autorités de tutelle et toutes les autres personnes concernées sont tenus, sous peine d'amende, de leur communiquer tous les documents et tous les renseignements exigés se rapportant à la gestion des services et organismes contrôlés.

Ce droit de communication s'étend aussi aux établissements et entreprises privés. Ceux-ci doivent en effet fournir aux magistrats de la Cour des comptes tous les renseignements et tous les documents se rapportant aux fournitures, services et travaux effectués au profit d'une administration ou d'un organisme contrôlé.

Les magistrats de la Cour des comptes ont par ailleurs tous pouvoirs pour vérifier les comptes des personnes physiques et morales concernés par les affaires qui leur sont confiées. Il importe de préciser que le secret professionnel ne leur est pas opposable.

Pour autant, lorsque les communications, renseignements et auditions portent sur des sujets ayant un caractère secret et concernent la défense nationale, les affaires étrangères ou la sécurité intérieure de l'Etat, la Cour prend toutes les dispositions nécessaires pour garantir le secret de ses investigations et de ses observations. Il en est de même lorsqu'il s'agit des éléments confidentiels de la gestion industrielle, commerciale ou financière des entreprises soumises au contrôle de la Cour.

---

[234] Voir à ce propos A. Dioukhané, *La procédure du contradictoire dans la procédure de jugement des comptes des comptables publics*, La Revue du Trésor, n° 3-4, mars-avril, 2008, p. 207.

d) Le caractère secret de la procédure

297. Tout au long de la procédure, les magistrats de la Cour des comptes mènent des investigations qui doivent rester confidentielles. Les informations et les renseignements recueillis sont en effet frappés du sceau du secret de l'instruction.

Il convient en outre de préciser que les audiences de la Cour des comptes ne sont pas ouvertes au public. Les débats se déroulent donc à huis clos du début à la fin, sauf en matière de faute de gestion.

Pour autant, le caractère secret de la procédure n'interdit pas à la Cour des comptes de recourir à toute personne dont le témoignage peut contribuer à la manifestation de la vérité.

§ 3 – Les décisions et les actes émanant de la Cour des comptes

298. A l'issue de ses contrôles, la Cour des comptes rend des décisions et prend des actes dont la portée est différente selon qu'ils ont un caractère juridictionnel (A) ou administratif (B).

A – Les décisions et les actes à caractère juridictionnel

299. Ils sont nombreux et interviennent généralement sous forme d'arrêts.

1 – L'arrêt de non-lieu

300. C'est une décision par laquelle la Cour renonce à poursuivre la personne incriminée, en se fondant sur un motif de droit ou une insuffisance des charges. Cette décision entraîne la levée définitive des charges provisoirement retenues à l'encontre du justiciable.

2 – Le déféré

301. C'est une décision qui amène la Cour à saisir d'autres juridictions compétentes parce que la nature des faits en cause exige d'engager des poursuites judiciaires devant ces juridictions.

3 – La déclaration de gestion de fait

302. Elle intervient lorsque la Cour constate qu'une personne n'ayant pas la qualité de comptable public s'est immiscée dans le maniement des deniers publics. Après sa qualification comme comptable de fait, cette personne est soumise aux mêmes obligations que les comptables patents. Elle doit, dès lors, répondre de ses actes et, le cas échéant, subir des sanctions identiques à celles prévues pour les comptables patents.

4 – La déclaration de faute de gestion

303. C'est une décision rendue par la Cour lorsque des infractions à la légalité financière ont été commises (engagements irréguliers, dépassements de crédits, octroi d'avantages indus à autrui ou à soi-même, etc.). L'agent incriminé est alors condamné à payer une amende. A la demande de la Cour, des sanctions disciplinaires ou pénales peuvent également lui être infligées par les autorités ou juridictions compétentes.

5 – L'arrêt de débet

304. Il a pour effet d'engager la responsabilité personnelle et pécuniaire du comptable public incriminé, en mettant à sa charge le montant du déficit constaté dans sa caisse. Le comptable est par conséquent tenu de s'acquitter de sa dette pour obtenir décharge de sa responsabilité et quitus de sa gestion. L'arrêt de débet, qui ne vise pas exclusivement les comptables publics, peut aussi être rendu à l'encontre de toute personne ayant indûment bénéficié des fonds publics. Ce qui permet au Trésor public de récupérer l'argent illégalement soustrait de ses caisses.

6 – L'arrêt d'amende

305. Il met à la charge de la personne condamnée une somme d'argent à verser au Trésor public. Il s'agit donc d'une sanction pécuniaire dont le fondement et la qualification varient en fonction de l'infraction commise. A titre d'exemple, la Cour rend des arrêts d'amende pour gestion de fait, faute de gestion, retard dans la production des comptes, non-réponse dans les délais aux injonctions de la Cour, outrage à l'audience, entrave à l'action de la Cour, etc.

7 – L'arrêt de décharge

306. Il intervient lorsqu'aucune charge n'a été retenue contre le comptable public à l'occasion du jugement de son compte. L'intéressé est ainsi libéré de toute responsabilité personnelle et pécuniaire au titre de la gestion concernée.

8 – L'arrêt de quitus

307. Il accorde un satisfecit au comptable public à la sortie de ses fonctions. Il en est ainsi lorsque la Cour juge sa gestion irréprochable dans tous les postes occupés, car les omissions, irrégularités ou déficits ont été réparés, les débets apurés et, le cas échéant, l'amende ou les amendes payées. L'arrêt de quitus entraîne donc la levée des sûretés constituées par le comptable public à son entrée en fonction.

Il importe de préciser que les arrêts de la Cour des comptes peuvent éventuellement faire l'objet d'un recours en révision, rétractation ou réformation.

Le bilan de la Cour révèle qu'elle a rendu 346 arrêts définitifs entre 1985 et 2015[235]. La nature et la répartition de ces arrêts sont détaillées dans le tableau n° 6 ci-après.

Tableau n° 5 : Nature et répartition des arrêts définitifs rendus entre 1985 et 2015 par la Cour des Comptes

Nature de la décision	Nombre
Arrêts avant dire droit	3
Arrêts de décharge et de quitus	10
Arrêts d'amende pour retard dans la production des comptes	31
Arrêts d'amende pour entrave	16
Arrêts d'amende pour faute de gestion	28
Arrêts de déclaration définitive, d'amende et de débat pour gestion de fait	125
Arrêts définitifs de débet des comptables patents	29
Arrêts de non-lieu	84
Déférés	3
Arrêts de recours en révision	9
Arrêts de recours en rétraction	4
Arrêts de recours en récusation	1
Arrêts de recours en reformation	2
Mainlevées de cautionnement	1
Total	**346**

Source : Greffe central[236]

[235] Il convient de signaler qu'avant 1994, la justice financière était rendue au Gabon par la Chambre des comptes de la Cour Suprême. L'éclatement de celle-ci en 1994 a abouti à la transformation de la chambre des comptes en Cour des comptes.
[236] www.ccomptes.ga.

B – Les décisions et actes à caractère administratif

308. C'est dans le cadre de ses compétences consultatives et administratives que la Cour des comptes prend des décisions et autres actes à caractère administratif. Il s'agit notamment des avis, des rapports, des observations et recommandations, des notes du président, des référés, des lettres de parquet et de la déclaration générale de conformité. A ces actes et décisions majeurs, s'ajoutent deux autres catégories de moindre importance : les décisions pour ordre et les décisions pour mémoire.

1 – Les avis

309. A la demande du président de la République, du gouvernement, du parlement ou de toute autre personne morale de droit public, la Cour formule des avis sur toutes les questions d'ordre financier et comptable relevant de sa compétence. Elle examine également, pour avis, les projets de lois, d'ordonnances et de décrets portant sur l'organisation et le fonctionnement des services financiers de l'Etat, des collectivités et organismes publics.

2 – Les rapports

310. Ils interviennent dans le cadre de la mission d'assistance aux pouvoirs publics prescrite à la Cour des comptes par l'article 48, alinéa 6 de la Constitution. Celui-ci dispose en effet que « la Cour des comptes assiste le parlement et le gouvernement dans le contrôle de l'exécution de la loi de finances ». Les rapports de la Cour permettent ainsi au gouvernement, et surtout au parlement, de disposer des éléments d'information et d'appréciation sur la gestion des finances publiques. Il existe en réalité deux types de rapports : d'une part, le rapport général de la Cour des comptes sur l'exécution des lois de finances ; d'autre part, les rapports spécifiques de la Cour des comptes.

a) Le rapport général sur l'exécution des lois de finances

311. Il est prévu par l'article 76 de la Constitution. A travers ce rapport, la Cour des comptes donne au parlement et au gouvernement son appréciation sur l'exécution du budget. Cette appréciation est d'autant plus utile que « les opérations budgétaires se sont diversifiées et que l'exécution du budget est marquée par de nombreuses modifications des autorisations données par le parlement »[237].

Le rapport général de la Cour des comptes permet ainsi :

- de comparer les prévisions budgétaires avec les réalisations ;

- d'attester de la conformité des opérations budgétaires réalisées aux autorisations budgétaires votées par le parlement ;

- de s'assurer du bon emploi des crédits, fonds et valeurs gérés par les services de l'Etat ;

- de rendre compte de la régularité et de la sincérité des opérations budgétaires réalisées, telles que décrites dans les documents comptables présentés à la Cour.

Le parlement est, dès lors, en mesure de mieux apprécier la façon dont les administrations ont géré les crédits qui leur ont été alloués au cours de l'exercice budgétaire précédent. Ce qui lui permet d'en tirer toutes les conséquences.

b) Les rapports spécifiques

312. Ils interviennent à la suite des enquêtes menées par la Cour des comptes à la demande du président de la République, du gouvernement, du parlement ou de toute autre personne morale de droit public. Ils permettent non seulement de répondre aux préoccupations exprimées par les autorités et les entités concernées, mais également de proposer des orientations et des réformes susceptibles d'améliorer la gouvernance financière desdites entités.

3 – Les observations et les recommandations

313. Parmi les irrégularités constatées au cours des missions de contrôle de la Cour des comptes, certaines retiennent tout particulièrement l'attention des magistrats, en raison de leur gravité ou de leur caractère récurrent. Ces irrégularités sont dénoncées par la Cour à travers des observations qu'elle adresse aux administrations concernées, et qui sont, de surcroît, insérées dans le rapport général sur l'exécution des lois de finances que la Cour publie chaque année.

---

[237] A. Dioukhané, *Les finances publiques dans l'UEMOA – Le budget du Sénégal*, op. cit., p. 245.

En plus des observations, la Cour peut formuler des recommandations à l'intention des administrations défaillantes pour les amener à prendre conscience de leurs manquements et à y remédier. A l'instar des recommandations, les observations sont également insérées dans le rapport général sur l'exécution des lois de finances.

Au total, les observations et les recommandations apparaissent comme des signaux d'alarme envoyés aux gestionnaires des finances publiques qui s'écartent des règles établies en la matière. Plusieurs rapports généraux sur l'exécution des lois de finances révèlent cependant que ces signaux d'alarme ne sont pas toujours suivis d'effet. La persistance des mêmes irrégularités amène donc la Cour à réitérer d'année en année des observations déjà émises antérieurement.

4 – Les notes du président

314. Elles sont rédigées et signées par le premier président, à la demande de la Cour. Elles visent à informer les autorités de tutelle, les directeurs généraux, les directeurs et chefs de services, des irrégularités mineures relevées par les magistrats dans les administrations contrôlées.

Les destinataires de ces notes sont tenus de communiquer à la Cour, dans le délai fixé par cette dernière, les dispositions prises pour faire cesser ces irrégularités. En cas de non-réponse ou de réponse jugée non satisfaisante, un référé est adressé au ministre concerné pour l'amener à remédier à la situation, soit en qualité d'ordonnateur, soit en tant qu'autorité de tutelle.

5 – Les référés

315. Ils émanent du premier président et sont destinés au Premier ministre ou aux ministres concernés, afin de les tenir informés des manquements des ordonnateurs et des autres agents publics relevant de leur administration ou placés sous leur tutelle.

Les référés permettent en outre d'attirer l'attention du Premier ministre ou des ministres concernés sur les lacunes observées dans la réglementation en vigueur ainsi que dans l'organisation administrative et comptable des services de l'Etat.

Enfin, comme cela a déjà été indiqué, les référés ont pour but de dénoncer l'absence ou l'insuffisance des réponses données par certaines administrations aux notes qui leur sont adressées par le premier président de la Cour des comptes.

Les destinataires des référés sont tenus de prendre des mesures appropriées pour faire cesser les errements constatés. Ces mesures doivent être portées à la connaissance de la Cour dans les trois mois suivant la notification du référé. Dans chaque ministère, un fonctionnaire de l'administration centrale, dont l'identité est communiquée à la Cour, est chargé de veiller à la suite donnée aux référés.

Le bilan de la Cour des comptes révèle cependant que les référés, à l'instar des notes du président, sont rarement suivis d'effet, à cause du manque de coopération des autorités et des administrations concernées. L'illustration de ce manque de coopération est donnée par le rapport général de la Cour sur l'exécution de la loi de finances de l'exercice 2005. Ce rapport indique en effet que sur les 48 administrations interpellées, 20 n'ont pas donné suite aux demandes de la Cour, pourtant maintes fois renouvelées[238].

L'inefficacité des référés et des notes du président transparaît enfin à travers le caractère incomplet des réponses données à la Cour. Il suffit de se référer également au rapport général de la Cour sur le contrôle de l'exécution des lois de finances de l'exercice 2005 pour en avoir une parfaite illustration[239].

Le tableau n° 7 ci-après dresse un inventaire des notes du président et des référés émis par la Cour des comptes entre 1985 et 2015.

---

[238] Cf. Cour des comptes, *Rapport général sur le contrôle de l'exécution des lois de finances en vue du règlement du budget de l'exercice 2005*, op. cit. p. 16.
[239] Idem.

Tableau n°6 : Récapitulatif des notes du président et des référés issus de la Cour des Comptes entre 1985 et 2015

Nature de la décision	Nombre
Notes du Président	23
Référés	29
Total	52

Source : Greffe central[240]

6 – Les lettres de parquet

316. Elles émanent du procureur général et interviennent lorsqu'aucune suite n'a été donnée aux référés adressés aux membres du gouvernement par le premier président de la Cour des comptes ou lorsque les réponses reçues ne sont pas jugées satisfaisantes. C'est précisément ce qui ressort de la loi organique du 17 septembre 1994 relative à la Cour des comptes qui dispose, en son article 75, qu'« en l'absence de réponse à un référé dans un délai de trois mois à compter de la date de notification ou devant une réponse peu satisfaisante, le ministère public en fait état au président de la République dans une lettre de parquet avec ampliation au Premier ministre ».

7 – La déclaration générale de conformité

317. Depuis l'instauration de la budgétisation par objectifs de programme (BOP), la déclaration générale de conformité a acquis une grande importance dans la mesure où elle concourt à une gestion plus transparente des finances publiques. Par cette déclaration, la Cour des comptes apprécie en effet la qualité de la gouvernance publique en matière budgétaire et peut, dès lors, procéder à la certification des comptes publics[241].

Selon l'article 48 de la Constitution, la déclaration générale de conformité et le rapport général de la Cour des comptes sur

---

[240] www. Ccomptes.ga

[241] Voir à ce sujet M. Bouvier, *La certification des comptes de l'Etat : expression de la nouvelle gouvernance financière publique*, Revue juridique de l'économie publique, n° 649, janvier 2008.

l'exécution de la loi de finances doivent être joints au projet de loi de règlement soumis par le gouvernement au parlement[242].

La déclaration générale de conformité apparaît d'ailleurs comme une conséquence logique du principe de la séparation des ordonnateurs et des comptables publics. Lors de la préparation de ladite déclaration, la Cour des comptes procède en effet à la confrontation des actes de gestion de ces deux catégories d'acteurs, afin d'en évaluer la régularité et la sincérité. La déclaration de la Cour doit attester de la parfaite concordance entre le compte général administratif de l'Etat élaboré par le directeur général du budget[243] et le compte général des comptables de l'Etat préparé par le trésorier payeur général[244]. L'un et l'autre doivent être transmis à la Cour par le ministre chargé des comptes publics avant le 30 mars de l'année suivant celle au titre de laquelle ils sont établis[245].

Mais l'examen de ces deux comptes a souvent mis en évidence des insuffisances maintes fois dénoncées par la Cour des comptes qui estime que « la procédure actuelle de leur élaboration n'offre pas toutes les garanties nécessaires quant à leur fiabilité et leur sincérité. S'agissant du compte général administratif de l'Etat, il est obtenu non pas par la centralisation des comptabilités que doivent dresser périodiquement les différentes unités administratives, mais tout simplement à partir des données budgétaires détenues par la direction générale du budget grâce à son site informatique [...]. S'agissant de la balance générale des comptes du Trésor qui continue de faire office de compte général des comptables de l'Etat, elle n'est pas non plus un véritable compte centralisateur dans la mesure où elle ne décrit pas l'exécution réelle des crédits mis à la disposition des agents

---

242 Voir dans le même sens l'article 82 de la loi organique de 1994 relative à la Cour des comptes.

243 Ce compte retrace les opérations effectuées par tous les ordonnateurs.

244 En tant que comptable supérieur de l'Etat, le trésorier payeur général rend compte de la gestion de tous les autres comptables publics.

245 Cf. article 149 du décret du 8 février 2016 portant règlement général sur la comptabilité publique.

comptables placés auprès des administrations publiques jouissant de l'autonomie de gestion administrative et financière »[246].

Ce constat accablant de la Cour des comptes donne toute la mesure des efforts que doivent encore fournir les deux administrations chargées de l'élaboration des comptes de l'Etat afin d'en améliorer la qualité.

8 – Les décisions pour ordre et les décisions pour mémoire

318. La décision pour ordre signifie que la Cour prend acte de l'information portée à sa connaissance sans y donner une suite particulière. Cette information est, par conséquent, immédiatement classée.

319. Quant à la décision pour mémoire, elle intervient lorsque la Cour ne peut donner une suite immédiate à l'information reçue. L'examen de celle-ci est donc renvoyé au prochain programme de contrôle de la Cour dans lequel doit obligatoirement être inscrit l'organisme concerné par les faits rapportés.

SECTION 3 – LE CONTROLE PARLEMENTAIRE

320. Il revêt une importance particulière dans la mesure où le budget procède d'un acte législatif. Certains auteurs estiment que « dans le schéma des contrôles de l'exécution des lois de finances, le contrôle politique opéré par le parlement tient en principe la première place. Ayant initialement autorisé la mise en œuvre des opérations de recettes et de dépenses, il doit donc en suivre le déroulement puis se prononcer sur l'exécution définitive du budget ».[247].

Au Gabon, le contrôle parlementaire découle de l'article 36 de la Constitution qui dispose que « le parlement vote la loi, consent l'impôt et contrôle l'action du pouvoir exécutif ». Dans le même sens, l'article 82 de la loi organique de 2015 relative aux lois de finances prévoit que les opérations relatives à l'exécution du budget sont

---

[246] Cf. Cour des comptes, *Rapport général sur le contrôle de l'exécution des lois de finances en vue du règlement du budget de l'exercice 2004*, p. 9. Voir dans le même sens le rapport général de la Cour des comptes en vue du règlement de l'exercice 2003, p. 12.
[247] M. Bouvier, M.-C. Esclassan, J.-P Lassale, *Finances publiques*, op. cit. p. 506.

soumises au contrôle parlementaire, en plus des contrôles administratif et juridictionnel. Ce contrôle a lieu avant, pendant et même après l'exécution du budget.

§ 1 – Le contrôle avant l'exécution du budget

321. Il intervient à l'occasion de l'examen du projet de loi de finances par le parlement. Il est avant tout l'œuvre des commissions des finances de l'Assemblée nationale et du Sénat. Les autres commissions parlementaires peuvent y contribuer, en fonction de leurs compétences respectives. Ce travail en commission permet aux parlementaires d'apprécier les demandes de crédits formulées par le gouvernement pour l'année à venir, tout en procédant à l'évaluation de la gestion des crédits alloués au cours des exercices précédents.

Le rapport rédigé par la commission des finances, à l'issue de ses travaux, est transmis à l'assemblée plénière en vue du vote du budget. Au cours du débat qui précède ce vote, les parlementaires ont la possibilité de poser aux membres du gouvernement, et plus particulièrement aux ministres chargés du budget et de l'économie, toutes les questions se rapportant à l'exécution des budgets des exercices précédents. C'est donc en parfaite connaissance de cause qu'ils adoptent le projet de budget qui leur est soumis pour l'année à venir.

§ 2 – Le contrôle pendant l'exécution du budget

322. Ce contrôle incombe avant tout aux commissions parlementaires (A). Mais il concerne aussi l'ensemble des parlementaires (B).

A – Le rôle des commissions parlementaires

323. Selon l'article 83, alinéa 2, de la loi organique de 2015, « les commissions parlementaires ont tout pouvoir pour entreprendre toute investigation ou enquête relative à l'exécution des lois de finances ».

En vertu de ce texte, les commissions parlementaires peuvent par conséquent procéder à l'audition des ministres et de leurs subordonnés. Elles peuvent aussi interroger les responsables des institutions autonomes et des autorités administratives indépendantes. Les documents et les informations demandés ne peuvent leur être refusés.

Les mêmes prérogatives sont reconnues au bureau de la commission des finances de l'Assemblée nationale[248]. Celui-ci peut en effet demander et recevoir la communication de tous les documents et renseignements permettant de procéder au contrôle du budget des différents départements ministériels. Les personnes concernées ne peuvent se réfugier derrière le secret professionnel pour se soustraire audit contrôle.

Par ailleurs, un comité permanent de suivi de l'exécution du budget est institué au sein de la commission des finances, conformément à l'article 116 du règlement de l'Assemblée nationale. Au terme de chaque exercice budgétaire, ce comité rédige un rapport qui est soumis à la commission des finances avant l'examen du nouveau projet de loi de finances.

Les développements qui précèdent montrent que les membres des commissions des finances de l'Assemblée nationale et du Sénat sont des acteurs majeurs dans le contrôle de l'exécution du budget. Mais ils ne sont pas les seuls concernés, car ce contrôle incombe aussi à tous les parlementaires.

B – L'implication de tous les parlementaires

324. L'article 61 de la Constitution met à la disposition des parlementaires des moyens permettant de contrôler l'exécution du budget en cours d'exercice. Ces moyens vont des interpellations aux commissions d'enquête et de contrôle, en passant par les questions écrites et les questions orales[249]. La mise en œuvre de ces différents moyens de contrôle amène les membres du gouvernement à s'expliquer sur l'utilisation des crédits qui leur ont été alloués par le parlement.

Par ailleurs, au cours de l'exercice budgétaire, le ministre chargé du budget doit transmettre au parlement des rapports trimestriels sur l'exécution du budget et l'application de la loi de finances dans son ensemble. Le parlement est ainsi tenu informé de la consommation

---

[248] Cf. article 115 du règlement de l'Assemblée nationale.

[249] Une séance par semaine est réservée aux questions des parlementaires et aux réponses des membres du gouvernement. Ces derniers sont tenus de fournir tous les éléments d'information qui leur sont demandés sur la gestion de leurs activités en général et celle de leur budget en particulier.

des crédits alloués au gouvernement et des modifications éventuelles de leur affectation initiale.

§ 3 – Le contrôle après l'exécution du budget

325. Il intervient à l'occasion du vote de la loi de règlement, conformément à l'article 48, alinéa 9, de la Constitution. Selon ce texte, « le projet de loi de règlement établi par le gouvernement, accompagné de la déclaration générale de conformité et du rapport général de la Cour des comptes, doit être déposé au parlement, au plus tard, au début de la première session ordinaire de la deuxième année qui suit l'exercice d'exécution du budget concerné ».

Les réprimandes que la Cour des comptes a souvent faites au gouvernement à ce sujet prouvent cependant que ces dispositions constitutionnelles ne sont pas scrupuleusement respectées par ce dernier. En effet, la Cour a maintes fois dénoncé la non-production ou la production tardive des projets de lois de règlement[250]. Mais ces dénonciations sont restées lettre morte parce qu'aucune sanction contre le gouvernement n'est prévue à ce sujet.

Il convient d'ajouter que la loi de règlement est souvent adoptée dans l'indifférence générale. Ce désintérêt pour le vote de la loi de règlement est sans doute dû au fait que le parlement exerce à cette occasion un contrôle a posteriori de l'exécution du budget. Et en tant que tel, ce contrôle n'a aucun effet sur des irrégularités financières déjà consommées. Le parlement ne peut que se résigner à les constater, sans pouvoir y remédier. Ce qui le conduit, en définitive, à valider les seules opérations de recettes et de dépenses exécutées dans le strict respect des dispositions légales.

Le Gabon n'est pas cependant le seul Etat affecté par la décrépitude de la loi de règlement car ce phénomène est manifeste dans d'autres pays. C'est notamment le cas en France où l'on estime que « le contrôle *a posteriori* de l'exécution du budget, institué sous la Restauration par une loi du 15 mai 1818, représentait un acte politique

---

[250] A titre d'exemple, pour l'exercice 2012, le gouvernement n'a pas du tout transmis le projet de loi de règlement à la haute juridiction financière. Cf. Cour des comptes, *Rapport général sur le contrôle de l'exécution des lois de finances en vue du règlement du budget de l'exercice 2012*, p. 15.

très important lorsque “ la loi des comptes” était l’une des rares occasions par laquelle le parlement pouvait porter un jugement sur la politique du gouvernement. En revanche, avec l’installation progressive du pouvoir parlementaire et sa consolidation, le vote relatif au budget exécuté a connu un certain désintérêt, étant devenu un rite, une formalité annuelle vidée de sa signification d’origine »[251].

Le même constat a été fait dans les Etats membres de l’UEMOA où « le vote de la loi de règlement se fait dans une indifférence presque totale de la part des citoyens et ne suscite que peu d’enthousiasme de la part de leurs représentants »[252].

Quoiqu’il en soit, la Cour des comptes estime que depuis l’instauration de la BOP au Gabon, « la discussion du projet de loi de règlement est enrichie par la présentation et l’examen des rapports annuels de performance. L’examen du projet de loi de finances de l’année n+1 est désormais conditionné par l’adoption préalable du projet de loi de règlement de l’année n-1 »[253]. Cette exigence témoigne assurément de l’importance que le législateur entend à nouveau accorder à la loi de règlement. Avec la BOP, le gouvernement est dorénavant sous pression, dans la mesure où il doit produire avec plus de célérité les documents indispensables au contrôle de l’exécution des lois de finances[254]. Des documents qui concernent désormais l’exercice n-1 alors qu’auparavant ils se rapportaient à l’exercice n-2.

Ces changements apportés par la BOP suffiront-ils à impulser la réhabilitation de la loi de règlement ? On peut en douter si l’on se réfère à l’expérience des Etats membres de l’UEMOA où des

---

[251] M. Bouvier, M.-C. Esclassan et J.-P. Lassale, *Finances publiques*, op. cit. pp. 510-511. Les mêmes auteurs s’efforcent de nuancer leur opinion en reconnaissant que « l’objet de la loi de règlement est cependant fondamental au regard des prérogatives budgétaires du parlement puisqu’elle lui permet d’examiner chaque année les résultats effectifs de l’exécution des lois de finances qu’il a initialement votées ».

[252] Cf. A. Dioukhané, *Les finances publiques de l’UEMOA – Le budget du Sénégal*, op. cit., p.251.

[253] Cf. Cour des comptes, *Rapport général sur le contrôle de l’exécution des lois de finances en vue du règlement du budget de l’exercice 2015*, p. 19.

[254] Il s’agit notamment des rapports annuels de performance qui doivent être soumis à l’évaluation du parlement.

innovations similaires ont été introduites en 2009. Selon Abdourahmane Dioukhané, « ces différentes innovations visent [certes] le renouveau de la loi de règlement, qui est nécessaire dans la mesure où elle représente la forme ultime du contrôle des finances publiques. Mais elles resteront théoriques aussi longtemps que le Parlement sera, de fait, dans la situation de dépendance à l'égard de l'Exécutif et que les parlementaires eux-mêmes n'auront pas acquis les outils techniques nécessaires au contrôle des finances publiques »[255].

L'instauration de la BOP au Gabon est sans doute trop récente pour en dresser un quelconque bilan. Mais le fonctionnement des institutions politiques dans ce pays et le confinement du parlement au rôle de chambre d'enregistrement de la volonté du chef de l'Etat n'incitent guère à parier sur le renouveau de la loi de règlement dans un proche avenir.

---

[255] Cf. A. Dioukhané, *Les finances publiques dans l'UEMOA – Le budget du Sénégal*, op. cit., p. 252.

CONCLUSION GENERALE

326. Etudier le droit public financier applicable au Gabon n'est pas une tâche aisée pour plusieurs raisons.

327. La première est qu'il s'agit d'un droit en perpétuelle mutation. Pour s'en convaincre, il suffit de noter que, depuis le milieu des années 70, le Gabon a adopté quatre textes législatifs destinés à l'encadrement des lois de finances :

- l'ordonnance du 30 juin 1975 relative aux lois de finances[256] ;
- la loi du 27 juin 1985 relative aux lois de finances ;
- la loi organique du 21 octobre 2010 relative aux lois des finances et à l'exécution du budget ;
- la loi organique du 21 mai 2015 relative aux lois des finances et à l'exécution du budget.

L'énumération qui précède montre qu'au Gabon la durée de vie moyenne des textes législatifs relatifs aux lois de finances est de dix ans. Ce qui est relativement court lorsqu'on la compare à la durée de vie de l'ordonnance du 2 janvier 1959 qui, pendant plus de quarante ans, s'est imposée comme le texte de référence du droit budgétaire français[257].

328. La deuxième raison est que le droit public financier applicable au Gabon procède de plusieurs sources dont certaines sont endogènes et d'autres exogènes. Au nombre de celles-ci figurent le droit communautaire CEMAC et le droit français. Ce dernier reste incontestablement la source exogène la plus importante puisqu'il continue d'exercer une forte influence sur le législateur et sur le juge gabonais. Le droit français constitue en outre la principale source d'inspiration du droit communautaire CEMAC car la plupart des

---

[256] Ce texte a remplacé l'ordonnance française du 2 janvier 1959 qui est restée en vigueur au Gabon plus de quinze années après l'accession de ce pays à l'indépendance.

[257] L'ordonnance du 2 janvier 1959 portant loi organique relative aux lois de finances a été remplacée au début du siècle par la loi organique du 1er août 2001 relative aux lois de finances.

réformes impulsées par cette organisation sous-régionale portent son empreinte.

329. La troisième raison a trait au contexte particulier dans lequel la présente étude a été menée. Contexte marqué, d'une part, par l'instauration de la budgétisation par objectifs de programme (BOP) et, d'autre part, par la crise des finances publiques gabonaises.

Cinq ans après son instauration et près de quatre années après son entrée en vigueur, la BOP rencontre encore de nombreux obstacles sur sa route parce que son appropriation par l'administration gabonaise tarde à se concrétiser. Les différents acteurs chargés de sa mise en œuvre peinent en effet à trouver leurs marques. Cette situation a amené le gouvernement à douter de l'efficacité de la BOP et à envisager sa remise à plat. Pour autant, le parlement reste la seule institution à pouvoir décider du sort de la BOP. Ce qui requiert une modification ou une abrogation de la loi organique de 2015 qui lui a donné naissance, sans toutefois enfreindre la directive de la CEMAC relative aux lois de finances dont découle cette loi organique.

S'agissant de la crise financière, son apparition a pratiquement coïncidé avec l'entrée en vigueur de la BOP. Cette crise, qui procède en partie de la chute brutale des cours du pétrole, est avant tout due à la mauvaise gouvernance qui caractérise la gestion des finances publiques au Gabon. Elle est en outre amplifiée par la grave crise politique née de l'élection présidentielle controversée de 2016.

330. En analysant les procédures et les modalités de préparation, de vote, d'exécution et de contrôle de l'exécution du budget de l'Etat, la présente étude met en exergue le décalage entre les textes et la réalité. Ce décalage résulte aussi bien des comportements blâmables de certaines personnes impliquées dans la gestion des finances publiques que du laxisme des autorités chargées de sanctionner ces comportements. L'un des objectifs visés par le présent ouvrage est d'aider tous ces acteurs à prendre conscience de leurs responsabilités en vue, non seulement d'assainir la gestion des finances publiques, mais plus globalement d'améliorer la gouvernance du pays.

BIBLIOGRAPHIE

I – Ouvrages, articles, et autres publications de portée générale

AUTIN Jean-Louis, *Initiation aux finances publiques*, Dunod, 1971.

ADAM François, FERRAND Olivier et RIOUX Rémy, *Finances publiques*, 3e éd., Presses de Sciences Po et Dalloz (coll. Amphi), 2010.

AKHOUNE Farhana, *Le statut du comptable en droit public financier*, LGDJ, (coll. Bibliothèque de finances publiques et fiscalité), 2008.

AKHOUNE Farhana, *La réforme de la gestion budgétaire et comptable publique*, LGDJ (coll. Systèmes), 2013.

ALBERT Jean-Luc et SAÏDJ Luc, *Finances publiques*, 8e éd., Dalloz, 2013.

ALBERT Jean-Luc (sous la dir. de), *Mélanges en l'honneur de Jean-Pierre Lassale, Gabriel Montagnier et Luc Saïdj, Figures lyonnaises des finances publiques*, L'Harmattan (coll. Finances publiques), 2012.

AMSELEK Paul, *Le budget de l'Etat sous la Ve République*, LGDJ, 1967.

AMSELEK Paul, *Mélanges* (en l'honneur de), Bruylant, 2005.

ARKWRIGHT Edward, BŒUF Jean-Luc et *alii*, *Les finances publiques et la réforme budgétaire*, 6e éd., La Documentation française (coll. Découverte de la vie publique), 2013.

BARILARI André et PRAT Michel, *Les contrôles financiers, comptables, administratifs et juridictionnels des finances publiques*, LGDJ, (coll. Systèmes), 2003.

BARILARI André et BOUVIER Michel, *La LOLF et la nouvelle gouvernance financière de l'Etat*, 3e éd., LGDJ (coll. Systèmes), 2010.

BASLE Maurice, *Le budget de l'Etat*, 8e éd., La Découverte (coll. Repères), 2015.

BAUCHE Gilles, *Budget de crise ou crise du budget*, Hatier, 1993.

BAUDU Aurélien, *Droit des finances publiques*, Dalloz (coll. Hypercours), 2015.

BAZIODOLY Sophie., *Les finances publiques*, 4e éd., PUF, (coll. Que sais-je ?), 2008.

BELTRAME Pierre, *Mélanges* (en l'honneur de), Presses Universitaires d'Aix-Marseille – PUAM, 2010.

BENETEAU Jocelyn, *La remise en cause du principe de l'annualité budgétaire*, Thèse, droit, Aix-Marseille III, 2008.

BERTIER Jean-François, *Comment l'Etat tient ses comptes*, Dunod, 1990.

BERTUCCI Jean-Yves et MOATI Sophie, *La Cour des comptes : ouvrez et voyez*, Gallimard, 2007.

BEZES Philippe et SINE Alexandre (sous la dir.), *Gouverner les finances publiques*, Presses de Sciences Po. (coll. Académique), 2011.

BLOCH-LAINE François et DE VOGÜE Pierre, *Le Trésor public et le mouvement général de fonds*, PUF, 1960.

BLÖNDAL Jon R., *La réforme budgétaire dans les pays membres de l'OCDE : tendances communes*, Revue de l'OCDE sur la gestion budgétaire, vol. 2, n° 4, 2003.

BONNET Richard (sous la dir.), *Systèmes économiques et finances publiques*, PUF, 1996.

BOTTIN Michel, *Histoire des finances publiques*, Economica (coll. Poche/Finances publiques), 1997.

BOUDET Jean-François,

- *Fiches de finances publiques*, Ellipses, 2010 ;

- *Les institutions financières publiques* ; Larcier, 2013.

BOUVIER Michel,

- *La certification des comptes de l'Etat : expression d'une nouvelle gouvernance financière publique*, Revue juridique de l'économie publique, n° 649, janvier 2008 ;

- *Les ambiguïtés fatales du droit public financier*, Revue française de finances publiques, n° 122, avril 2013.

BOUVIER Michel, (sous la dir. de),

- *Réforme des finances publiques, démocratie et bonne gouvernance*, LGDJ, 2004 ;
- *Innovations, créations et transformations en finances publiques*, LGDJ, 2006 ;
- *Réforme des finances publiques : la conduite du changement*, LGDJ, 2007 ;
- *La bonne gouvernance des finances publiques dans le monde*, LGDJ, 2009 ;
- *La nouvelle administration financière et fiscale*, LGDJ, 2011 ;
- *La transparence des finances publiques : vers un nouveau modèle*, LGDJ, 2013.

BOUVIER Michel, ESCLASSAN Marie-Christine et Jean-Pierre LASSALE, *Finances publiques*, 15e éd., LGDJ, 2016.

BOYER Bénédicte et DE CASTELINAU Régis, *Portraits des chambres régionales des comptes*, LGDJ, 1997.

BRIGAUD Frédéric et UHER Vincent, *Finances publiques*, 2e éd., Armand Colin (coll. Horizon), 2015.

BUISSON Jacques, *Finances publiques*, 15e éd., Dalloz (col. Mémento), 2012.

BURCKEL Valérie et DE CREMIERS Catherine, *Histoire de la comptabilité publique*, Economica (coll. Poche/Finances publiques), 1997.

CABANNES Xavier, *Finances publiques*, 3e éd., Foucher, 2011.

CAMBY Jean-Pierre, (sous la dir. de), *La réforme du budget de l'Etat : la loi organique relative aux lois de finances*, 3e éd., LGDJ, (coll. Systèmes/Droit), 2011.

CATHELINEAU Jean, *Finances publiques*, LGDJ (coll. Histoire), 1975.

CATTEAU Damien, *Droit budgétaire – Comptabilité publique*, Hachette Education (coll. Les fondamentaux), 2014.

CHOUVEL François,

- *Finances publiques*, 16e éd., Gualino (coll. Mémento), 2013 ;

- *L'essentiel des finances publiques*, 14e éd. Gualino, (coll. Les Carrés), 2013.

COLLET Martin, *Finances publiques*, LGDJ (coll. Domat), 2016.

CONAN Mathieu, *La non-obligation de dépenser*, LGDJ (coll. Bibliothèque de science financière), 2004.

CONAN Mathieu, *Finances publiques*, Armand Colin, (coll. Etapes, Mémento), 2005.

COTTERET Jean-Marie et EMERI Claude, *Le budget de l'Etat*, 7e éd., PUF (coll. Que sais-je ?), 1994.

CROS Robert, *Finances publiques – Institutions et mécanismes économiques*, Cujas, 1994.

CRUCIS Henry-Michel, *Finances publiques*, 2e éd., Montchrestien (coll. focus droit), 2009.

DAFFLON Bernard et WEBER Luc, *Le financement du secteur public*, PUF, 1984.

DAMAREY Stéphanie,

- *Exécution et contrôle des finances publiques*, Gualino (coll. Mémentos LMD), 2007 ;

- *Manuel - Finances publiques*, Gualino, 2e éd., 2008 ;

- *Exercices corrigés - Finances publiques*, Gualino, 2008 ;

- *Finances publiques*, Gualino (coll. Master Pro), 4e éd., 2010 ;

- *Finances publiques*, Gualino (coll. Mémentos LMD), 4e éd., 2016 ;

- *La loi organique du 1er août 2001 relative aux lois de finances*, Ellipses, 2e éd., 2016 ;

- *L'essentiel des finances publiques*, Gualino, (coll. Les Carrés), 5e éd., 2017.

DELON DESMOULIN Corinne et DESMOULIN Gil (sous la dir. de), *La décision financière*, LGDJ (coll. Systèmes), 2013.

DERUEL Francis et BUISSON Jacques, *Finances publiques : budget et pouvoir financier*, 13e éd., Dalloz (coll. Mémentos), 2007.

DESCHEEMAEKER Christian, *La Cour des comptes*, 3e éd., La Documentation française, 2005.

DESCHEEMAEKER Christian, DOYELLE Alain, PIREYRE Bruno André, et DESRAMEAUX Alexandre, *Finances publiques*, PUF (coll. Major), 2013.

DI QUAL Lino, *Le droit de la comptabilité publique*, Armand Colin, 1971.

DOUAT Etienne, *Finances publiques*, PUF, 1999.

DOUAT Etienne et BADIN Xavier, *Finances publiques : finances communautaires, nationales, sociales et locales*, 3e éd., PUF, 2006.

DUCHER Gérard, *La Cour des comptes, juge d'appel*, Berger-Levrault, 1994.

DUCROS Jean-Claude, *Sociologie financière*, PUF (collection Thémis), 1982.

DUSSART Vincent, *L'autonomie financière des pouvoirs publics constitutionnels*, éd. CNRS, 2000.

DUSSART Vincent et FOILLARD Philippe, *Finances publiques*, 13e éd., Paradigme, 2012.

DUVERGER Maurice, *Finances publiques*, PUF, 11e éd., 1989.

ECK François, *La direction du Trésor*, PUF (coll. Que sais-je ?), 1986.

ECALLE François, *Maîtriser les finances publiques*, Economica, 2005.

EUZEBY Alain et HERSCHTEL Marie-Louise, *Finances publiques, une approche économique*, Dunod, 1990.

FABRE Francis-J., *Le contrôle des finances publiques*, PUF (coll. Sup.), 1968.

FABRE Francis J., FROMENT-MEURICE Anne, BERTUCCI Jean-Yves et GROPER Nicolas, *Les grands arrêts de la jurisprudence financière*, Sirey, 6e éd., 20014.

FLIZOT Stéphanie, *Les relations entre les institutions supérieures de contrôle financier et les pouvoirs publics*, LGDJ, 2003.

FONDS MONETAIRE INTERNATIONAL,

- *Manuel de statistiques de finances publiques*, 2001 ;

- *Manuel sur la transparence en matière de finances publiques*, Département de finances publiques, Washington DC, 2007.

FONDS MONETAIRE INTERNATIONAL et BANQUE MONDIALE, *Gestion des dépenses publiques*, Département des finances publiques du FMI et Groupe LPGE du secteur public de la Banque Mondiale, Washington DC, 2003.

GAUDEMET Paul-Marie, *Mélanges* (en l'honneur de), *Etudes de finances publiques,* Economica, 1984.

GAUDEMET Paul-Marie et MOLINIER Joël, *Finances publiques*, tome 1 : *Budget-Trésor*, 8e édition, LGDJ/Montchrestien (coll. Précis Domat), 2016.

GUILLAUME Henri, DUREAU Guillaume et SILVENT Franck, *Gestion publique : l'Etat et la performance*, Presses de Sciences Po et Dalloz (coll. Amphi), 2002.

GILLES William, *Les principes budgétaires et comptables publics*, LGDJ (coll. Systèmes), 2009.

GOHIN Olivier, *La nouvelle comptabilité de l'Etat*, RFFP, n° 93, 2006.

GROPER Nicolas, *Responsabilité des gestionnaires publics devant le juge financier*, Dalloz, 2010.

GUIEZE Jean-Luc, *Le partage de compétence entre la loi et le règlement en matière financière*, LGDJ, 1974.

HERNU Paul, *La comptabilité publique*, Gualino Editions, 2017.

HERTZOG Robert, *Mélanges* (en l'honneur de), *Réformes des finances publiques et modernisation de l'administration*, Economica (coll. Finances publiques), 2010.

HUART Florence, *Economie des finances publiques*, Dunod, 2012.

HUBY Bertrand, *La certification des comptes de l'Etat*, L'Harmattan (coll. Recherches en Gestion), 2010.

HUET Philippe et BRAVO Jacques, *L'expérience française de rationalisation des choix budgétaires*, PUF, 1973.

ISAAC Guy et MOLINIER Joël, *Les systèmes budgétaires européens,* La Documentation française (coll. Notes et études documentaires), 1975.

ISAIA Henri, *Finances publiques : introduction critique*, Economica, 1985.

ISAIA Henri et SPINDLER Jacques (sous la dir de.) *Histoire du droit des Finances publiques*, Economica (3 tomes), 1986-1987-1988.

JEAN-ANTOINE Benoît, *Les normes constitutionnelles financières en droit français de 1789 à nos jours*, LGDJ (Bibliothèque de finances publiques et fiscalité), 2010.

JEZE Gaston,

- *Eléments de la science des finances*, Giard, 1922 ;

- *Cours de finances publiques1929-1930*, Giard, 1930.

JULIEN Georges, *Le contrôle préventif des engagements de dépenses*, Arthur Rousseau, 1912.

JURGENSEN Philippe et LEBEGUE Daniel, *Le Trésor et la politique financière*, Montchrestien, 1988.

KOTT Sébastien (sous la dir. de), *Droit et comptabilité : La spécificité des comptes publics*, Economica (coll. Finances publiques), 2017.

KOUEVI Amavi, *Les comptes spéciaux du Trésor*, LGDJ, (coll. Bibliothèque de science financière), 2000.

LAFFERERE Armand, *Finances publiques*, La Documentation française, 2000.

LAFFERIERE Julien et WALINE Marcel, *Traité élémentaire de science et législation financières*, LGDJ, 1952.

LALUMIERE Pierre, *L'Inspection des finances*, PUF, 1959 ;

LALUMIERE Pierre et DEMICHEL André, *Les finances publiques*, 8e éd. Armand Colin (coll. U), 1986.

LAMARQUE Danièle, *Contrôle et évaluation de la gestion publique*, Bruylant, 2016.

LASSALE Jean-Pierre, MONTAGNIER Gabriel et SAÏDJ Luc, Figures lyonnaises des finances publiques, *Mélanges* (en l'honneur de), L'Harmattan (coll. Finances publiques), 2012.

LASCOMBE Michel et VANDENDRIESSCHE Xavier, *Les finances publiques*, 7e éd., Dalloz (coll. Connaissance du droit), 2009.

LEROY Marc, *Sociologie des finances publiques*, La Découverte (coll. Repères), 2007.

LEROY Marc et ORSONI Gilbert (sous la dir. de), *Le financement des politiques publiques*, Bruylant, 2014.

LEROY-BEAULIEU Paul, *Traité de la science des finances*, (2 volumes) 8e éd., Félix Alcan, 1912.

MAGNET Jacques,

- *Les gestions de fait*, LGDJ (coll. Systèmes), 2e éd., 2001 ;

- *Les comptables publics*, 4e éd., LGDJ (coll. Systèmes), LGDJ, 2001 ;

- *Eléments de comptabilité publique*, 5e éd., LGDJ (coll. Systèmes), 2001;

- *La Cour des comptes, les institutions associées et les chambres régionales des* comptes, Berger-Levrault, 4e éd., 1997 ;

- *Lexique de droit budgétaire et comptabilité publique*, PUF, 1980.

MAÏTRE Christine, *La mise à disposition des crédits budgétaires*, LGDJ, 1989.

MAMOU Yves, *Une machine de pouvoir : La Direction du Trésor*, La Découverte (coll. Enquêtes), 1988.

MARTINEZ Jean-Claude et DI MALTA Pierre, *Droit budgétaire*, 3e éd., Litec, 1999.

MATHIEU Jean-Luc, *La maîtrise des finances publiques*, Flammarion/Dominos, 1997.

MATTRET Jean-Bernard, *La comptabilité publique*, Bruylant/LGDJ (collection Finances publiques/Public Finance), 2016.

MEKHANTAR Joël,

- *Finances publiques de l'Etat. La LOLF et le nouveau droit budgétaire de la France*, Hachette (coll. Mémento), 2010 ;

- *Le budget de l'Etat*, Hachette, 2011.

MEYER Roger, *Le contrôle des ordonnateurs*, Arthur Rousseau, 1900.

MOLINIER Joël, *Mélanges* (en l'honneur de), LGDJ, 2012.

MONNIER Jean-Marie, *Finances publiques*, 4e éd., La Documentation française (coll. Notices), 2015.

MONTAGNIER Gabriel, *Principes de comptabilité publique*, 2e éd., Dalloz (coll. Précis), 1981.

MORDACQ Franck,

- *La réforme de l'Etat par l'audit*, LGDJ (coll. Systèmes), 2009 ;

- *Les finances publiques*, PUF (coll. Que sais-je ?), 2011.

MORDACQ Franck (sous la dir. de), *La LOLF : un nouveau cadre budgétaire pour réformer l'Etat*, LGDJ (coll. Systèmes), 2006.

MUZELLEC Raymond, *Finances publiques*, 15e éd., Sirey, 2009.

NEURISSE André, *Le Trésorier Payeur Général*, PUF (collection Que sais-je ?), 1986.

NOGUET Michel, *Transitions et finances publiques,* L'Harmattan, (coll. Finances publiques), 2000.

OLIVA Eric, *Finances publiques*, Sirey (coll. Aide-mémoire), 2008.

ORSONI Gilbert,

- *Finances publiques*, Publisud, 1989 ;

- *Principes et techniques budgétaires*, La Documentation française, (coll. Documents d'études, finances publiques), 1992 ;

- *L'exécution des lois de finances*, Economica (coll. Poche/Finances publiques), 1998 ;

- *Science et législations financières : Budgets publics et lois de finances*, Economica (coll. Corpus droit public), 2005.

ORSONI Gilbert, (sous la dir.), *Les finances publiques en Europe*, Economica, 2007.

PALMA-AMALRIC Valérie, *L'autonomie financière des autorités indépendantes*, L'Harmattan (coll. Finances publiques), 2017.

PALTHEY Georges, *Le contrôle préalable des finances publiques*, PUF, 1942.

PANCRAZI Laurent, *Le principe de la sincérité budgétaire*, l'Harmattan, 2012.

PAUL Michel,

- *Les finances de l'Etat*, Economica, 1981 ;

- *Les finances publiques de A à Z - Dictionnaire de droit budgétaire et de comptabilité publique*, éd. ESKA (coll. Droit public et Sciences politiques), 1998 ;

- *L'essentiel de la LOLF. La nouvelle constitution financière de la France*, 2e éd., Gualino, 2007.

PAYSANT André, *Finances publiques*, Masson, 5e éd. 1999.

PELLET Rémi, *La Cour des comptes*, La Découverte, 1998.

PELLET Rémi, *Finances publiques et redistribution sociale*, Economica, 2006.

PERCEBOIS Jacques, *Economie des finances publiques*, Armand Colin (coll. cursus), 1991.

PERCEBOIS Jacques, ABEN Jacques et EUZEBY Alain, *Dictionnaire de finances publiques*, 2e éd., Armand Colin (coll. Cursus, économie), 1999.

PERREAU-PRADIER Jean, *L'équilibre budgétaire*, Montchrestien (collection Domat), 1934.

PHILIP Loïc,

- *L'exercice du pouvoir financier du Parlement. Théorie, pratique et évolution*, Presses Universitaires d'Aix-Marseille/Economica, 1996 ;

- *Les fondements constitutionnels des finances publiques*, Economica (coll. Poche Finances publiques), 1999 ;

- *Finances publiques*, Cujas, 2001 ;

- *L'ordonnance organique du 2 janvier 1959 relative aux lois de finances*, La Documentation française (Documents d'études, Finances publiques), 2004.

PHILIP Loïc (sous la dir.), *Dictionnaire encyclopédique de finances publiques*, 2 tomes, Economica, 1999.

PHILIP Loïc, (Etudes en l'honneur de), *Constitution et finances publiques*, Economica, 2005.

PHILIP Loïc et VIESSANT Céline, *La loi organique de 2001 relative aux lois de finances*, La Documentation française (coll. Documents d'études, Finances publiques), 2014.

PICARD Jean-François, *Finances publiques*, 2e éd., Litec, 2009.

PIOLE Guy, *Les chambres régionales des comptes*, 2e éd., LGDJ (coll. Politiques locales), 2007.

PRADA Michel et SONRIER André, *La comptabilité publique*, 3e éd., Berger-Levrault, 1989.

PROBLEMES ECONOMIQUES, *Le déséquilibre des finances publiques*, n° 2424, 1995.

QUEROL Francis,

- *L'élaboration de la loi de finances*, Economica, 1998 ;
- *Finances publiques*, Ellipses (coll. Tout le droit), 2009.

RAYNAUD Jean, *Les chambres régionales des comptes*, PUF (coll. Que sais-je ?), 2001.

RAYNAUD Jean et BERTUCCI Jean-Yves, *Les juridictions financières*, PUF, 2003.

REVUE FRANCAISE DE FINANCES PUBLIQUES,

- *Les comptes spéciaux du Trésor*, n° 32, 1990 ;
- *Prévision et pluriannualité budgétaire*, n° 39, 1992 ;
- *Transparence et finances publiques*, n° 40, 1992 ;
- *Finances publiques : questions clés pour demain*, n° 41, 1993 ;
- *La politique budgétaire*, n° 46, 1994 ;
- *Les principes et les règles de finances publiques en question*, n° 51, 1995 ;
- *Economie et finances publiques*, n° 55, 1996 ;
- *Finances publiques et vie politiques*, n° 58, 1997 ;
- *La Cour des comptes et le parlement*, n°59, 1997 ;
- *Le contrôle financier déconcentré,* n° 61, 1998 ;
- *La gestion de fait*, n° 66, 1999 ;
- *Réforme des finances publiques, Réforme de l'Etat*, n° 73, 2001 ;
- *La dépense publique*, n° 77, 2002 ;
- *Les mutations des finances publiques*, n° 79, 2002 ;
- *Finances publiques : scénarios de demain*, n° 87, 2004 ;
- *Finances publiques et responsabilité : l'autre réforme*, n° 92, 2005 ;
- *La nouvelle comptabilité de l'Etat*, n° 93, 2006 ;
- *Logique de performance et pays en développement*, n° 98, 2007 ;

- *Les rapports de la Cour des comptes au Parlement*, n° 99, 2007 ;

- *Nouvelle gouvernance financière publique : grands enjeux de demain*, n° 100, 2007 ;

- *Les Cours des comptes en action*, n° 101, 2008 ;

- *Les finances publiques face à la crise*, n° 108, 2009 ;

- *La Cour des comptes, un passé, un destin*, n° spécial, 2009 ;

- *Le principe de sincérité en finances publiques*, n° 111, 2010 ;

- *Les commissions des finances*, n° 113, 2011 ;

- *Constitution et équilibre des finances publiques*, n° 117, 2012 ;

- *Finances publiques, finances privées*, n° 120, 2012 ;

- *La dette publique*, n° 123, 2013.

- *Finances publiques : quelle place pour demain ?*, n° 133, 2016 ;

RIVOLI Jean, *Le budget de l'Etat*, 2e éd., Seuil (coll. Point), 1978.

ROUX André (sous la dir. de), *Finances publiques*, 3e éd., La Documentation française (coll. Notices), 2011.

SAINT-ETIENNE Christian, *Financement de l'économie et politique financière*, Hachette, 1990.

SAOUDI Messaoud, *L'essentiel des finances publiques en fiches*, Ellipses, 2014.

SCHICK Allen, *Le rôle des règles financières dans la budgétisation*, Revue de l'OCDE sur la gestion budgétaire, volume 3, n° 3, 2003.

SEMEDO Gervasio, *Economie des finances publiques*, Ellipses (coll. Universités/Economie), 2001.

SEMPE Henri, *Budget et Trésor : analyse économique des finances de l'Etat*, Cujas, 1973.

SINE Alexandre, *L'ordre budgétaire. L'économie politique des dépenses de l'Etat*, Economica (coll. Etudes politiques), 2006.

STOURM René, *Le budget*, 7e éd. Félix Alcan, 1913.

TALLINEAU Lucile (sous la dir. de), *L'équilibre budgétaire*, Economica, 1994.

THEBAULT Stéphane, *L'ordonnateur en droit public financier*, LGDJ (coll. Bibliothèque de finances publiques et fiscalité), 2007.

TOMMASI Daniel, *Gestion des dépenses publiques dans les pays en développement*, AFD (coll. A savoir), 2010.

TOULOUSE Jean-Baptiste, ROLAND Yves, DE LEUSSE Jean-François et PILLOT Xavier, *Finances publiques et politiques publiques*, Economica, 1987.

TROTABAS Louis et COTTERET Jean-Marie, *Droit budgétaire et comptabilité publique*, 6e éd., Dalloz (coll. Précis), 1997.

VALLES Elisabeth, *Les correspondants du Trésor*, Thèse, droit, Grenoble, 2001.

WAGNER Adolf, *Traité de la science des finances*, Giard et Brière, 1909.

WALINE Charles, DESROUSSEAUX Pascal et PELLE Bertrand, *Contrôle et évaluation des finances publiques*, La Documentation française (coll. Etudes), 2009.

WALINE Charles, DESROUSSEAUX Pascal et GODEFROY Stanislas, *Le budget de l'Etat : nouvelles règles, nouvelles pratiques*, La Documentation française (coll. Etudes), 2011.

WEBER Luc, *L'analyse économique des dépenses publiques. Fondements et principes de la rationalisation des choix budgétaires*, PUF (coll. Economie d'aujourd'hui), 1978.

WILDAVSKY Aaron, *Maîtriser les dépenses publiques, la théorie de la limitation des dépenses*, Revue de l'OCDE sur la gestion budgétaire, n° 4, 2003, pp. 29-55.

ZARKA Jean-Claude, *Finances publiques*, 3e éd., Gualino (coll. En poche), 2016.

II – Ouvrages, articles, et autres publications sur l'Afrique et le Gabon

ABOGHE ELLA René, *Le renforcement de la Cour des comptes au Gabon*, Revue française de finances publiques, n° 98, juin 2007.

AKUE Adovi Sègbéaya, *Finances publiques et politiques de protection de l'environnement dans les pays d'Afrique de l'Ouest*, Thèse, droit, Université de Poitiers, 2003.

ANRABE Abdou Chacourou Abal, *Le contrôle des finances publiques aux Comores*, L'Harmattan (coll. Logiques juridiques), 2000.

ARY TANIMOUNE Nasser et PLANE Patrick, *Règles et mécanismes budgétaires dans le cadre du Pacte de solidarité et de croissance de l'UEMOA : une analyse empirique exploratoire*, CERDI, 2004.

ASSILAMEHOU E., *La gestion budgétaire par objectif : un instrument de bonne gouvernance financière, le cas du Bénin*, Revue Liaison Energie Francophonie, n° 60, 2003.

AVOM Désiré, *La coordination des politiques monétaires dans une Union douanière : l'expérience récente des pays de la CEMAC*, Revue du Tiers Monde, n° 192, 2007, pp. 871-893.

BALDE Abdoulaye, *Le contrôle des finances publiques au Sénégal*, Thèse, droit, Université de Perpignan, 1996.

BASSOU Oukdim, *Le contrôle des finances publiques au Maroc*, Thèse, droit, Université d'Aix en Provence, 1990.

BATOUM-BA-NGOUE Samuel Théophile, *Démocratisation et processus budgétaire dans les Etats membres de la CEMAC : le cas du Cameroun*, Revue *Afrilex*, n° 4, décembre 2004.

BENSALAH ZEMRANI Anas, *Les finances de l'Etat au Maroc*, tome 1 : *Politique financière et droit budgétaire,* L'Harmattan (coll. Logiques juridiques), 1998.

BILOUNGA S., *La diction du droit public financier au Cameroun*, Revue africaine de finances publiques, n° 1, 2015.

BIWOLE V., *Le budget programme en Afrique : quand les faits supplantent le rêve*, Revue africaine de finances publiques, n° 1, 2015.

BOR Emmanuel, *Réforme budgétaire et gestion axée sur les résultats en Afrique subsaharienne : l'exemple de Maurice*, Thèse, droit, Université de Paris 1, 2015.

BOULEY Dominique, FOURNEL Jérôme et LERUTH Luc E. *Comment fonctionnent les systèmes du Trésor dans les pays francophones de l'Afrique subsaharienne ?*, Revue de l'OCDE sur la gestion budgétaire, vol. 2, n° 4, 2003, pp. 57-95.

BOUVIER Michel, *Nouvelle gouvernance financière publique durable et conduite de la réforme budgétaire dans les pays en développement*, Revue française de finances publiques, n° 98, 2007.

BOUVIER Michel (sous la dir.), *La gestion de la dépense publique dans les pays de l'Afrique francophone subsaharienne*, Paris, Ministère des affaires étrangères, 2004.

CABRI,

- *Vers une budgétisation axée sur les performances*, Actes du 8ème séminaire annuel de CABRI, Pretoria, 2012 ;
- *Elaboration du budget-Programme : expériences et enseignements de l'île Maurice*, Pretoria, CABRI, 2013.

CABRI, AFROSAI, ATAF, *Statue Report. Good Financial Governance in Africa*, Pretoria, CABRI, 2011.

CABRI, BAD, *Budget Practices and Procedures in Africa*, Pretoria, CABRI, 2009.

CELIMENE René, *Droit budgétaire et comptabilité publique au Sénégal*, Nouvelles éditions africaines (NEA), 1985.

CHANH TAM Nguyen, *Finances publiques sénégalaises*, L'Harmattan, 1990.

CHITOU Marouf Alabi, *Le renforcement des contrôles : le rôle des juridictions financières africaines (expérience du Bénin)*, Revue française de finances publiques, n° 98, 2007.

COULIBALY Alban Alexandre, *Les finances publiques de la République de Côte d'Ivoire. Introduction au droit budgétaire et financier ivoirien*, L'Harmattan (coll. Finances publiques), 2000.

DA Dakor,

- *L'application des directives de l'UEMOA sur la comptabilité publique au Burkina Faso : les avancées et les contraintes*, Revue française de finances publiques, n° 98, 2007 ;
- *L'autorité de la chose jugée en matière de justice financière*, Revue béninoise de sciences juridiques et administratives, n° 24, 2011 ;
- *La recherche de la transparence budgétaire dans les réformes en finances publiques au Burkina Faso*, Revue *Afrilex,* juin 2012.

DEMBA BA Boubacar, *Finances publiques et gestion par la performance dans les pays membres de l'UEMOA : étude de cas du Sénégal*, Thèse, droit, Université Montesquieu-Bordeaux IV, 2015.

DIAGNE Mayacine, *De l'influence du droit communautaire africain sur les finances publiques sénégalaises*, Revue EDJA, octobre-décembre 2009.

DIALLO Mahady, *La comptabilité publique dans les Etats africains francophones : Pratiques postcoloniales et grandes misères actuelles*, Les nouvelles éditions africaines du Sénégal (NEAS), 2015.

DIALLO Ibrahima, *Pour une appréciation concrète des pouvoirs du parlement sénégalais en matière budgétaire*, Revue *Afrilex*, juin 2012.

DIARRA Eloi,

- *Les aspects financiers de la Communauté économique de l'Afrique de l'Ouest*, Thèse de doctorat en droit, Université de Paris 2, 1982 ;
- *L'actualité du thème des finances publiques en Afrique*, Editorial de la Revue *Afrilex*, décembre 2004.

DIOP Mamadou, *Finances publiques sénégalaises*, Nouvelles éditions africaines, (NEA), 1977.

DIOUKHANE Abdourahmane,

- *La procédure du contradictoire dans la procédure de jugement des comptes des comptables publics*, La Revue du Trésor, n° 3-4, mars-avril, 2008, p. 207 ;
    - *Les finances publiques dans l'UEMOA - Le budget du Sénégal*, L'Harmattan (coll. Finances publiques), 2015 ;
    - *Les juridictions financières dans l'UEMOA – La Cour des comptes du Sénégal,* L'Harmattan, (coll. Finances publiques), 2016.

DJEKOURI-DAGBO Jeannie Elisabeth Badjo, *Le principe de l'unité budgétaire dans le droit budgétaire ivoirien*, Revue ivoirienne de droit, n° 41, 2010, pp. 110-151.

DONFACK Lékéné, *Finances publiques camerounaises*, Berger-Levrault, 1987.

DUFRENOT Gilles, HOUESSOU Eloge et NONFODJI Emèdétèmin, *Politique budgétaire et dette dans les pays de l'UEMOA*, Economica, 2007.

DUPRAT Jean-Pierre,

- *La formation et l'évolution du droit financier en Afrique francophone subsaharienne*, in DARBON Dominique et DU BOIS DE GAUDUSSON Jean (sous dir. de), *La création du droit en Afrique*, Karthala, 1997 ;

- *La dynamique des réformes budgétaires : globalisation des problèmes, unification des outils et adaptation nationale des solutions*, Revue française des finances publiques, n° 98, 2007.

EFANGON Daniel Yannick, *La réforme des juridictions des comptes dans l'espace CEMAC,* L'Harmattan, 2018.

EL KACEMI M., *La loi de finances au Maroc*, Thèse de doctorat en droit, Université de Paris 2, 1997.

Encyclopédie Juridique de l'Afrique (volume 3), *Systèmes budgétaires, financiers, fiscaux et douaniers*, Nouvelles Editions Africaines, 1982.

EUV MOUTSIANGOU Alex, *La responsabilité des administrateurs de crédits de l'Etat*, Hebdo Informations, n° 487, 12-26 juin 2004.

FALL Ismaila Madior,

- *La loi de règlement dans le droit des finances publiques des Etats membres de l'UEMOA : l'exemple du Sénégal*, Revue Droit sénégalais, n° 4, 2005 ;

- *Les lois de finances rectificatives*, Revue *Afrilex*, n° 4, 2004.

FOURRIER Charles, *Finances publiques du Sénégal*, Editions A. Pédone, 1975.

GNIMASSOU A., *Le contrôle de performance : outils et contraintes*, Revue béninoise de sciences juridiques et administratives, n° 24, 2011.

HARAKAT Mohamed, *Les finances publiques et les impératifs de performance : le cas du Maroc,* L'Harmattan, (coll. Finances publiques), 2011.

KAKARA M., *De quelques aspects récents de l'évolution des finances publiques, du droit budgétaire et de la comptabilité publique au Sénégal : l'élaboration de la loi de finances*, Revue EDJA, n° 59, 2003.

KUREK Aline, *Le juge financier, juge administratif*, Thèse de doctorat en droit, Université de Lille 2, 2010.

KWAHOU Sylvestre, *Le contrôle de la constitutionnalité des lois de finances au Gabon*, Revue Afrique juridique et politique, n° 1-2, vol. 3, 2008.

LALUMIERE Pierre et CASTAGNEDE Bernard (sous la dir. de), *Encyclopédie juridique de l'Afrique*, tome 3 : *Systèmes budgétaires, financiers, fiscaux et douaniers*, Nouvelles éditions africaines, 1982.

LAMARQUE D., *Quel parquet et quel greffe pour les juridictions financières ?*, Revue béninoise de sciences juridiques et administratives, n° 24, 2011.

LIENERT Ian, *Une comparaison entre deux systèmes de gestion des dépenses publiques en Afrique*, Revue de l'OCDE sur la gestion budgétaire, vol. 3, n° 3, 2003.

LEIDERER Stefan et Peter WOLF, *Gestion des finances publiques : une contribution à la bonne gouvernance financière*, Annuaire suisse de politique de développement, n° 26-2, 2007.

LEBONDO LE-MALI Vincent, *Les budgets autonomes*, Hebdo Informations, n° 444, 1er-15 septembre 2001.

LEKEMBI Dolivéra, *La budgétisation par objectifs dans les pays en voie de développement*, Thèse de doctorat en droit, Université d'Aix-Marseille, 2014.

MACRA T., *Les caractéristiques des finances publiques des pays en voie de développement*, Revue juridique et politique des Etats francophones, n° 3, juillet-septembre 2010, pp. 326-339.

MBOUP El Hadj Makhoudia, *Contribution à l'étude des aspects juridiques et financiers des politiques d'ajustement structurel en Afrique*, Thèse de doctorat en droit, Université Jean Moulin, Lyon 3, 2002.

MEDE Nicaise,

- *La nouvelle gestion budgétaire : l'expérience des budgets de programmes au Bénin*, Revue *Afrilex*, n° 4, 2004 ;
- *L'UEMOA et le développement des Cours des comptes en Afrique de l'Ouest*, Revue française de finances publiques, n° 90, 2005 ;
- *Contribution des juridictions financières à la bonne gouvernance des Etats africains*, Cahiers de l'Association africaines des hautes

juridictions financières (AA-HJF), 11e publication, décembre 2010 ;

- *La juridiction financière, d'hier à demain et après-demain*, Revue béninoise de sciences juridiques et administratives, n° 24, 2011 ;
- *Réflexions sur le cadre harmonisé des finances publiques dans l'espace UEMOA*, Revue africaine de sciences juridiques, n° 1, 2014 ;
- *La LOLF dans tous ses états*, Centre de Production Universitaire, Cotonou, (CPU), 2015 ;
- *La fédéralisation des sources du droit financier*, Revue *Droit béninois*, n° 4, 2015 ;
- *L'Afrique francophone saisie par la fièvre de la performance : chronique financière africaine francophone*, Revue française de finances publiques, n° 135, 2016 ;
- *Finances publiques – Espace UEMOA/UMOA*, L'Harmattan/CREDILA, 2016.

MONTEIRO Célestin, *Impact des programmes d'ajustement structurel sur le droit financier béninois*, Thèse de doctorat en droit, Université Montesquieu–Bordeaux IV, 2001.

MOYOUM KEMGNI Georgette, *Les juridictions des comptes en zone CEMAC : une traduction trop formelle des normes internationales*, Revue *Afrilex*, juin 2012.

N'DRI-TCHEOUA P., *Le rééquilibrage des pouvoirs dans la procédure budgétaire en Côte d'Ivoire*, Revue Gestion et finances publiques, n° 5-6, 2015.

NZOUANKEU Jacques Mariel,

- *Les rapports entre le juge des comptes et le juge administratif de droit commun*, RDP, 1976.
- *L'impact des stratégies et réformes des procédures budgétaires sur la performance des fonctions publiques de l'espace francophone africain*, Revue française de finances publiques, n° 98, 2007.

OBIANG NDONG Modeste, *La consultation du Conseil d'Etat par le gouvernement ou le mécanisme des avis*, Hebdo Informations, n° 491, 11-25 septembre 2004.

ONDO Nicaise, *Les institutions supérieures de contrôle des finances publiques au Gabon, en référence à la Cour des comptes française au XXe siècle : approche historique et analyse de droit*, Thèse, droit, Université Jean Moulin-Lyon 3, 2009.

ONDO Télesphore, *Vers un droit constitutionnel des finances publiques*, Hebdo Informations, n° 534, 31 mars 2007, p. 53-58 et n° 537, 26 mai 2007.

ONDO METO'O Sylvain, *La responsabilité des comptables publics en matière de recettes*, Libreville, IEF, 1994.

OUATTARA Amadou Tiégoué,

- *L'économie des finances publiques et le système budgétaire malien*, 2e éd., Bamako, Editions Jamana, 2002 ;
- *Les finances publiques du Mali et la théorie générale des finances publiques*, 2e éd., Editions populaires du Mali, 2004.

OUEDRAGO Djibrihina, *L'autonomisation des juridictions financières de l'espace UEMOA. Etude sur l'évolution des Cours des comptes*, Thèse de doctorat en droit, Université Montesquieu-Bordeaux IV, 2013.

OUEDRAGO Yakouba, *L'influence de la démarche de performance sur le droit public financier des Etats membres de l'UEMOA*, Thèse de doctorat en droit, Université de Rouen, 2015.

PAGNOU Sasso,

- *La gestion des finances publiques au Togo : un système à rénover*, Thèse de doctorat en droit, Université Jean Moulin-Lyon 3, 2010 ;
- *Les récentes évolutions de la gestion financière au Togo*, Revue Afrilex, juin 2012 ;
- *Les nouvelles directives de l'UEMOA sur les finances publiques et la gestion financière publique des Etat membres de l'Union*, Revue française de finances publiques, n° 132, novembre 2015.

PAPILLON Benoît Mario, *Les outils de la gestion publique axée sur la performance dans le contexte africain : recherche d'une pertinence au-delà du paradoxe*, Revue française de finances publiques, n° 98, 2007.

PARIENTE Alain et COULIBALY Abou Saïb, *Programmes et mesure de la performance en France et dans les pays africains*, Revue française de finances publiques, n° 98, juin 2007.

SANON Jean Gustave, *L'objectif de performance dans la politique d'harmonisation des finances publiques dans l'Union économique et monétaire ouest-africaine*, Revue française de finances publiques, n° 98, juin 2007.

SHARPLES Stephen et TELLIER Charles, *Réformes des finances publiques en Afrique et nouveaux mécanismes d'aide et d'allègement de la dette*, Revue Afrique contemporaine, 2007/3, n° 223-224.

SIMMONY Marc, *La démarche de performance dans le cadre des finances publiques*, Revue française de finances publiques, n° 98, 2007.

TANO Félix,

- *La rationalisation de la gestion budgétaire en Afrique : l'exemple de la Côte d'Ivoire*, Revue française de finances publiques, n° 98, juin 2007 ;

- *Constitutionnalisme et urgence budgétaire à l'épreuve des crises politiques*, Revue juridique et politique des Etats francophones, n° 2, 2011.

THEOUA K.A., *Les finances de l'Union économique et monétaire ouest-africaine (UEMOA) et la logique de performance*, Thèse de doctorat en droit, Université de Cocody-Abidjan, 2010.

THIERNO BARO Alassane, *La contribution de la Cour des comptes à la bonne gouvernance financière : l'exemple du Sénégal*, Revue béninoise de sciences juridiques et administratives, n° 24, 2011.

TONI Mesnil, *L'autorisation budgétaire dans le droit financier ouest-africain francophone*, Thèse de doctorat en droit, Université Jean Moulin-Lyon 3, 2015.

TOURE Cheickna, *Le système de contrôle des finances publiques au Mali*, Revue *Afrilex*, n° 4, décembre 2004.

TOURE Sanoussi, *Le budget du Mali, sa conception, ses fonctions*, Bamako, Editions Jamana, 1994.

YONABA Salif,

- *Les finances de l'Etat burkinabè*, Ouagadougou, PADEG, 2006 ;
- *L'intégration des règles budgétaires et comptables dans le cadre de l'Union économique et monétaire ouest-africaine*, Revue burkinabè de droit, n° 39-40, numéro spécial 2001 ;
- *La difficile intégration des règles budgétaires et comptables des Etats membres de l'UEMOA*, Revue française de finances publiques, n° 79, 2002 ;
- *Une nouvelle catégorie juridique en quête d'identité : la loi ordinaire relative aux lois de finances*, Revue burkinabè de droit, n° 43-44, 2003 ;
- *Les contraintes de l'harmonisation d'un droit rénové dans la zone de l'UEMOA*, Revue française de finances publiques, n° 98, 2007 ;
- *Le système financier des Etats africains francophones à l'épreuve de l'impératif de ''discipline budgétaire'' : réflexions préliminaires*, in Mélanges en l'honneur de Robert Hertzog : *Réformes des finances publiques et modernisation de l'administration*, Economica (coll. Finances publiques), 2010 ;
- *La prise de décision dans le système financier des Etats d'Afrique subsaharienne*, in Delon Desmoulin Corinne et Desmoulin Gil (sous dir. de), *La prise décision financière publique*, LGDJ (coll. Systèmes), 2013.

ZAKI Moussa,

- *Le contrôle des finances publiques dans les Etats d'Afrique noire francophone : l'exemple du Niger et du Sénégal*, Thèse de doctorat en droit, Université des Sciences sociales de Toulouse 1, 1999 ;
- *La LOLF, instrument de rénovation de la gouvernance de l'Etat*, in Nicaise Medé (sous dir. de) *La LOLF dans tous ses états*, Cotonou, Centre de Production Universitaire (CPU), 2015.

ZOURE Daouda,

- *La modernisation du cadre budgétaire des pays de l'UEMOA*, Thèse de doctorat en droit, Université de Paris 1, 2013 ;
- *CMDT et gestion axée sur les résultats ; défis de la mise en œuvre dans les pays de l'Afrique subsaharienne : expériences du Bénin, du Tchad et du Rwanda*, Revue française de finances publiques, n° 109, 2010.

ANNEXES

ANNEXE 1

LOI ORGANIQUE N° 020/2014 DU 21 MAI 2015 RELATIVE AUX LOIS DE FINANCES ET A L'EXECUTION DU BUDGET

L'Assemblée nationale et le Sénat ont délibéré et adopté,

La Cour constitutionnelle a déclaré conforme à la Constitution,

Le Président de la République, Chef de l'Etat,

Promulgue la loi dont la teneur suit :

Titre 1 : Des dispositions générales

Article 1er : La présente loi organique, prise en application des dispositions de l'article 47 de la Constitution, fixe :

- les règles relatives à la politique budgétaire et aux principes budgétaires et fiscaux ;
- les règles relatives à la nature, au contenu, à la présentation, à l'élaboration et à l'adoption des lois de finances ainsi qu'à l'exécution et au contrôle du budget ;
- les principes relatifs à la comptabilité publique et aux responsabilités des agents publics intervenant dans la mise en œuvre de ces principes.

Article 2 : Sans préjudice des limites et exclusions prévues par la Constitution et les lois spécifiques, les dispositions de la présente loi organique s'appliquent à l'ensemble des administrations, organismes publics et institutions bénéficiant de la dotation de fonds publics.

Sont considérés comme des fonds publics soumis aux règles définies par la présente loi, quels qu'en soient l'objet et la nature, les recettes fiscales et non fiscales, les financements accordés à l'Etat ou à toute autre administration publique par les bailleurs de fonds nationaux ou internationaux, les Etats étrangers ou les institutions financières nationales ou internationales.

Les budgets des établissements publics et ceux des collectivités locales doivent s'inspirer des principes et règles fixées dans la présente loi.

Article 3 : A l'exception des dispositions générales contenues à l'article 1er ci-dessus, la présente loi s'applique exclusivement au budget de l'Etat.

Titre II : De la politique budgétaire et des principes budgétaires et fiscaux

Chapitre 1er : De la politique budgétaire

Article 4 : Les budgets des administrations publiques, notamment celui de l'Etat, doivent être établis et financés dans des conditions qui garantissent la soutenabilité de l'ensemble des finances publiques.

La politique budgétaire doit éviter tout déficit public excessif et se conformer à la discipline budgétaire qu'implique la monnaie commune.

A ce titre, le Gouvernement définit une politique budgétaire à moyen terme conforme aux critères fixés par les conventions régissant la Communauté Economique et Monétaire de l'Afrique Centrale, en assure la bonne mise en œuvre et se prête aux obligations de la surveillance multilatérale.

Article 5 : Chaque année, le Gouvernement établit un cadre budgétaire à moyen terme définissant, en fonction d'hypothèses économiques réalistes, l'évolution sur une période minimum de trois ans :

- de l'ensemble des dépenses et recettes des administrations publiques, y compris les contributions des bailleurs de fonds nationaux ou internationaux ;
- du besoin ou de la capacité de financement des administrations publiques ;
- des éléments de financement ainsi que du niveau global d'endettement financier des administrations publiques.

Sur la base de ce cadre budgétaire à moyen terme et dans les limites qu'il fixe, le Gouvernement établit des cadres de dépenses à moyen terme décomposant, sur une période minimum de trois ans, les grandes catégories de dépenses publiques, par nature, par mission, par programme, avec les objectifs et indicateurs associés, par fonction et, le cas échéant, par ministère.

Ces documents de cadrage à moyen terme sont rendus publics.

Article 6 : Chaque année, avant le 15 juin, le Gouvernement transmet au Parlement les documents de cadrage à moyen terme visés à l'article

5 ci-dessus, accompagnés d'un rapport sur la situation macroéconomique et d'un rapport sur l'exécution du budget de l'exercice en cours. Sur la base de ces documents et rapports, le Parlement organise, avant le 30 juin, un débat d'orientation budgétaire, en séance publique, mais sans vote.

Ce débat donne lieu à l'établissement des documents définitifs de cadrage budgétaire à moyen terme.

Les lois de finances annuelles doivent être conformes aux prescriptions fixées dans ces documents au titre de la première année.

Chapitre II : Des principes budgétaires et fiscaux

Article 7 : Les budgets des administrations publiques déterminent pour chaque année, dans un document unique pour chacune d'entre elles, l'ensemble de leurs recettes et de leurs dépenses, présentées pour leur montant brut. Les dépenses sont décrites en fonction de leur nature économique et, le cas échéant, en fonction des finalités qu'elles poursuivent. L'ensemble des ressources de chaque collectivité publique est affecté au financement de l'ensemble de ses charges.

Toutefois, un montant déterminé des recettes de l'Etat peut être rétrocédé directement au profit des collectivités locales ou des organismes internationaux auxquels le Gabon est affilié en vue de couvrir des charges incombant à ces bénéficiaires ou, pour les collectivités locales, de compenser des exonérations, des réductions ou des plafonnements d'impôts établis à leur profit.

Il est fait recette du montant intégral des produits, sans contraction entre les recettes et les dépenses.

Les budgets des administrations publiques présentent de façon sincère l'ensemble de leurs recettes et dépenses. Leur sincérité s'apprécie compte tenu des informations disponibles au moment de leur élaboration et des prévisions qui peuvent raisonnablement en découler.

Article 8 : L'assiette, le taux et les modalités de recouvrement des prélèvements obligatoires ne peuvent être établis, supprimés ou modifiés que par le Code Général des Impôts ou par une loi de finances. Ils sont, sauf disposition expresse contraire, valables sans limite de temps et ne peuvent avoir d'effet rétroactif.

Le produit des prélèvements obligatoires est attribué à l'Etat.

Toutefois, la loi de finances peut, par exception, attribuer directement ce produit, en tout ou partie, à une autre collectivité publique ou à un autre organisme public, le cas échéant, en concédant au bénéficiaire concerné le pouvoir de fixer le taux de ces impositions dans les limites qu'elle détermine.

Article 9 : Les bailleurs de fonds sont tenus d'informer le Ministre chargé de l'Economie de tout financement apporté aux administrations publiques ou alloué pour la réalisation de projets ou d'activités d'intérêt public.

La mise en place de ces financements est soumise à l'approbation préalable du Ministre chargé de l'Economie selon les modalités fixées par voie réglementaire.

Lorsqu'ils sont accordés à l'Etat, les financements des bailleurs de fonds nationaux ou internationaux, y compris ceux accordés à des projets ou programmes d'investissement particuliers, sont intégrés en recettes et en dépenses à son budget général. Une annexe aux lois de finances donne le détail de l'origine et de l'emploi de ces fonds.

Titre III : Des lois de finances

Article 10 : Les lois de finances ont pour objet de déterminer les ressources et les charges de l'Etat, de définir les conditions de l'équilibre budgétaire et financier, d'arrêter le budget de l'Etat et de rendre compte de son exécution.

Elles peuvent en outre comporter toute disposition de nature législative relative à la détermination des recettes et dépenses de l'Etat ou aux modalités de leur mise en œuvre et de leur contrôle.

Ont le caractère de lois de finances:

- la loi de finances de l'année ;
- les lois de finances rectificatives ;
- la loi de règlement.

Le Ministre chargé du Budget prépare les projets de loi de finances soumis à l'ensemble du Conseil des Ministres.

Chapitre 1er : De la loi de finances de l'année

Article 11 : La loi de finances de l'année prévoit et autorise, pour chaque année civile, l'ensemble des ressources et des charges de l'Etat.

Elle comprend deux parties distinctes.

I - Dans la première partie, la loi de finances de l'année :

1 - comporte les dispositions relatives aux ressources de l'Etat qui affectent l'équilibre budgétaire de l'année ;

2 - comporte l'évaluation de chacune des recettes budgétaires ;

3 - comporte toutes dispositions relatives aux affectations de recettes au sein du budget de l'Etat ;

4 - fixe les plafonds des dépenses du budget général et de chaque budget annexe, les plafonds des charges de chaque catégorie de comptes spéciaux ainsi que le plafond d'autorisation des emplois rémunérés par l'Etat;

5 - arrête les données générales de l'équilibre présentées dans un tableau d'équilibre faisant apparaître :

- le solde budgétaire global résultant de la différence entre les recettes et les dépenses budgétaires telles que définies respectivement aux articles 30 et 33 de la présente loi ;
- le besoin ou la capacité de financement de l'Etat, au sens des normes internationales en matière de statistiques des finances publiques ;
- le solde budgétaire de base tel que défini dans le cadre des traités et conventions régissant la Communauté Economique et Monétaire de l'Afrique Centrale.

6 - comporte les autorisations relatives aux cessions d'actifs, aux emprunts et à la trésorerie de l'Etat et évalue les ressources et charges de trésorerie et de financement, présentées dans un tableau des flux de trésorerie prévisionnels ;

7 - fixe le plafond des dettes financières de l'Etat ;

8 - arrête les modalités selon lesquelles seront utilisés les éventuels surplus, par rapport aux évaluations de la loi de finances de l'année, du produit des impositions de toute nature établies au profit de l'Etat.

II- Dans la seconde partie, la loi de finances de l'année :

1 - fixe, pour le budget général et par mission, le montant détaillé des crédits ;

2 - fixe par ministère, par institution et par autorité administrative indépendante, le plafond des autorisations d'emplois ;

3 - fixe le montant des recettes et des dépenses de chaque budget annexe et compte spécial et, le cas échéant, le montant des découverts autorisés ;

4 - fixe, pour le budget général, le budget annexe et les comptes spéciaux, par mission, le montant du plafond des reports prévus à l'article 48 ci-dessous ;

5 - autorise l'octroi des garanties de l'Etat et fixe leur régime ;

6 - approuve toutes les conventions de prêt avec les bailleurs de fonds nationaux et internationaux, bilatéraux ou multilatéraux ;

7 - approuve les prêts et avances et garanties accordés par l'Etat en application des articles 61 et 62 de la présente loi ;

8 - peut :

- comporter des dispositions relatives à l'assiette, au taux et aux modalités de recouvrement des prélèvements obligatoires qui n'affectent pas l'équilibre budgétaire de l'année, à condition que ces dispositions ne conduisent pas à diminuer le volume global de recettes fiscales en dessous du niveau fixé par le cadre budgétaire à moyen terme ;

- comporter des dispositions affectant directement les dépenses budgétaires de l'année ;

- définir les modalités de répartition des concours de l'Etat aux collectivités locales ;

- comporter toutes dispositions relatives à l'information sur la gestion des finances publiques et à son contrôle ;

- comporter toutes dispositions relatives aux modalités d'exécution du budget de l'Etat, à sa comptabilité et au régime de la responsabilité et de sanctions des agents de l'Etat en matière budgétaire, comptable et financière.

Article 12 : Est joint au projet de loi de finances de l'année, un rapport sur la situation et les perspectives économiques, sociales et financières de la nation. Il comprend notamment la présentation des hypothèses, des méthodes et des résultats des projections sur la base desquelles est établi le projet de loi de finances de l'année. Il présente également les documents définitifs du cadrage budgétaire à moyen terme définis à l'article 5 de la présente loi.

Article 13 : Sont jointes au projet de loi de finances de l'année, les annexes suivantes :

1 - une analyse des changements de la présentation budgétaire par rapport au précédent exercice faisant apparaitre leurs effets sur les recettes, les dépenses et les soldes budgétaires de l'année concernée ;

2 - une analyse des prévisions de chaque recette budgétaire, évaluant les pertes de recettes liées aux dérogations fiscales; la prévision des recettes budgétaires au titre de l'année considérée est accompagnée d'une prévision, à titre indicatif, des montants attendus pour les deux années suivantes ;

3 - un état complet et détaillé de l'endettement prévisionnel en fin d'exercice accompagné de la stratégie d'endettement ;

4 - un tableau des opérations financières de l'Etat retraçant l'ensemble des flux financiers des administrations publiques ;

5 - un plan de trésorerie annuel mensualisé comportant notamment un plan d'engagement ;

6 - l'échéancier des crédits de paiement associés aux autorisations d'engagement ;

7 - la répartition par ministère, par institution constitutionnelle dotée de l'autonomie de gestion financière, des emplois rémunérés par l'Etat ;

8-des annexes explicatives détaillant le contenu des budgets annexes, comptes spéciaux, comptes de prêts et comptes de garantie ;

9 - un récapitulatif détaillé de l'ensemble des fonds des bailleurs prévus dans le cadre de l'exercice budgétaire à venir précisant leur montant, leur objet et leur mode d'intégration au budget national et à ses procédures de gestion. A ce récapitulatif, sont jointes des copies des conventions de financement concernés ;

10 - un rapport identifiant et évaluant les principaux risques budgétaires ;

11 - une note décrivant les principales mesures de dépenses et de recettes en précisant leur contribution aux objectifs de politique économique et leur cohérence avec les grandes politiques publiques ;

12 - une présentation des mesures envisagées pour assurer en exécution le respect du plafond global des dépenses du budget général voté par le Parlement, indiquant en particulier, pour les programmes

dotés de crédits limitatifs, le taux de mise en réserve prévu pour les crédits ouverts sur le titre des dépenses de personnels et celui prévu pour les crédits ouverts sur les autres titres ;

13 - des annexes explicatives développant par programme, le montant des crédits présentés par titre au titre de l'année considérée ainsi que, à titre indicatif, au cours des deux années suivantes. Ces annexes sont accompagnées du projet annuel de performance de chaque programme présentant les objectifs poursuivis et les résultats attendus, mesurés au moyen d'indicateur d'activité et de résultat.

La liste des annexes mentionnées au présent article peut être modifiée par les lois de finances.

Chapitre II : Des lois de finances rectificatives

Article 14 : Sans préjudice des dispositions des articles 43 à 48 ci-dessous, les lois de finances rectificatives peuvent, en cours d'année, modifier les dispositions de la loi de finances de l'année. Le cas échéant, elles ratifient les modifications apportées par décret d'avance aux crédits ouverts par la dernière loi de finances.

Les lois de finances rectificatives sont présentées dans les mêmes formes que la loi de finances de l'année.

Toutefois, s'agissant de la deuxième partie des lois de finances rectificatives, elles peuvent ne comporter que les éléments modifiant la deuxième partie de la loi de finances de l'année.

Article 15 : En cours d'exercice, un projet de loi de finances rectificative doit être déposé par le Gouvernement si :

- les grandes lignes de l'équilibre budgétaire défini par la loi de finances de l'année se trouvent bouleversées, notamment en raison de l'évolution de la conjoncture, de l'intervention de décrets d'avances ou d'arrêtés d'annulation de crédits ;

- les recettes constatées dépassent sensiblement les prévisions de la loi de finances de l'année ;

- des mesures législatives ou réglementaires affectant de manière substantielle l'exécution du budget sont intervenues.

Article 16 : Sont joints à tout projet de loi de finances rectificative :

- un rapport présentant les évolutions de la situation économique et budgétaire justifiant les dispositions incluses dans ce projet de loi de finances rectificative ;

- une annexe explicative détaillant et justifiant les modifications de crédits proposées ;

- un tableau récapitulant les mouvements de crédits intervenus par voie réglementaire depuis la loi de finances de l'année en application des articles 45 à 48 de la présente loi.

La liste des documents mentionnés au présent article peut être modifiée par les lois de finances.

Chapitre III : De la loi de règlement

Article 17 : La loi de règlement :

1 - arrête les résultats de la comptabilité budgétaire et de la comptabilité générale de l'exercice considéré et en donne quitus au Gouvernement ;

2 - procède aux modifications de crédits qui s'avéreraient, le cas échéant, nécessaires, notamment :

- en ratifiant les ouvertures de crédit intervenues par décret d'avance postérieurement à la dernière loi de finances afférente à cette année;

- en ouvrant, pour chaque programme concerné, les crédits nécessaires pour régulariser les dépassements constatés sur les crédits évaluatifs ;

- en procédant à l'annulation des crédits n'ayant pas été consommés ;

- en majorant le montant du découvert autorisé au niveau du découvert constaté d'un budget annexe ou d'un compte de commerce.

La loi de règlement peut également comporter toutes dispositions relatives au contrôle de la gestion des finances publiques, ainsi qu'à la comptabilité de l'Etat et aux régimes de responsabilité des agents de l'exécution du budget.

Article 18 : Sont joints au projet de loi de règlement :

1 - un tableau présentant le développement des recettes du budget général;

2 - un état récapitulant et justifiant tous les mouvements de crédits intervenus en cours d'année ;

3 - des annexes explicatives, développant par programme ou par dotation, le montant définitif des crédits ouverts et des dépenses constatées ainsi que la répartition définitive des crédits par titre

comparée à leur répartition initiale. Elles présentent également l'écart entre les estimations et les réalisations au titre des fonds de concours ;

4 - les rapports annuels de performance présentant, sous le même format que les projets annuels de performance, pour chaque programme, les résultats obtenus comparés aux objectifs fixés, les actions développées et les moyens utilisés, accompagnés d'indicateurs d'activité et de résultat ainsi que d'une estimation des coûts des activités ou des services rendus. Ces rapports annuels de performance font également apparaître, par programme, les écarts entre les résultats de l'année considérée et les réalisations constatées dans la dernière loi de règlement ;

5 - des annexes explicatives développant, par programme, pour chaque budget annexe et chaque compte spécial, le montant définitif des recettes et des dépenses constatées, des crédits ouverts ou du découvert autorisé, ainsi que les modifications de découvert demandées. Ces annexes sont accompagnées de rapports annuels de performance ;

6 - des annexes explicatives développant, pour chaque compte de prêt et avance et de garantie, les opérations effectuées ;

7 - les comptes de l'Etat qui comprennent :

- les résultats de la comptabilité budgétaire avec le développement des recettes et dépenses budgétaires du budget général, des budgets annexes et des comptes spéciaux du Trésor ;

- le compte général de l'Etat comprenant la balance générale des comptes de l'année et les états financiers: bilan, compte de résultat, tableau des flux de trésorerie et état annexé dans les conditions définies par le Règlement Général sur la Comptabilité Publique. Il est accompagné d'un rapport de présentation qui indique notamment les changements de méthodes et des règles comptables appliquées au cours de l'exercice.

8 - un état développé des restes à payer et des restes à recouvrer de l'Etat accompagné d'un rapport indiquant les mesures envisagées pour maitriser ces restes à payer et restes à recouvrer ;

9 - le tableau des opérations financières de l'Etat ;

10 - un rapport de la Cour des Comptes sur l'exécution des lois de finances accompagné d'une certification de la régularité, la sincérité et la fidélité des comptes de l'Etat.

A l'exception des points 7 et 10, la liste des documents mentionnés au présent article peut être modifiée par la loi de finances.

Chapitre IV : De l'élaboration des lois de finances par le Gouvernement

Article 19 : Sous l'autorité du Président de la République et dans le respect des dispositions de la présente loi et des autres textes en vigueur, le Ministre chargé du Budget prépare, sous la direction du Premier Ministre, les projets de lois de finances qui sont adoptés en Conseil des Ministres.

L'élaboration du projet de loi de finances se déroule selon un calendrier et des modalités fixés par voie réglementaire.

Article 20 : Chaque année, la procédure de préparation du projet de loi de finances de l'année est engagée par le Premier Ministre, Chef du Gouvernement qui, sur proposition du Ministre chargé du Budget :

- fixe le cadrage macro-économique sur la base d'hypothèses prudentes et crédibles et dans le respect du montant global des recettes et des dépenses fixées dans le cadre budgétaire à moyen terme visé à l'article 6 de la présente loi ;

- détermine les priorités budgétaires et normes de dépenses pour les demandes de crédits des ministères, dans le respect des cadres de dépenses à moyen terme visé à l'article 6 de la présente loi ;

- définit la procédure de présentation et d'arbitrage des demandes de crédits.

Le Premier Ministre, sur proposition du Ministre chargé du Budget, le cas échéant, le Président de la République, procède aux arbitrages sur les dépenses et les recettes qui n'ont pu faire l'objet d'un accord entre ministres.

Chapitre V : De l'adoption des lois de finances par le Parlement

Article 21 : Le projet de loi de finances est présenté, au nom du Premier Ministre et en liaison avec l'ensemble des ministres sectoriels, par les Ministres chargés du Budget et de l'Economie.

Le projet de loi de finances de l'année, y compris les documents l'accompagnant prévus aux articles 12 et 13 de la présente loi, est déposé par le Gouvernement sur le bureau de l'Assemblée Nationale au plus tard quarante-cinq jours après l'ouverture de la seconde session ordinaire.

Si l'Assemblée Nationale ne s'est pas prononcée en première lecture dans un délai de quarante-cinq jours après le dépôt du projet de loi de finances, le Gouvernement saisit le Sénat qui doit statuer dans un délai de vingt jours. Il est ensuite procédé à son examen dans les conditions prévues à l'article 58a de la Constitution.

Si, au terme de la session budgétaire, le Parlement se sépare sans avoir voté le budget en équilibre, le Gouvernement est autorisé à reconduire par ordonnance le budget précédent. Cette ordonnance peut néanmoins prévoir, en cas de nécessité, toute réduction de dépenses ou augmentation de recettes. A la demande du Premier Ministre, le Parlement est convoqué dans les quinze jours en session extraordinaire pour une nouvelle délibération.

Si le Parlement n'a pas voté le budget en équilibre à la fin de cette session extraordinaire, le budget est arrêté définitivement par ordonnance prise en Conseil des Ministres et signée par le Président de la République.

Article 22 : Le projet de loi de finances ne peut être mis en discussion devant une chambre du Parlement avant le vote par celle-ci, en première lecture, du projet de loi de règlement afférent à l'année qui précède celle de la discussion de ce projet de loi de finances.

Article 23 : Les membres du Parlement ont le droit d'amendement dans les conditions prévues par l'article 55 de la Constitution. A ce titre, ils ne peuvent augmenter le volume des crédits d'une mission sans dégagement des financements correspondants.

Tout amendement doit être motivé. La disjonction des amendements qui contreviennent aux dispositions du présent article est de droit.

Article 24 : La seconde partie du projet de loi de finances de l'année et, s'il y a lieu, des projets de lois de finances rectificatives, ne peut être mise en discussion devant le Parlement avant le vote de la première partie.

Article 25 : Les évaluations de recettes font l'objet d'un vote d'ensemble pour le budget général, les budgets annexes et les comptes spéciaux.

Les évaluations de ressources, de charges de trésorerie et de financement font l'objet d'un vote unique. Chaque compte de prêt et avance ou de garantie fait toutefois l'objet d'un vote séparé.

La discussion des crédits du budget général donne lieu à un vote par programme. Les votes portent, le cas échéant, à la fois sur les autorisations d'engagement et sur les crédits de paiement. Les plafonds d'autorisation des emplois donnent lieu à un vote par ministère.

Les crédits des budgets annexes et des comptes spéciaux sont votés par budget annexe ou par compte spécial.

Article 26 : Les projets de lois de finances rectificatives sont déposés au Parlement dès leur adoption en Conseil des Ministres.

Le projet de loi de règlement est déposé au Parlement avant le dépôt du projet de loi de finances pour l'exercice à venir.

Le Parlement engage l'examen du projet de loi de règlement dès son dépôt ou au plus tard, à la première session qui suit ce dépôt.

Article 27 : Les projets de lois de finances rectificatives sont examinés et adoptés dans les mêmes conditions que la loi de finances de l'année.

Titre IV : Du contenu et de la présentation du budget de l'Etat

Article 28 : Le budget de l'Etat détermine, pour un exercice budgétaire, la nature, le montant et l'affectation des recettes et des dépenses ainsi que le solde budgétaire qui en résulte et les modalités de financement. Il est consacré par une loi de finances.

L'exercice budgétaire s'étend sur une année civile.

Article 29 : Les recettes et les dépenses de l'Etat comprennent les recettes et les dépenses budgétaires ainsi que les ressources et les charges de trésorerie et de financement.

Chapitre 1er : Des recettes et des dépenses budgétaires

Article 30 : Les recettes budgétaires de l'Etat sont présentées en titres comme suit :

- titre I : Les recettes fiscales comprenant les impôts, taxes, droits et autres transferts obligatoires autres que les cotisations de sécurité sociale ;

- titre II : Les dons, legs et fonds de concours ;

- titre III : Les cotisations sociales ;

- titre IV : Les autres recettes comprenant les revenus de la propriété, les ventes de biens et services, la rémunération de services rendus par l'Etat, les amendes, pénalités et confiscations, les transferts volontaires autres que les dons et les recettes diverses.

Article 31 : La rémunération des services rendus par l'Etat ne peut être établie et perçue que si elle est instituée par décret pris sur rapport du Ministre chargé du Budget et du ministre intéressé.

Le produit des amendes et condamnations pécuniaires, les rémunérations pour services rendus, les revenus du domaine et de l'enregistrement, les revenus des participations financières, les remboursements de prêts et avances et le montant des produits divers sont prévus et évalués par la loi de finances.

Article 32 : Les dépenses budgétaires ne peuvent être autorisées que par une loi de finances. Lorsqu'une loi, une ordonnance, un décret ou un contrat contient des dispositions pouvant conduire à la création ou à l'augmentation des dépenses de l'Etat, ces dépenses ne deviennent certaines et définitives que lorsque les crédits correspondants ont été ouverts dans la loi de finances.

Article 33 : Les dépenses budgétaires de l'Etat sont regroupées en titres comme suit :

- titre 1 : Les charges financières de la dette;
- titre Il : Les dépenses de personnel;
- titre III : Les dépenses de biens et services;
- titre IV : Les dépenses de transfert;
- titre V : Les dépenses d'investissement;
- titre VI : Les autres dépenses.

Les crédits de chaque programme ou dotation, tels que définis respectivement aux articles 37 et 38 de la présente loi, sont répartis, en fonction de la nature économique des dépenses, entre les six titres définis ci-dessus.

Article 34 : Le détail des recettes et des dépenses budgétaires est fixé par voie réglementaire.

Chapitre II : De la nature et de la portée des autorisations budgétaires

Article 35 : Un crédit budgétaire est le montant maximum de dépenses que le Gouvernement est autorisé par le Parlement à engager et à payer, pour un objet déterminé, au cours de l'exercice budgétaire.

Les crédits budgétaires sont fixés dans la loi de finances et mis à la disposition des ministres à l'exception des crédits des institutions constitutionnelles et des autorités administratives indépendantes qui sont mis à la disposition des responsables de ces institutions et services administratifs.

Article 36 : Les crédits ouverts dans le budget de l'Etat pour couvrir chacune de ses dépenses sont constitués d'autorisations d'engagement et de crédits de paiement.

Les autorisations d'engagement constituent la limite supérieure des dépenses pouvant être engagées et dont le paiement peut s'étendre, le cas échéant, sur une période de plusieurs années.

Les crédits de paiement constituent la limite supérieure des dépenses pouvant être ordonnancées et payées pendant l'année pour la couverture des engagements contractés dans le cadre des autorisations d'engagement.

Pour les dépenses de personnel, le montant des autorisations d'engagement ouvertes est égal au montant des crédits de paiement ouverts.

Pour une opération d'investissement directement exécutée par l'Etat, l'autorisation d'engagement couvre une tranche constituant une unité individualisée formant un ensemble cohérent et de nature à être mis en service ou exécutée sans adjonction.

L'autorisation d'engagement afférente aux opérations d'investissement menées dans le cadre de contrats de partenariat publics-privés, par lesquels l'Etat confie à un tiers le financement, la réalisation, la maintenance ou l'exploitation d'opérations d'investissement d'intérêt public, couvre dès l'année où le contrat est conclu, la totalité de l'engagement juridique.

Article 37 : Les crédits sont, à l'exception des crédits visés à l'article 38 de la présente loi, regroupés par mission relevant d'un ou de plusieurs ministères, d'une ou de plusieurs institutions ou autorités administratives indépendantes.

Seule une disposition de loi de finances peut créer une mission, un programme ou une dotation.

Une mission regroupe un ensemble de dotations ou un ensemble de programmes concourant à une politique publique définie.

Un programme ou une dotation regroupe les crédits destinés à mettre en œuvre une action ou un ensemble cohérent d'actions relevant d'un même ministère, d'une même institution ou d'une même autorité administrative indépendante et auquel sont associés des objectifs précis, définis en fonction de finalités d'intérêt général ainsi que des résultats attendus. Les objectifs de chaque programme sont assortis d'indicateurs de résultats.

Les programmes sont placés sous la responsabilité d'un responsable de programme nommé par le ministre sectoriel, le responsable de l'institution constitutionnelle dotée de l'autonomie de gestion financière dont il relève. Ils font l'objet d'une évaluation de leur efficacité socio-économique, de l'efficience de leur gestion, et de la qualité de service par les corps de contrôle et par la Cour des Comptes.

Les programmes d'une même mission s'inscrivent dans le cadre d'un document de stratégie cohérent avec les documents de cadrage à moyen terme définis à l'article 6 ci-dessus.

Article 38 : Sont regroupés dans des dotations, les crédits couvrant :

- les dépenses des institutions constitutionnelles avec une dotation spécifique à chacune d'entre elles ;

- les dépenses accidentelles, destinés à faire face à des besoins urgents et imprévisibles ;

- les risques de mise en jeu des garanties et avals donnés par l'Etat en application de l'article 62 ci-dessous.

Article 39 : Les crédits visés à l'article 38 ci-dessus sont regroupés dans deux missions spécifiques. La première concerne les dotations des institutions constitutionnelles et la seconde recouvre les dotations pour dépenses accidentelles et risques de mise en jeu des garanties et avals donnés par l'Etat.

Article 40 : Les crédits sont spécialisés par programme ou par dotation.

A l'intérieur de chaque programme ou dotation, la répartition des crédits par titre est indicative et ne s'impose ni aux ordonnateurs ni aux comptables dans les opérations d'exécution du budget.

Toutefois, au sein d'un programme, les crédits ouverts :

- au titre des dépenses de personnel, ne peuvent être augmentés ;

- au titre des dépenses d'investissement, ne peuvent être diminués.

Article 41 : Les crédits ouverts sur le titre des dépenses de personnel sont assortis de plafonds d'autorisation des emplois rémunérés par l'Etat. Ces plafonds sont spécialisés par ministère, institution et autorité administrative indépendante et ne peuvent excéder les prescriptions des cadres organiques correspondants. Le nombre et la répartition des emplois autorisés pour chaque ministère ne peuvent être modifiés que par une loi de finances.

Article 42 : Sous réserve des dispositions prévues à l'article 43 ci-dessous, les crédits sont limitatifs et les dépenses ne peuvent être engagées et payées que dans la limite des crédits ouverts.

Article 43 : Les crédits relatifs aux charges de la dette de l'Etat ont un caractère évaluatif. Ils sont ouverts sur un programme spécifique. Les dépenses auxquelles s'appliquent ces crédits évaluatifs s'imputent, si nécessaire, au-delà des crédits ouverts.

Le Parlement est immédiatement informé des dépassements de crédits évaluatifs. Ces dépassements font l'objet de propositions d'ouverture de crédits dans le plus prochain projet de loi de finances afférent à l'année concernée.

Les crédits évaluatifs ne peuvent faire l'objet d'aucun des mouvements de crédits visés aux articles 44 à 48 de la présente loi.

Article 44 : En fonction des nécessités, les crédits ouverts sur la dotation pour les dépenses accidentelles peuvent être répartis entre les autres programmes, par décret pris sur proposition du Ministre chargé du Budget.

Article 45 : Des virements peuvent modifier la répartition des crédits entre programmes d'un même ministère ou entre dotations. Le montant cumulé, au cours d'une même année, des crédits ayant fait l'objet de virements, ne peut excéder 2% des crédits ouverts par la loi de finances de l'année pour chacun des programmes ou dotations concernés. Les virements de crédits de paiement au profit des dépenses d'investissement ne peuvent conduire à majoration d'autorisation d'engagement.

Des transferts peuvent modifier la répartition des crédits entre programmes de ministères distincts, dans la mesure où l'emploi des crédits ainsi transférés, pour un objet déterminé, correspond à des actions du programme d'origine.

Aucun virement ni transfert ne peut s'effectuer entre dotations.

Les virements et transferts sont autorisés par décret pris sur proposition du Ministre chargé du Budget, après avis du ministre, des responsables des institutions ou des autorités administratives indépendantes concernés. Ils sont immédiatement communiqués, pour information, au Parlement.

Article 46 : En cas d'urgence et d'insuffisance de la dotation pour dépenses accidentelles et imprévisibles, des décrets pris sur proposition du Ministre chargé des Finances, après avis du ou des ministres concernés, peuvent ouvrir des crédits supplémentaires à condition de ne pas dégrader l'équilibre budgétaire défini par la loi de finances. A cette fin, les décrets d'avance procèdent à l'annulation de crédits ou constatent des recettes supplémentaires. Le montant cumulé des crédits ainsi ouverts ne peut excéder 1% des crédits fixés par la loi de finances de l'année. Ils sont immédiatement communiqués, pour information, au Parlement.

En cas d'urgence et de nécessité impérieuse d'intérêt national, des crédits supplémentaires ayant pour effet de sauvegarder l'équilibre budgétaire défini par la loi de finances peuvent être ouverts par décret d'avance pris en Conseil des Ministres ou texte de niveau équivalent. Un projet de loi de finances portant ratification de ces crédits est déposé immédiatement au Parlement.

Article 47 : Un crédit doit être annulé lorsqu'il est devenu sans objet. Le montant cumulé des crédits annulés à ce titre ne peut dépasser 1,5% des crédits ouverts par la loi de finances afférente à l'année en cours. L'annulation est décidée par arrêté du Premier Ministre pris sur proposition du Ministre chargé du Budget et du ministre concerné.

L'arrêté ainsi pris est immédiatement communiqué, pour information, au Parlement.

En outre, un crédit peut être annulé en application des dispositions de l'article 64, alinéa 3 de la présente loi.

En ce qui concerne les institutions et les autorités administratives indépendantes jouissant de l'autonomie de gestion budgétaire, un arrêté du Premier Ministre est pris sur rapport conjoint du Ministre chargé du Budget et de l'ordonnateur du budget concerné.

Les crédits proposés en annulation sont indisponibles pour engager ou ordonnancer les dépenses, à compter de la transmission du texte d'annulation, pour information, au Parlement.

Les crédits ouverts et les plafonds des autorisations d'emploi ne peuvent être annulés avant le 31 décembre de l'exercice budgétaire au titre duquel ils ont été alloués.

Article 48 : Sous réserve des dispositions concernant les autorisations d'engagement, les crédits ouverts et les plafonds des autorisations d'emplois fixés au titre d'une année ne créent aucun droit au titre des années suivantes.

Les autorisations d'engagement non utilisées à la fin de l'année ne peuvent pas être reportées.

Seuls les crédits de paiement relatifs aux dépenses d'investissement disponibles sur un programme à la fin de l'année peuvent être reportés sur le même programme ou la même dotation dans la limite des autorisations d'engagement effectivement utilisées, mais n'ayant pas encore donné lieu à paiement.

Ces reports sont autorisés par décret pris en Conseil des Ministres, en majoration des crédits de paiement pour les investissements de l'année suivante, sous réserve de la disponibilité des financements correspondants. Ce décret, qui ne peut être pris qu'après clôture des comptes de l'exercice précédent, doit être conforme et consécutif à un rapport du Ministre chargé du Budget qui évalue et justifie les recettes permettant de couvrir le financement des reports, sans dégradation du solde du budget autorisé de l'année en cours.

En ce qui concerne les institutions constitutionnelles dotées de l'autonomie de gestion financière, le décret est pris sur rapport conjoint du Ministre chargé du Budget et du responsable de l'institution concernée.

Ce décret, communiqué pour information au Parlement, doit être publié au plus tard le 31 mars de l'année suivant celle à laquelle la disponibilité des crédits de paiement a été constatée.

Article 49 : La ratification des modifications budgétaires visées aux articles 45 à 48 ci-dessus est demandée au Parlement dans le plus prochain projet de loi de finances afférent à l'année concernée.

Chapitre III : Des affectations de recettes

Article 50 : Certaines recettes peuvent être directement affectées à certaines dépenses, notamment lorsqu'un lien économique réel existe entre une recette donnée et la dépense qu'elle finance ou lorsqu'un bailleur de fonds veut destiner un financement à un objet précis. Ces affectations prennent la forme de budgets annexes, de comptes spéciaux ou de procédures particulières au sein du budget général, d'un budget annexe ou d'un compte spécial.

Article 51 : Des budgets annexes peuvent retracer, dans les conditions prévues par une loi de finances, les opérations des services de l'Etat non dotés de la personnalité morale résultant de leur activité de production de biens ou de prestation de services donnant lieu au paiement de redevances, lorsqu'elles sont effectuées à titre principal par lesdits services.

Un budget annexe constitue une mission au sens de l'article 37 de la présente loi. Il peut comporter un ou plusieurs programmes.

La création d'un budget annexe et l'affectation d'une recette à un budget annexe ne peuvent résulter que d'une disposition de loi de finances.

Sous réserve des règles particulières définies au présent article, les opérations des budgets annexes sont prévues, autorisées et exécutées dans les mêmes conditions que celles du budget général.

Les évaluations de recettes et les prévisions de dépenses d'un budget annexe ont un caractère indicatif.

Les budgets annexes doivent être présentés et exécutés en équilibre. Toutefois, la loi de finances peut autoriser un découvert sur un budget annexe pour une durée limitée, dans les conditions et limites qu'elle détermine. Sauf dispositions contraires prévues par une loi de finances, le solde de chaque budget annexe est reporté sur l'année suivante.

Les budgets annexes sont présentés en deux sections :

- la section des opérations courantes qui retrace les recettes et les dépenses de gestion courante ;
- la section des opérations en capital qui retrace les recettes et les dépenses afférentes aux opérations d'investissement et aux variations de l'endettement.

Leur nomenclature budgétaire s'inspire du plan comptable général.

Aucun des mouvements de crédits visés aux articles 44 à 48 de la présente loi ne peut être effectué entre le budget général et un budget annexe.

Article 52 : Les comptes spéciaux comprennent les comptes d'affectation spéciale et les comptes de commerce.

Des comptes spéciaux sont ouverts par une loi de finances.

L'affectation d'une recette à un compte spécial ne peut résulter que d'une disposition de la loi de finances.

Chacun des comptes spéciaux constitue une mission au sens de l'article 37 de la présente loi.

Leurs crédits sont spécialisés par programme.

Article 53 : A l'exception du cas visé à l'article 58 ci-dessous, il est interdit d'imputer directement à un compte spécial des dépenses de salaires, traitements, indemnités et allocations de toute nature versées au personnel.

Article 54 : Sous réserve des règles particulières prévues aux articles 55 et 56 ci-dessous, les opérations des comptes spéciaux sont prévues, autorisées et exécutées dans les mêmes conditions que celles du budget général. Sauf dispositions contraires prévues par une loi de finances, le solde de chaque compte spécial est reporté sur l'année suivante.

Aucun des mouvements de crédits vises aux articles 46 à 48 de la présente loi ne peut être effectué entre le budget général et un compte spécial.

Article 55 : Les comptes d'affectation spéciale retracent, dans les conditions prévues par la loi de finances, des opérations budgétaires financées au moyen de recettes particulières qui sont, par nature, en relation directe avec les dépenses concernées.

Les recettes d'un compte d'affectation spéciale peuvent être complétées par des versements du budget général dans la limite de 10% des crédits initiaux de chaque compte.

Les opérations relatives aux pensions et avantages accessoires sont, de droit, retracées sur un compte unique d'affection spéciale. Les versements du budget général au profit de ce compte ne sont pas soumis à la limite prévue à l'alinéa ci-dessus.

Sauf dérogation expresse prévue par une loi de finances, aucun versement au profit du budget général, d'un budget annexe ou d'un compte spécial ne peut être effectué à partir d'un compte d'affectation spéciale.

En cours d'année, le total des dépenses payées au titre d'un compte d'affectation spéciale ne peut excéder le total des recettes constatées. Si, en cours d'année, les recettes effectives sont supérieures aux évaluations des lois de finances, des crédits supplémentaires peuvent être ouverts, par arrêté du Ministre chargé du Budget, dans la limite de cet excédent.

Les crédits de paiement disponibles en fin d'année sur un compte d'affectation spéciale sont reportables sur l'année suivante dans la limite de l'excédent constaté, le cas échéant, en fin d'exercice sur le compte d'affectation spéciale concerné.

Article 56 : Les comptes de commerce retracent les opérations à caractère industriel et commercial effectuées à titre accessoire par des services de l'Etat non dotés de la personnalité morale. Les évaluations de recettes et les prévisions de dépenses de ces comptes ont un caractère indicatif. Les comptes de commerce doivent être présentés et exécutés en équilibre.

Toutefois, la loi de finances peut autoriser un découvert sur un compte de commerce pour une durée limitée dans les conditions et limites qu'elle détermine.

Article 57 : Les procédures particulières permettant d'assurer l'affectation directe d'une recette à une dépense sont le fonds de concours, l'attribution de produits et le rétablissement de crédits.

Les fonds de concours sont constitués, d'une part, par des fonds à caractère non fiscal versés par des personnes physiques ou morales, notamment les bailleurs de fonds nationaux et internationaux, pour concourir à des dépenses d'intérêt public et, d'autre part, par les produits de legs et donations attribués à l'Etat.

Les fonds de concours sont directement portés en recettes au budget général, au budget annexe ou au compte spécial considéré. Un crédit supplémentaire de même montant est ouvert par arrêté du Ministre chargé du Budget sur le programme ou la dotation concernée. Les recettes des fonds de concours sont prévues, évaluées et autorisées par la loi de finances. L'emploi des fonds doit être conforme à l'intention de la partie versante. A cette fin, un décret pris sur proposition du Ministre chargé du Budget définit les règles d'utilisation des crédits ouverts par voie de fonds de concours.

Les recettes tirées de la rémunération de prestations régulièrement fournies par un service de l'Etat peuvent, par décret pris sur proposition du Ministre chargé du Budget, faire l'objet d'une procédure d'attribution de produits. Les règles relatives aux fonds de concours leur sont applicables. Les crédits ouverts dans le cadre de cette procédure sont affectés au service concerné.

Peuvent donner lieu à rétablissement de crédits dans des conditions fixées par arrêté du Ministre chargé du Budget :

- les recettes provenant de la restitution à l'Etat de sommes payées indûment ou à titre provisoire sur crédits budgétaires ;

- les recettes provenant de cessions entre services de l'Etat ayant donné lieu à paiement sur crédits budgétaires.

Article 58 : Les financements apportés sous forme de dons par les bailleurs de fonds qui, par exception à l'article 2 de la présente loi et à titre transitoire, ne peuvent être versés en recettes du budget général, sont gérés :

1 - soit, lorsqu'il s'agit de financements réguliers, dans les comptes d'affectation spéciale créés par groupe de projets d'investissement regroupant les financements d'un ou de plusieurs bailleurs de fonds; les dépenses de salaires, traitements, indemnités et allocations de toute nature au personnel pouvant toutefois être versés sur ces comptes, par dérogation aux dispositions de l'article 53 ci-dessus.

Les comptes d'affectation spéciale peuvent être abondés sans limite par un crédit budgétaire inscrit au budget de l'Etat au titre de la contrepartie nationale, par dérogation de l'article 57 ci-dessus.

2 - soit, lorsqu'il s'agit d'opérations ponctuelles, par rattachement de fonds de concours.

Chapitre IV : Des ressources et des charges de trésorerie et de financement

Article 59 : Les ressources et les charges de trésorerie et de financement de l'Etat résultent des opérations suivantes :

- le mouvement des disponibilités de l'Etat ;

- l'escompte et l'encaissement des effets de toute nature émis au profit de l'Etat ;

- la gestion des fonds déposés par des correspondants du Trésor ;

- l'émission, la conversion, la gestion et le remboursement des emprunts et autres dettes de l'Etat, y compris les bons et obligations du Trésor. Les ressources et les charges de trésorerie afférentes à ces opérations ne peuvent comprendre ni les primes ni les décotes à l'émission ;

- l'encaissement des produits de cession d'actifs ;

- la gestion des prêts et avances octroyés par l'Etat.

Article 60 : Les opérations prévues aux tirets 1 à 5 de l'article 59 ci-dessus sont effectuées conformément aux dispositions suivantes :

- le placement des disponibilités de l'Etat est effectué conformément aux autorisations annuelles données par la loi de finances de l'année ;

- aucun découvert ne peut être consenti aux correspondants du Trésor ;

- sauf disposition expresse d'une loi de finances, les établissements publics de l'Etat, les collectivités locales et leurs établissements publics sont tenus de déposer toutes leurs disponibilités auprès de l'Etat ;

- l'émission, la conversion et la gestion des emprunts sont effectuées conformément aux autorisations annuelles données par la loi de finances de l'année. Sauf disposition expresse d'une loi de finances, les emprunts émis par l'Etat sont libellés en francs CFA. Les remboursements d'emprunts sont exécutés conformément au contrat d'émission ;

- les cessions d'actifs sont effectuées conformément aux autorisations annuelles données par la loi de finances de l'année.

Article 61 : Les opérations de gestion des prêts et avances de l'Etat sont effectuées conformément aux dispositions ci-dessous :

1 - les prêts et avances peuvent être accordés par décision du Ministre chargé des Finances à des collectivités ou à des personnes de droit public dans la limite de l'autorisation donnée chaque année à cet effet par la loi de finances et pour une durée déterminée qui ne peut excéder cinq ans. Ces opérations sont retracées dans un compte de prêt. Un compte distinct doit être ouvert pour chaque débiteur ou catégorie de débiteurs ;

2 - les prêts et avances sont assortis d'un taux d'intérêt qui ne peut être inférieur à celui payé par l'Etat pour les emprunts et titres du

marché obligataire de même échéance ou, à défaut, d'échéance la plus proche.

Le montant de l'amortissement en capital des prêts et avances est pris en recettes au compte intéressé. Les intérêts perçus sont portés en recettes du budget général ;

3 - toute échéance qui n'est pas honorée à la date prévue doit faire l'objet, selon la situation du débiteur :

- soit d'une décision de recouvrement immédiat, ou, à défaut de recouvrement, de poursuites effectives engagées dans un délai de six mois ;
- soit d'une décision de rééchelonnement faisant l'objet d'une publication au journal officiel ;
- soit de la constatation d'une perte probable faisant l'objet d'une disposition particulière de la loi de finances et imputée au résultat de l'exercice. Les remboursements ultérieurement constatés sont portés en recettes au budget général.

Article 62 : Dans la limite et les conditions fixées par la loi de finances, l'Etat peut accorder, par décret pris sur proposition du Ministre chargé des Finances, sa garantie financière ou son aval à des emprunts d'une durée inférieure à cinq ans émis par une collectivité ou par une personne morale de droit public. Cette limite de cinq ans ne s'applique pas aux garanties données par l'Etat aux prêts accordés par les bailleurs de fonds internationaux.

Les opérations de garantie et d'aval sont retracées dans un compte de garantie. Un compte distinct doit être ouvert pour chaque bénéficiaire ou catégorie de bénéficiaire.

Dès qu'un risque sérieux de mise en jeu de la garantie ou de l'aval apparaît, des crédits sont ouverts à hauteur de ce risque dans la dotation prévue à l'article 38 de la présente loi. Les dépenses résultant de la mise en jeu des garanties et avals sont des opérations budgétaires.

Titre V : Des modalités d'exécution du budget de l'Etat

Chapitre 1er : Des dispositions générales

Article 63 : L'exécution des lois de finances de l'année et des lois de finances rectificatives se fait au moyen de la mise en œuvre par les administrations compétentes :

- des dispositions fiscales de toute nature que ces lois de finances édictent;

- des dispositions du règlement général sur la comptabilité publique et du plan comptable de l'Etat.

Le règlement général sur la comptabilité publique et le plan comptable de l'Etat sont fixés par décret pris sur proposition du Ministre chargé des Comptes Publics, en conformité avec les dispositions pertinentes de la directive de la CEMAC relative à ces matières.

Chapitre II : Des autorités et des personnels de gestion ou du cadre administratif

Article 64 : Sans préjudice des dispositions des lois spécifiques relatives aux institutions constitutionnelles jouissant de l'autonomie de gestion financière, dès la promulgation de la loi de finances de l'année, les crédits du budget voté sont mis à disposition des ministres sectoriels et des responsables des institutions et des autorités administratives indépendantes, par arrêtés du Ministre chargé du Budget.

Le Ministre chargé du Budget est responsable, en liaison avec les ministres sectoriels, de l'exécution de la loi de finances et du respect des soldes budgétaires. A ce titre, afin de prévenir une détérioration de ces soldes, il dispose d'un pouvoir de régulation budgétaire qui lui permet de programmer le rythme de consommation des crédits en fonction de la situation de la trésorerie de l'Etat.

Si la situation ou les perspectives de trésorerie l'exigent, il peut, en cours d'exercice :

- suspendre temporairement l'utilisation de certains crédits, par instruction donnée au contrôleur budgétaire dont copie est adressée à l'ordonnateur ;

- annuler certains crédits, par arrêté dont copie est immédiatement adressée au Parlement.

A ce titre, il est constitué des réserves obligatoires dont les taux sont fixés par la loi de finances de l'année.

Article 65: Les opérations d'exécution du budget de l'Etat incombent aux ordonnateurs, aux contrôleurs budgétaires et aux comptables publics.

Ces opérations concernent les recettes, les dépenses et les opérations de trésorerie et de financement.

Elles sont retracées dans les comptabilités tenues tant par les ordonnateurs que par les comptables publics et établies selon les normes en la matière.

Article 66 : Le Ministre chargé de l'Economie est l'ordonnateur principal unique des recettes de l'Etat et des crédits prévus au dernier tiret de l'article 38 de la présente loi. Il peut déléguer ce pouvoir.

Le Ministre chargé du Budget est l'ordonnateur principal unique des crédits liés aux dépenses accidentelles prévues au deuxième tiret de l'article 38 de la présente loi. Ces crédits peuvent faire l'objet de transferts ou de virements vers les programmes ou dotations des pouvoirs publics pour leur consommation.

Le Ministre chargé du Budget est responsable de la centralisation des opérations budgétaires des ordonnateurs, en vue de la reddition des comptes relatifs à l'exécution des lois de finances.

Les ordonnateurs principaux des dépenses du budget de l'Etat sont le Premier Ministre, les ministres, les responsables des institutions et des autorités administratives indépendantes qui peuvent déléguer ce pouvoir à des agents soumis à leur autorité hiérarchique directe.

En ce qui concerne la Présidence de la République et les administrations publiques qui y sont rattachées, les ordonnateurs principaux sont désignés par décision du Président de la République.

Peuvent être nommés ordonnateurs délégués :

- le responsable de programme;
- le responsable de budget opérationnel de programme ;
- le responsable d'unité opérationnel de programme.

Un texte réglementaire organise les fonctions et les missions de responsable de programme, de responsable de budget opérationnel de programme et de responsable d'unité opérationnel de programme, et fixe les conditions de leur nomination.

Article 67 : Le Ministre chargé du Budget nomme auprès de chaque ministre sectoriel un contrôleur budgétaire chargé de veiller à la conformité budgétaire et à la régularité des projets d'engagement. A ce titre, ce dernier contrôle a priori, par l'apposition d'un visa préalable, les propositions d'actes de dépense qui lui sont transmises par le ministre ou ses ordonnateurs délégués selon des modalités définies par le Ministre chargé du Budget. Il ne peut être passé outre au refus de visa que sur autorisation écrite du Ministre chargé du Budget. Dans ce cas, la responsabilité du Ministre chargé du Budget se substitue à celle du contrôleur budgétaire.

Le contrôleur budgétaire assure, au profit du Ministre chargé du Budget, la centralisation de la comptabilité budgétaire du ministère sectoriel auprès duquel il est placé.

Il doit, en outre, évaluer la qualité et l'efficacité des contrôles interne et de gestion mis en œuvre par les ordonnateurs et ordonnateurs délégués.

Lors de la préparation du projet du budget du ministre sectoriel auprès duquel il est placé, le contrôleur budgétaire vérifie le caractère sincère des prévisions de dépenses et d'emplois, et leur compatibilité avec les objectifs de maîtrise des finances publiques.

Article 68 : L'encaissement des recettes et le paiement des dépenses de l'Etat relèvent de la responsabilité exclusive du comptable public.

Les comptables publics sont tenus d'exécuter :

1 - en matière de recettes, le contrôle :

- de la validité de l'autorisation de percevoir la recette ;
- de la validité de la mise en recouvrement ;
- de la régularité des réductions ou annulations opérées sur les ordres de recettes.

2 - en matière de dépenses, le contrôle :

- de l'habilitation des autorités administratives ;
- de l'imputation budgétaire et la disponibilité des crédits ;
- de la validité de la créance dans les conditions prévues par les textes en vigueur ;
- du caractère libératoire du paiement.

3 - en matière de patrimoine, le contrôle :

- de la conservation des droits, privilèges et hypothèques ;
- de la conservation des biens dont ils tiennent la comptabilité matière.

Sont comptables publics de l'Etat, les fonctionnaires nommés sur proposition du Ministre chargé des Comptes Publics, ayant qualité pour exécuter, au nom de l'Etat, des opérations de recettes, de dépenses et de maniement de titres, soit par virement interne d'écritures, soit encore par l'intermédiaire d'autres comptables publics ou de comptes externes de disponibilités dont ils ordonnent ou surveillent les mouvements.

Les fonctions d'ordonnateur et de comptable public sont incompatibles.

Les autres modalités d'application du présent article sont définies par voie réglementaire.

Article 69 : Les opérations de recettes, de dépenses, de trésorerie et de financement doivent être appuyées de pièces justificatives prévues par les textes en vigueur.

Chapitre III : De la comptabilité

Article 70 : L'Etat tient une comptabilité budgétaire destinée à vérifier le respect par le Gouvernement de l'autorisation parlementaire et une comptabilité générale permettant de mesurer l'évolution du patrimoine de l'Etat.

Les comptes de l'Etat comprennent les résultats de la comptabilité budgétaire et ceux de la comptabilité générale. Ils doivent être réguliers, sincères et donner une image fidèle de l'exécution du budget et de l'évolution du patrimoine de l'Etat.

En plus des dispositions ci-dessus, l'Etat met en œuvre une comptabilité destinée à analyser les coûts des différentes actions engagées ou des services rendus dans le cadre des programmes et une comptabilité des matières, valeurs et titres.

Article 71 : La comptabilité budgétaire est tenue, en partie simple, selon la nomenclature budgétaire de la loi de finances de l'année concernée.

Le fait générateur des écritures de comptabilité est déterminé comme suit :

- les recettes sont prises en compte au titre du budget de l'année au cours de laquelle elles sont encaissées par un comptable public. En outre, l'Etat peut tenir une comptabilité budgétaire auxiliaire des liquidations et des émissions des recettes ;

- les dépenses sont prises en compte, successivement au moment de leur engagement puis de leur paiement, au titre du budget de l'année au cours de laquelle elles sont engagées par les ordonnateurs puis payées par les comptables publics. En outre, l'Etat peut tenir une comptabilité budgétaire auxiliaire des liquidations et des ordonnancements des dépenses. Toutes les dépenses doivent être imputées sur les crédits de l'année considérée, quelle que soit la date de la créance.

Toutefois, des dépenses budgétaires engagées et liquidées au cours de l'exercice budgétaire, peuvent être payées après la fin de cet exercice, au cours d'une période complémentaire dont la durée ne peut excéder trente jours. En outre, lorsqu'une loi de finances rectificative est promulguée au cours du dernier mois de l'année civile, les opérations de recettes et de dépenses qu'elle prévoit peuvent être exécutées au cours de cette période complémentaire.

Article 72 : La comptabilité générale est fondée sur le principe de la constatation des droits et obligations. Les opérations sont prises en compte au titre de l'exercice auquel elles se rattachent, indépendamment de leur date de paiement ou d'encaissement. Elle est tenue en partie double sur la base du plan comptable général.

Les règles applicables à la comptabilité générale de l'Etat s'inspirent des normes comptables internationalement reconnues. Elles doivent permettre la production d'une balance générale des comptes, d'un tableau de la situation nette ou bilan, d'un compte de résultat, d'un tableau de flux des opérations de trésorerie, d'un tableau des opérations financières de l'Etat et de l'état annexé.

Le Ministre chargé du Budget met à la disposition des ministres gestionnaires l'ensemble des informations comptables les concernant.

Les comptables publics sont responsables de la tenue des comptes de l'Etat dans le respect des principes et règles de la profession comptable. Ils s'assurent notamment de la sincérité des enregistrements comptables et du respect des procédures.

Article 73 : Les règles applicables à la comptabilité générale de l'Etat sont arrêtées après avis du Conseil National de la Comptabilité. Cet avis, communiqué au Parlement, est publié.

Article 74 : La comptabilité d'analyse du coût des actions permet de déterminer les coûts complets des politiques publiques. Elle consiste, d'une part, à rassembler pour chaque action de cette politique tous les crédits qui y concourent et, d'autre part, à compléter cette détermination des coûts par les données résultant de la comptabilité générale.

Article 75 : La comptabilité spéciale des matières, valeurs et titres a pour objet la description des mouvements concernant :

- les stocks de marchandises, produits finis ou semi-finis ;
- les matériels et objets mobiliers ;
- les titres et les valeurs diverses appartenant ou confiées à l'Etat ainsi que les objets qui lui sont remis en dépôt ;
- les formules, titres, tickets, timbres et vignettes destinés à l'émission et à la vente.

Article 76 : Les comptes de l'Etat sont dressés chaque année par le Ministre chargé des Comptes Publics.

Le compte général de l'Etat est établi par l'Agent Comptable Centralisateur du Trésor, par intégration des écritures des comptables principaux.

Article 77 : Le compte général administratif de l'Etat et le compte général de l'Etat sont transmis par le Ministre chargé du Budget au juge des comptes avant le 30 juin de l'année suivant celle au titre de laquelle ils sont établis.

Article 78 : L'établissement, la conservation et la transmission des documents et pièces justificatives de toute nature peuvent, dans les conditions arrêtées par le Ministre chargé des Comptes Publics, être effectués sous forme dématérialisée.

Dans ce cas, la durée de conservation des pièces justificatives est de cinq ans à compter du premier jour de l'année suivant celle au cours de laquelle les comptes sont produits au juge des comptes.

Article 79 : Les autres modalités d'application du présent chapitre sont définies par voie réglementaire.

Chapitre IV : De la trésorerie

Article 80 : Les ressources publiques sont toutes, quels qu'en soient la nature et l'attributaire, encaissées et gérées par des comptables publics nommés sur proposition du Ministre chargé du Budget et placé sous son autorité. Elles sont versées et conservées dans un compte unique ouvert au nom du Trésor à la Banque des Etats de l'Afrique Centrale. Ce compte unique, qui peut être divisé en sous-comptes, ne peut présenter un solde débiteur.

Aucun compte ne peut être ouvert par une administration publique dans une banque commerciale.

Les fonds détenus par les comptables publics sont gérés selon le principe d'unicité des caisses.

Article 81 : Un plan annuel mensualisé de trésorerie, comportant notamment un plan d'engagement, est arrêté et annexé à la loi de finances de l'année. Il est régulièrement mis à jour par le Ministre chargé du Budget qui publie tous les trois mois une situation de la trésorerie et de l'exécution budgétaire.

Chapitre V : Du contrôle

Article 82 : Les opérations relatives à l'exécution des lois de finances sont soumises à un triple contrôle : parlementaire, administratif et juridictionnel.

Article 83 : Sans préjudice des pouvoirs généraux de contrôle du Parlement, le contrôle parlementaire s'exerce à l'occasion de l'examen des projets de loi de finances et vise également à s'assurer de la bonne exécution des lois de finances.

Les commissions parlementaires ont tout pouvoir pour entreprendre toute investigation et enquête relatives à l'exécution des lois de finances. A cet effet, le Parlement peut s'appuyer sur la Cour des Comptes pour l'exercice du contrôle parlementaire.

Les informations ou les investigations sur place que ces commissions demandent ne peuvent leur être refusées. Elles peuvent procéder à l'audition des responsables des institutions, des autorités administratives indépendantes, des ministres et de leurs subordonnés, dans les conditions déterminées par la Constitution, les lois et règlements en vigueur. Toute personne entendue par ces commissions est, en ce qui concerne les questions budgétaires, financières et comptables, déliée du secret professionnel.

Le Gouvernement, à travers le Ministre chargé du Budget, transmet au Parlement, à titre d'information et aux fins de contrôle, des rapports trimestriels sur l'exécution du budget, en recettes comme en dépenses et sur l'application de la loi de finances. Ces rapports sont mis à la disposition du public.

Article 84 : Le contrôle administratif comprend :

- le contrôle hiérarchique de l'Administration sur ses agents, qui le cas échéant, peut s'exercer dans un cadre disciplinaire ;

- le contrôle interne qui consiste en la mise en œuvre de l'ensemble des procédures et méthodes permettant au responsable d'un service de s'assurer du bon fonctionnement de celui-ci et notamment de la bonne maîtrise des risques ;

- le contrôle exercé par les inspections et corps de contrôle, y compris celui de l'inspection des finances qui peut s'exercer sur les services budgétaires et financiers de l'ensemble des ministères ;

- le contrôle budgétaire et comptable tel que prévu par la présente loi et les autres textes en vigueur.

Article 85 : Sans préjudice des dispositions régissant le contrôle budgétaire du Parlement et de la Cour Constitutionnelle, le contrôle juridictionnel des opérations budgétaires et comptables de l'ensemble des administrations publiques est assuré par la Cour des Comptes dans les conditions fixées par les textes en vigueur.

Elle est juge de l'opportunité de la publication de ses avis, décisions et rapports.

Article 86 : La Cour des Comptes juge les comptes des comptables publics. Sans préjudice de ses attributions propres en matière de contrôle juridictionnel et non juridictionnel, elle assiste le Parlement dans le contrôle de l'exécution des lois de finances.

Le Parlement peut demander à la Cour des Comptes la réalisation de toutes enquêtes nécessaires à son information.

Les comptes de gestion, déposés en état d'examen à la Cour des Comptes, doivent être jugés dans un délai de cinq ans.

En l'absence de jugement de la Cour des Comptes dans ce délai, le comptable public est déchargé d'office de sa gestion.

Article 87 : Sans préjudice des dispositions régissant le contrôle budgétaire du Parlement et de la Cour Constitutionnelle, outre les comptes des comptables publics, la Cour des Comptes juge également les opérations ou les actes des ordonnateurs et ceux des contrôleurs budgétaires.

Article 88 : Le contrôle juridictionnel porte notamment sur :

- l'exécution des lois de finances;

- la régularité, la sincérité et la fidélité du compte général de l'Etat;

- la légalité financière et la conformité budgétaire de toutes les opérations de dépenses et de recettes de l'Etat. A ce titre, la Cour des Comptes constate les irrégularités et fautes de gestion commises par les agents publics et fixe, le cas échéant, le montant du préjudice qui en résulte pour l'Etat. Elle peut en outre prononcer des sanctions;

- toute question budgétaire, comptable et financière.

Chapitre VI : De la responsabilité

Article 89 : Sans préjudice des sanctions prévues par les lois et règlements en vigueur, les ordonnateurs engagent leur responsabilité personnelle s'il est établi qu'ils ont commis des irrégularités ou des fautes de gestion dans les opérations qu'ils effectuent.

Sans préjudice des sanctions prévues par les lois et règlements en vigueur, les comptables publics sont personnellement et pécuniairement responsables des opérations et des contrôles qu'ils effectuent.

Sans préjudice des sanctions prévues par les lois et règlements en vigueur, les contrôleurs budgétaires engagent leur responsabilité personnelle si les infractions commises par l'ordonnateur auprès duquel ils sont placés ont été rendues possibles par une défaillance des contrôles dont ils ont la charge.

Toute personne appartenant au cabinet d'un membre du Gouvernement, tout fonctionnaire ou agent d'un organisme public, tout représentant, administrateur ou agent d'organisme soumis à un titre quelconque au contrôle de la Cour des Comptes et toute autre personne reconnue auteur d'un des faits visés au 2ème alinéa du présent article, peut être sanctionné pour faute de gestion.

Article 90 : Les décisions juridictionnelles de la Cour des Comptes prises en application des articles 84 à 87 de la présente loi sont exécutoires de plein droit.

Chapitre VII : Des dispositions spécifiques applicables à la gestion des fonds des bailleurs

Article 91 : Lorsqu'une loi de finances crée pour la gestion des fonds des bailleurs un compte d'affectation spéciale ou met en place un fonds de concours, cette loi de finances peut prévoir les dérogations suivantes :

- l'engagement et l'ordonnancement des dépenses financées par ces fonds peuvent être confiés à une ou plusieurs personnes nommément désignées par accord entre le ministre auquel est rattaché le compte d'affectation spéciale, le Ministre chargé du Budget et le ou les bailleurs de fonds concernés. Ces personnes sont soumises aux mêmes obligations de rapports financiers périodiques que les agents chargés de l'exécution du budget de l'Etat ;

- les opérations de recouvrement et de paiement, exécutées par un comptable public, peuvent être soumises au contreseing de représentants du bailleur ou des bailleurs de fonds concernés ;

- les financements apportés par les bailleurs de fonds peuvent être gérés dans un sous-compte d'un compte unique du Trésor à la Banque des Etats de l'Afrique Centrale ouvert au nom du comptable public mentionné ci-dessus. Les conditions de fonctionnement de ce sous-compte sont fixées par une décision du Ministre chargé du Budget prise en accord avec le ou les bailleurs de fonds concernés ;

- les opérations, activités et comptes de ces fonds peuvent faire l'objet d'un audit spécifique mandaté par le ou les bailleurs de fonds concernés, effectués conjointement avec les institutions de contrôle mentionnées au chapitre 5 du présent titre.

Les modalités de mise en œuvre du présent article sont arrêtées dans le cadre des conventions de financement négociées et signées avec les bailleurs de fonds et jointes en annexe aux lois de finances.

Titre VI : Des dispositions diverses et finales

Article 92 : Les dispositions relatives à la budgétisation des emplois prévues au I, point 4 et II point 2 de l'article 11 entreront en vigueur au plus tard le 1er janvier 2018, celles relatives à la comptabilité d'analyse des coûts et à la comptabilité des matières prévues au 3ème alinéa de l'article 70 et aux articles 74 et 75 au plus tard le 1er janvier 2022, celles relatives à la comptabilité générale prévues au 1er alinéa de l'article 70 et aux articles 72 et 73 au plus tard le 1er janvier 2024, celles relatives à la modulation des contrôles prévues à l'article 67 au plus tard le 1er janvier 2020 et celles relatives à la certification des comptes prévues au point 10 de l'article 18 au plus tard le 1er janvier 2025.

Article 93 : Les dispositions de la présente loi organique sont complétées, en tant que de besoin, par celles des autres lois en vigueur se rapportant notamment :

- au règlement général sur la comptabilité publique ;

- au plan comptable de l'Etat ;

- à la nomenclature de l'Etat ;

- au tableau des opérations financières de l'Etat.

Article 94 : La présente loi organique, qui remplace la loi n° 31/2010 du 21 octobre 2010 relative aux lois de finances et à l'exécution du budget et la loi n° 4/85 du 27 juin 1985 relative aux lois de finances, et qui abroge toutes autres dispositions antérieures contraires, notamment celles des dispositions de la loi n° 5/85 du 27 juin 1985 portant règlement général sur la comptabilité publique de l'Etat modifiées, sera enregistrée, publiée selon la procédure d'urgence et exécutée comme loi de l'Etat.

ANNEXE 2

DECRET N° 094/PR/MBCP DU 8 FEVRIER 2016 PORTANT REGLEMENT GENERAL SUR LA COMPTABILITE PUBLIQUE

Le président de la République,

Chef de l'Etat ;

Vu la Constitution;

Vu la directive n°02/11-UEAC-190-CM-22 du 19 décembre 2011 relative au Règlement Général sur la Comptabilité Publique de l'Etat ;

Vu la loi organique n°020/2014 du 21 mai 2015 relative aux lois de finances et à l'exécution du budget;

Vu la loi organique n°001/2014 du 15 juin 2015 relative à la décentralisation ;

Vu la loi n°07/94 du 16 septembre 1994 portant organisation de la justice, ensemble les textes modificatifs subséquents ;

Vu la loi n°11/94 du 17 septembre 1994 fixant l'organisation, la composition, les compétences, le fonctionnement et les règles de procédures de la Cour des Comptes ;

Vu la loi n°020/2005 du 03 janvier 2006 fixant les règles de création, d'organisation et de gestion des services de l'Etat, ensemble les textes modificatifs subséquents ;

Vu la loi n°14/2005 du 08 août 2005 portant Code de Déontologie de la Fonction Publique ;

Vu le décret n°00993-PR du 12 septembre 1972 portant régime financier et comptable des collectivités secondaires ;

Vu le décret n°15/PR/MINECOFIN du 6 janvier 1976 portant règlement général sur la comptabilité publique;

Vu le décret n°627/PR/MINECOFIN du 22 mai 1980 habilitant les services du trésor à prêter leur concours pour le recouvrement des créances liquidées au profit de certains organismes publics ou paraétatiques;

Vu le décret n°1908/PR/MFB/PART du 17 décembre 1987 fixant le cautionnement des comptables de deniers publics et déterminant leur régime de rémunération ;

Vu le décret n°00152/PR/MEFBP du 3 février 2006 portant attributions et organisation de la Direction Générale des Douanes et Droits Indirects ;

Vu le décret n°00122/PR/MECIT du 28 février 2012 portant attributions et réorganisation de la Direction Générale des Impôts ;

Vu le décret n°280/PR/MBCP du 22 août 2014 portant création et organisation de la Direction Générale de la Comptabilité Publique et du Trésor;

Vu le décret n°0653/PR/MBCPFPRE du 13 avril 2011 relatif à la responsabilité des ordonnateurs et des comptables publics ;

Vu le décret n°0058/PR/MBCP du 16 janvier 2015 portant création et organisation de la Direction Générale du Budget et des Finances Publiques ;

Vu le décret n°1264/PR!MBCPFPRE du 20 octobre 2011 portant attributions et organisation du Conseil Supérieur de la Comptabilité ;

Vu le décret n°1403/PR/MBCPFPRE du 06 décembre 2011 fixant la nomenclature des pièces justificatives des opérations de recettes et de dépenses publiques ;

Vu le décret n°0692/PR/MBCPFPRE du 14 octobre 2010 portant attributions et organisation du Ministère du Budget, des Comptes Publics et de la fonction Publique, ensemble les textes modificatifs subséquents ;

Vu le décret n°193/PR/MBCPFP du 22 mai 2012 portant création et organisation des fonctions de responsable de programme, responsable de budget opérationnel de programme et de responsable d'unité opérationnel ;

Vu le décret n°0254/MEEDD du 19 juin 2012 portant Code des Marchés Publics ;

Vu le décret n°0033/PR du 24 janvier 2014 portant nomination du Premier Ministre, Chef du Gouvernement ;

Vu le décret n°0487/PR/PM du 11 septembre 2015 fixant la composition du Gouvernement de la République, ensemble les textes modificatifs subséquents ;

Le Conseil d'Etat consulté ;

Le Conseil des Ministres entendu ;

DECRETE :

Titre 1er : De l'objet et du champ d'application

Article 1er : Le présent décret fixe les principes fondamentaux de la comptabilité publique de l'Etat, des collectivités locales, des établissements publics, des administrations jouissant de l'autonomie de gestion, et des institutions constitutionnelles, ci-après désignés « entités publiques ».

Il détermine les conditions dans lesquelles sont effectuées les opérations financières et comptables résultant de l'exécution:

- du budget général de l'Etat et des comptes spéciaux du Trésor ;
- des budgets des collectivités locales et des établissements locaux qui leur sont rattachés ;
- des budgets des établissements publics nationaux et des administrations jouissant de l'autonomie de gestion;
- des budgets des institutions constitutionnelles.

Ces opérations concernent les recettes, les dépenses, les emprunts ; la trésorerie et le patrimoine. Elles sont retracées dans des comptabilités établies selon des normes générales et soumises au contrôle des autorités qualifiées.

Article 2 : L'application des dispositions du présent décret à une entité intégrant son champ d'application se fait au plus tard à compter de l'exercice comptable suivant cette intégration.

Article 3 : En cas de nécessité d'intégration, pour quelque cause que ce soit, des règles du présent décret, cette intégration se fait au plus tard, à compter de l'exercice suivant.

En cas de sortie de ce champ d'application, le présent décret cesse de recevoir application à l'issue du deuxième exercice suivant cette sortie, sauf disposition législative ou statutaire contraire.

Titre II : Des définitions, des principes fondamentaux et du cadre général

Article 4 : Le budget est l'acte législatif par lequel sont prévues et autorisées les recettes et les dépenses des entités publiques. Il est élaboré, arrêté, voté et exécuté conformément aux dispositions des textes en vigueur.

Les comptes qui retracent les opérations budgétaires, de trésorerie et de financement sont arrêtés, approuvés et vérifiés dans les mêmes conditions.

Article 5 : Les opérations financières et comptables résultant de l'exécution des budgets sont respectivement assurées par les ordonnateurs, les comptables publics et les contrôleurs budgétaires.

Article 6 : Est ordonnateur, toute personne ayant qualité, au nom d'une entité publique, pour prescrire l'exécution des recettes et des dépenses inscrites dans le budget de cette entité. Il constate les droits et les obligations, liquide les recettes et émet les ordres de recouvrer. Il engage, liquide et ordonnance les dépenses.

Il assure la programmation, la répartition et, le cas échéant, la mise à disposition des crédits.

Il transmet au comptable public compétent les ordres de recouvrer et de payer assortis des pièces justificatives requises, ainsi que les certifications qu'il délivre.

Il établit les documents nécessaires à la tenue, par les comptables publics, des comptabilités dont la charge incombe à ces derniers.

Article 7 : Est comptable public, tout fonctionnaire ayant qualité pour exécuter, au nom des entités publiques, des opérations de recettes, de dépenses et de maniement de titres, soit par virement interne d'écritures, soit par l'intermédiaire d'autres comptables publics ou de comptes externes de disponibilités dont il ordonne ou surveille les mouvements.

Article 8 : Les comptables publics assument la direction des postes comptables. Un même poste comptable ne peut être confié qu'à un seul comptable public.

Le comptable assignataire est le comptable public habilité à prendre en charge les ordres de payer, les dépenses sans ordonnancement, les ordres de recouvrer ainsi que les opérations de trésorerie émanant de l'ordonnateur compétent.

A l'occasion de leur première installation, les comptables publics prêtent serment devant de la juridiction.

La publication de l'acte de nomination d'un comptable public emporte accréditation de ce dernier auprès d'un ou de plusieurs ordonnateurs.

Les comptables publics peuvent désigner des mandataires ayant qualité pour agir en leur nom et sous leur responsabilité.

Article 9 : Les fonctions d'ordonnateur et de comptable sont incompatibles.

Les conjoints, les ascendants et les descendants des ordonnateurs ne peuvent être comptables des entités publiques auprès desquelles ces ordonnateurs exercent leurs fonctions.

Article 10 : Les fonctions d'autorité de règlementation comptable sont incompatibles avec celles de comptable public.

Article 11 : Il est interdit à toute personne non pourvue d'un titre légal ou réglementaire d'exercer des fonctions d'ordonnateur ou de comptable public, sous peine de sanctions prévues par les textes en vigueur.

Le titre légal résulte de la nomination et de l'accréditation d'un ordonnateur ou d'un comptable public tels que prévus par les textes en vigueur.

Article 12 : Les comptables publics sont, avant d'être installés dans leur poste, astreints à la constitution de garanties et, le cas échéant, à la prestation de serment prévue à l'article 8 ci-dessus.

Ils procèdent à l'arrêté de leurs écritures dans les conditions prévues par la réglementation en vigueur.

Article 13 : L'accréditation emporte l'obligation, pour tout agent intervenant dans les opérations financières d'une entité publique, de notifier à tout intéressé, son acte de nomination et son spécimen de signature.

L'accréditation s'effectue à la diligence de l'agent lui-même dès son installation et sous sa responsabilité.

Article 14 : Les comptables publics sont personnellement et pécuniairement responsables des opérations dont ils sont chargés ainsi que de l'exercice régulier des contrôles prévus.

Article 15 : Toute personne qui s'ingère dans les opérations de recettes, de dépenses ou de maniement de valeurs publiques sans qualité ou titre est réputée comptable de fait. Elle est justiciable du juge des comptes, sans préjudice des sanctions prévues par le Code Pénal.

Article 16 : Dans les conditions fixées par la règlementation en vigueur, les ordonnateurs engagent leur responsabilité personnelle s'il est établi qu'ils ont commis des irrégularités ou des fautes de gestion dans les opérations qu'ils effectuent.

Article 17 : Les ordonnateurs et les comptables publics dont la responsabilité a été mise en jeu à la suite d'un cas de force majeure peuvent obtenir décharge totale ou partielle de leur responsabilité après production de toutes justifications nécessaires.

Article 18 : Aucune recette autre que celles qui sont autorisées par les textes en vigueur, à quelque titre et sous quelque dénomination que ce soit, ne peut être ordonnée ni encaissée, sous peine pour les employés qui confectionneraient les titres de recettes et ceux qui en feraient le recouvrement, d'être poursuivis comme concussionnaires.

Article 19 : Il est fait recette du montant intégral des produits sans contraction entre les recettes et les dépenses.

Article 20 : Les opérations de dépenses comprennent successivement l'engagement, la liquidation, l'ordonnancement et le paiement.

Article 21 : L'engagement est à la fois juridique et comptable.

L'engagement juridique est l'acte par lequel l'entité publique crée ou constate à son encontre une obligation de laquelle résultera une charge.

L'engagement comptable consiste à s'assurer de la disponibilité des crédits et à les réserver à titre de précaution, préalablement à l'engagement juridique.

Article 22 : La liquidation a pour objet de vérifier la réalité de la dette et d'arrêter son montant et sa date d'exigibilité.

Article 23 : L'ordonnancement est l'ordre donné par l'ordonnateur au comptable, de payer une dépense,

Article 24 : Le paiement est l'acte par lequel l'entité publique se libère de sa dette.

Sous réserve des dispositions spéciales relatives aux avances consenties aux agents publics et aux fournisseurs ainsi que des autres exceptions prévues par les lois et règlements, le paiement ne peut intervenir avant l'échéance de la dette, telle que constatée par la liquidation.

Article 25 : Toutes oppositions ou autres significations ayant pour objet d'arrêter un paiement doivent être faites, à peine de nullité, entre les mains du comptable assignataire de la dépense.

Article 26 : Les fonds publics sont insaisissables.

Article 27 : L'établissement, la conservation et la transmission des documents et pièces justificatives de toute nature peuvent, dans les conditions arrêtées par le ministre responsable, être effectués sous forme dématérialisée.

Dans ce cas, la durée de conservation des pièces justificatives est de cinq ans à compter du premier jour de l'année suivant celle au cours de laquelle les comptes sont produits au juge des comptes.

Article 28 : La comptabilité publique est un système d'organisation de l'information financière permettant :

- de saisir, de classer, d'enregistrer et de contrôler les données des opérations budgétaires, comptables et de trésorerie afin d'établir des comptes réguliers et sincères ;
- de présenter les états financiers reflétant une image fidèle du patrimoine, de la situation financière et du résultat à la date de clôture de l'exercice ;
- de contribuer au calcul du coût des actions ou des services ainsi qu'à l'évaluation de leur performance.

Elle est également organisée en vue de permettre le traitement de ces opérations par la comptabilité nationale.

Titre III : Du cadre de gestion au niveau de l'Etat

Chapitre 1er : Des ordonnateurs

Article 29 : Sous réserve du pouvoir de régulation des crédits budgétaires et de gestion de la trésorerie de l'Etat dévolu au Ministre chargé du Budget, sont ordonnateurs principaux des budgets de leurs institutions et ministères :

- les présidents des institutions constitutionnelles ;
- les ministres, chefs de départements ;
- toutes autres autorités.

Article 30 : Sont ordonnateurs délégués au sein des départements ministériels :

- le responsable de programme ;
- le responsable de budget opérationnel de programme ;
- le responsable d'unité opérationnelle de programme.

Les ordonnateurs et leurs délégués peuvent également se faire suppléer en cas d'absence ou d'empêchement.

Article 31 : Outre la qualité d'ordonnateur du budget alloué à son département, le Ministre chargé des Finances assure la fonction d'ordonnateur des recettes du budget général. Il constate les droits de l'Etat, liquide et prescrit, par ses administrations compétentes, l'exécution des recettes et émet les titres de créances correspondants.

Article 32 : Outre la qualité d'ordonnateur du budget alloué à son département, le Ministre chargé du Budget est l'ordonnateur des crédits liés aux dépenses accidentelles et des comptes spéciaux du Trésor correspondant à ses attributions.

Article 33 : Les ordonnateurs prescrivent l'exécution des dépenses prévues et autorisées.

Sans préjudice du pouvoir de régulation des crédits budgétaires et de la gestion de la trésorerie de l'Etat dévolu au Ministre chargé du Budget, les ordonnateurs principaux procèdent aux engagements, liquidations et ordonnancements des dépenses inscrites à leur budget.

La liquidation et l'ordonnancement sont concomitants et doivent intervenir immédiatement après la certification du service fait.

Article 34 : Les ordonnateurs émettent les ordres de mouvement affectant les biens et matières de l'Etat.

Ils veillent, sous leur responsabilité, à la tenue de la comptabilité des matières, valeurs et titres de l'Etat et participent ainsi à la tenue de la comptabilité générale de l'Etat sous le contrôle du comptable.

Article 35 : Les ordonnateurs, leurs délégués, leurs suppléants ainsi que les personnes auxquelles ils ont délégué leur signature sont accrédités auprès des comptables publics assignataires des opérations de recettes et de dépenses inscrites au budget dont ils prescrivent l'exécution, selon les modalités fixées par les textes en vigueur.

Article 36 : Les actes des ordonnateurs, notamment l'engagement, la liquidation et l'ordonnancement sont retracés dans la comptabilité budgétaire permettant de suivre le déroulement des opérations budgétaires et d'effectuer le rapprochement avec les écritures des comptables publics.

Article 37 : Dans l'exercice de leurs fonctions les ordonnateurs sont soumis au régime des droits, obligations, interdictions et incompatibilités applicable aux comptables et contrôleurs budgétaires, prévu par les textes en vigueur.

Chapitre II : Des comptables publics

Article 38 : Les comptables publics comprennent :

- les comptables deniers et valeurs ;
- les comptables d'ordre.

Article 39 : Chaque comptable public peut être :

- comptable supérieur ou subordonné ;
- comptable principal ou secondaire ;
- comptable centralisateur ou non centralisateur.

Le comptable supérieur a sous son autorité hiérarchique un ou plusieurs comptables subordonnés.

Le comptable principal rend directement ses comptes à la Cour des Comptes ; il a sous sa responsabilité un ou plusieurs comptables secondaires.

Le comptable centralisateur centralise les opérations des comptables inférieurs non centralisateurs.

Article 40 : L'agent comptable centralisateur du Trésor qui, outre ses attributions de comptable principal, est seul chargé de centraliser les écritures permettant de dresser le Compte Général de l'Etat et les états financiers y afférents.

Section 1 : Des comptables deniers et valeurs

Article 41 : Les comptables deniers et valeurs sont des personnes habilitées au maniement et à la conservation des fonds publics, des valeurs qui sont des valeurs de portefeuille, bons, traites, obligations, rentes et actions de société.

Article 42 : Les comptables deniers et valeurs des Impôts et des Douanes sont chargés en particulier du recouvrement des impôts, des droits, des redevances, des pénalités fiscales, des frais de poursuites et des autres recettes, dans les conditions fixées par le Code Général des

Impôts, le Code des Douanes, le Code du Domaine de l'Etat, ainsi que par les autres textes en vigueur.

Les comptables deniers et valeurs peuvent être organisés en réseaux de postes comptables comprenant des comptables supérieurs ou subordonnés, principaux ou secondaires, distincts du réseau du Trésor, dans les conditions fixées par les textes en vigueur.

Leurs opérations sont centralisées dans les écritures du Trésor.

Article 43 : les comptables deniers et valeurs peuvent avoir sous leur autorité des régisseurs de recettes ou d'avances.

Ces régisseurs sont habilités à exécuter des opérations d'encaissement ou de décaissement sous leur responsabilité personnelle et pécuniaire.

Article 44 : Le comptable deniers et valeurs de rattachement a l'obligation de contrôler sur pièces et sur place les opérations et la comptabilité des régisseurs. Il est personnellement et pécuniairement responsable des opérations des régisseurs dans la limite des contrôles qui lui incombent.

Les dispositions relatives à l'institution, à l'organisation et au fonctionnement des régies de recettes et des régies d'avances, sont fixées par voie réglementaire.

Section 2 : Des comptables d'ordre

Article 45 : Les comptables d'ordre centralisent et présentent dans leurs écritures et leurs comptes les opérations financières exécutées par d'autres comptables.

Les fonctions de comptable d'ordre ne sont pas incompatibles avec celles de comptable deniers et valeurs.

Section 3 : Des droits et obligations du comptable

Article 46 : Sous réserve des dispositions concernant les régisseurs en la matière, les comptables publics sont seuls chargés :

- de la prise en charge et du recouvrement en totalité des ordres de recettes, ainsi que de l'encaissement des droits au comptant et des recettes de toute nature que l'Etat et ses démembrements sont habilités à percevoir ;
- du visa, de la prise en charge et du règlement des dépenses

publiques, ainsi que de la suite à donner aux oppositions et autres significations ;

- de la garde et de la conservation des fonds, valeurs, titres et matières appartenant ou confiés à l'Etat ou aux autres administrations publiques ;
- du maniement des fonds et des mouvements des comptes de disponibilités ;
- de l'exécution des autres opérations de trésorerie des établissements publics nationaux ;
- de la tenue de la comptabilité du poste comptable qu'ils dirigent ;
- de la conservation des pièces justificatives y afférentes ;
- de la tenue de la comptabilité des dépenses et recettes dont ils sont assignataires ainsi que de la tenue de la comptabilité des valeurs inactives.

Article 47 : Les comptables publics sont tenus d'assurer, sous leur responsabilité personnelle et pécuniaire, le contrôle :

1- en matière de recettes :

- de la validité de l'autorisation de percevoir la recette ;
- de la validité de la mise en recouvrement ;
- de la régularité des réductions ou annulations opérées sur les ordres de recettes.

2- en matière de dépenses :

- de l'habilitation des autorités administratives ;
- de l'imputation budgétaire et la disponibilité des crédits ;
- de la validité de la créance ;
- du caractère libératoire du paiement.

3- en matière de patrimoine :

- de la conservation des droits, privilèges et hypothèques ;
- de la conservation des biens dont ils tiennent la comptabilité matières.

Article 48 : Le contrôle de la validité de la créance porte sur :

- la justification du service fait résultant de la certification délivrée par l'ordonnateur et confirmée par le contrôleur budgétaire ainsi que des pièces justificatives produites ;

- l'exactitude de la liquidation ;

- l'intervention des contrôles préalables prescrits par la réglementation ;

- l'existence du visa ou de l'avis préalable du contrôleur budgétaire sur les engagements, dans la mesure où les règles propres à l'entité publique concernée le prévoient ;

- la production des pièces justificatives ;

- l'application des règles de prescription et de déchéance.

Chapitre III : Des contrôleurs budgétaires

Article 49 : Les contrôleurs budgétaires sont des autorités chargées de la gestion budgétaire et/ou comptable auprès de l'ordonnateur principal ou délégué, du contrôle des ressources et des charges des entités publiques.

Ils sont notamment chargés :

- de viser le document de répartition initiale des crédits et emplois et du document prévisionnel de gestion des emplois et des crédits ;

- de rendre un avis sur le caractère soutenable de la programmation pour chacun des ministères ;

- de veiller à la sincérité des prévisions des dépenses et à la maîtrise des risques budgétaires ;

- d'exercer le contrôle a posteriori des actes dispensés de visa ou d'avis.

- d'évaluer les circuits et procédures et analyser les déterminants de la dépense ;

- d'assister les services gestionnaires dans la mise en œuvre de la loi organique relative aux lois de finances et à l'exécution du budget, au moyen du développement du contrôle interne ;

- de coordonner l'action des autorités chargées du contrôle financier auprès des services déconcentrés du ministère auprès duquel ils sont placés et des comptables publics assignataires des ordres de dépenses et de recettes émis par les ordonnateurs secondaires de ce ministère.

- de transmettre aux autorités budgétaires et à l'ordonnateur principal un rapport annuel sur l'exécution budgétaire et une analyse de la situation financière du ministère.

Article 50 : Dans l'exercice de leurs fonctions, les contrôleurs budgétaires sont soumis au régime des droits, obligations, interdictions et incompatibilités applicable aux ordonnateurs et comptables publics, prévu par les textes en vigueur.

Article 51 : Les fonctions de contrôleur budgétaire sont incompatibles avec celles d'ordonnateur et de comptable public.

Elles résultent d'une nomination et d'une accréditation expresse.

Chapitre IV : Des opérations

Section 1 : *Des opérations de recettes*

Sous-section 1 : *Des dispositions communes*

Article 52 : Les recettes de l'Etat comprennent les produits d'impôts, de taxes, de droits et les autres produits institués par les lois et règlements en vigueur ou résultant de décisions de justice ou de conventions.

Article 53 : Dans les conditions applicables à chacune d'entre elles, les recettes de l'Etat sont liquidées avant d'être recouvrées.

Article 54 : La liquidation a pour effet de déterminer le montant de la dette des redevables.

Toute créance liquidée doit faire l'objet d'une déclaration ou d'un ordre de recouvrer qui indique les bases de sa liquidation.

L'acte de liquidation constituant l'ordre de recette peut être un extrait de décision de justice, un acte formant titre, un arrêté de débet ou un titre de perception.

Pour les recettes encaissées sur versements spontanés des redevables, les titres de régularisation sont établis sans délai par l'ordonnateur, à la demande du comptable.

En cas d'erreur de liquidation, l'ordonnateur émet un ordre de recouvrer complémentaire, un ordre d'annulation ou de réduction de la recette indiquant les bases de la nouvelle liquidation.

Pour les créances faisant l'objet d'une déclaration, une déclaration rectificative, indiquant les bases de la nouvelle liquidation, est souscrite.

Article 55 : Les comptables publics sont responsables du recouvrement de la totalité des droits liquidés par les ordonnateurs à partir de la prise en charge par leurs soins.

Ils doivent justifier de l'apurement de ces prises en charge dans les délais et formes prévus par la réglementation en vigueur.

L'apurement résulte soit de recouvrements effectifs, soit de réductions ou des annulations de droits préalablement liquidés, soit de leur admission en non-valeur.

Article 56 : Les règlements sont faits par versement d'espèces, remise de chèques ou d'effets bancaires, ou virement à l'ordre du Trésor public.

Toutefois, dans des cas expressément prévus par les textes en vigueur, les redevables peuvent être admis à s'acquitter de leur dette par dation en paiement, remise de valeurs, remise de timbres, formules ou fournitures, d'effets de commerce ou d'obligations cautionnées, ou par l'exécution de prestations en nature.

Sauf dispositions contraires de la loi, le débiteur d'une créance publique ne peut invoquer à son profit la compensation.

Article 57 : Le recouvrement forcé des créances est poursuivi, conformément aux voies de droit, en vertu d'un titre ayant force exécutoire.

Sauf exception tenant soit à la nature ou au caractère contentieux de la créance, soit à la nécessité de prendre sans délai des mesures conservatoires, le recouvrement forcé est précédé d'une tentative de recouvrement amiable.

Article 58 : Les délais de prescription sont fixés par la loi. A défaut de dispositions particulières, ces délais de prescription sont ceux du droit commun.

Les règles propres à chaque catégorie de créances fixent les conditions dans lesquelles le recouvrement d'une créance peut être suspendu ou abandonné et dans lesquelles une remise de dette, une transaction ou une adhésion à un concordat peuvent intervenir.

Article 59 : les textes réglementaires, pris sur proposition du Ministre chargé des Finances, fixent les seuils des créances en dessous desquels les ordres de recettes ne sont pas émis ou dont le recouvrement peut être abandonné.

Article 60 : Tout paiement en espèces ou par chèque donne lieu à la délivrance concomitante d'une quittance.

Pour les autres modes de paiement, les quittances sont délivrées après constatation du règlement.

Toutefois, il n'est pas délivré de quittance au redevable lorsque celui-ci reçoit, en échange de son versement, des timbres, tickets, formules, ou une fourniture dont la possession justifie à elle seule le paiement des droits, ou une quittance établie sur un document particulier.

Article 61 : Le débiteur de l'Etat est libéré lorsque :

- il présente une quittance régulière ;
- il bénéficie d'une prescription ;
- il établit la réalité de l'encaissement par un comptable public des effets bancaires émis au profit du Trésor.

Article 62 : Le comptable public doit opérer, préalablement à tout paiement, la compensation légale au profit de l'Etat entre les dettes et les créances assignées sur sa caisse, sauf dispense expresse du Ministre chargé du Budget.

Toutefois, le débiteur conserve la faculté de se libérer par versements directs à la caisse de l'agent chargé du recouvrement.

Sous-section 2 : Des dispositions particulières concernant certaines recettes

Paragraphe 1er : Des dispositions applicables aux impôts directs et aux taxes assimilées en matière d'impôts

Article 63 : Les impôts directs et taxes assimilées sont perçus conformément aux dispositions du Code Général des Impôts.

Les comptables directs du Trésor, seuls chargés de la perception des articles d'impôts et taxes assimilés, doivent délivrer une quittance pour chaque versement.

En cas de retard dans le paiement, ils appliquent de leur propre initiative, les majorations prévues par le Code Général des Impôts, les ajoutent au principal de l'impôt et en poursuivent le recouvrement par toutes voies de droit.

Ils peuvent, conformément aux modalités prévues ou autorisées par le Ministre chargé de l'Economie, procéder aux remises totales ou partielles des majorations.

Article 64 : Les dégrèvements et les états des cotes admises en non-valeur viennent en diminution des prises en charge. Ils sont joints aux pièces justificatives à transmettre à l'appui du compte de gestion.

Article 65 : Lorsqu'un dégrèvement intervient après paiement par le contribuable, le trop perçu est versé à un compte de trésorerie ouvert dans les écritures du Trésor, et vient en déduction des recettes correspondantes.

Si ce dégrèvement concerne des recettes donnant lieu à répartition entre l'Etat et d'autres établissements publics, il est en totalité supporté par l'Etat.

Les excédents de versement sont conservés dans les écritures du trésor conformément aux dispositions régissant la prescription des créances sur l'Etat. Ils sont remboursables contre reçu dans les limites de ce délai.

Article 66 : En cas d'admission en non-valeur, les recouvrements opérés en application des dispositions du Code Général des Impôts sont imputés au budget général de l'Etat.

L'admission en non-valeur des créances irrécouvrables est prononcée par le Ministre chargé de l'Economie, sur proposition du Ministre chargé du Budget.

Paragraphe 2 : *Des dispositions applicables en matière douanière et droits indirects et en matière des domaines*

Article 67 : Les droits de douane et droits indirects sont liquidés par l'administration des douanes et droits indirects et perçus par les comptables directs du trésor, dans les conditions fixées par le Code des Douanes.

Article 68 : Lorsqu'une erreur de taxation au détriment du redevable est constatée, l'administration des douanes et droits indirects établit un état de réduction des prises en charge et l'adresse au comptable chargé du recouvrement.

Article 69 : Les excédents de versements sur droits et taxes sont remboursables au vu d'un bulletin de remboursement émis par l'administration des douanes et droits indirects.

Article 70 : Les créances domaniales et recettes assimilées sont liquidées et recouvrées dans les conditions prévues par les textes en vigueur.

Paragraphe 3 : Des dispositions applicables en matière d'amendes et condamnations pécuniaires

Article 71 : Les amendes et condamnations pécuniaires sont liquidées sur la base des textes les régissant, des décisions de justice ou des décisions administratives les ayant prononcées.

Elles comprennent notamment :

- les amendes pénales, les frais de justice et les droits de timbre correspondants ;
- les amendes civiles, administratives et certaines amendes fiscales ;
- les confiscations, réparations, restitutions, dommages et intérêts, frais ayant le caractère de réparation et intérêts moratoires.

Article 72 : Le recouvrement des produits visés à l'article 71 ci-dessus est assuré par les comptables publics, dans les conditions et selon les modalités fixées par les textes en vigueur.

Article 73 : Le recouvrement des autres produits, non soumis à un mode de recouvrement spécial, est confié à l'Agent Judiciaire de l'Etat.

Le titre de perception est constitué, selon le cas, par l'extrait de jugement, l'arrêt ou la décision administrative. Il est transmis à l'Agent Judiciaire de l'Etat par le greffier près la juridiction qui a prononcé la décision de justice.

Les poursuites sont exercées comme en matière de contributions directes.

Article 74 : les amendes pour contraventions de police concernant la circulation routière font l'objet d'un ordre de recette délivré au contrevenant par l'agent verbalisateur.

Le paiement s'effectue exclusivement à la caisse du Trésor Public contre délivrance d'une quittance.

Paragraphe 4 : *Des recettes étrangères à l'impôt et à l'amende*

Article 75 : les créances de l'Etat autres que l'impôt et l'amende sont liquidées selon leur nature, sur les bases fixées par le texte ou l'acte leur servant de support.

Elles sont matérialisées, sauf dispositions contraires, par un ordre de recette ou de reversement établi par l'ordonnateur et transmis au comptable chargé du recouvrement.

Article 76 : Tout ordre de recette ou de reversement doit indiquer les bases de la liquidation.

Toute erreur de liquidation au préjudice du débiteur donne lieu à l'émission d'un ordre d'annulation ou de réduction de recette. Cet ordre indique les bases de la nouvelle liquidation.

Article 77 : Le comptable chargé du recouvrement adresse l'avis au redevable, qui dispose d'un délai de trente jours pour se libérer.

Si le débiteur ne s'est pas libéré à l'expiration de ce délai, le dossier est transmis à l'Agent Judiciaire de l'Etat, seul habilité à engager des poursuites.

Article 78 : En cas de contestation du débiteur, les ordres de recettes doivent être émis sous forme d'états exécutoires.

Les poursuites en matière d'états exécutoires sont exercées comme en matière de contributions directes.

Le contentieux du recouvrement des états exécutoires relève de la compétence exclusive de la juridiction administrative.

Article 79 : Dans les conditions fixées par voie règlementaire, les débiteurs peuvent obtenir une remise gracieuse, partielle ou totale de leurs dettes.

Article 80 : L'admission en non-valeur des créances irrécouvrables est prononcée par le Ministre chargé de l'Economie, sur proposition de l'Agent Judiciaire de l'Etat.

Sous-section 3 : Des régies de recettes

Article 81 : Les régies de recettes sont destinées à faciliter l'encaissement des recettes d'un faible montant ou dont le recouvrement présente un caractère d'urgence.

Elles sont instituées par arrêté du Ministre chargé de l'Economie.

Cet arrêté fixe, dans chaque cas :

- le comptable de rattachement ;
- la nature des produits à percevoir et leurs modalités d'encaissement ;
- la périodicité des versements que le régisseur doit faire au comptable de rattachement.

Les autres dispositions relatives aux régies de recettes sont fixées conformément aux dispositions de l'article 44 ci-dessus.

Section 2 : Des opérations de dépenses

Article 82 : Les dépenses de l'Etat doivent être prévues dans les lois de finances et être conformes aux lois et règlements en vigueur.

Les crédits sont regroupés par mission relevant soit d'un ou de plusieurs services, soit d'un ou de plusieurs ministères.

Les crédits ouverts sont mis à la disposition des ordonnateurs dans les conditions et conformément aux modalités prévues par les textes en vigueur.

Article 83 : Avant d'être payées, les dépenses sont successivement engagées, liquidées et ordonnancées.

Sous-section 1 : De l'engagement

Article 84 : Les engagements sont constitués :

- en matière de dépenses de personnel, par les décisions prises par les autorités qualifiées concernant la situation de chaque agent ;
- en matière d'achats de fournitures ou d'exécution de travaux ou de services, par l'établissement d'une commande ou la passation d'une convention ou d'un marché ;
- en matière d'acquisition immobilière, par la passation d'un contrat ou par une décision d'expropriation ;
- en matière de subventions et secours, par les décisions des autorités qualifiées ;
- en matière de charges résultant de l'exécution des opérations de trésorerie, par les décisions du Ministre chargé du Budget ;
- en matière d'indemnisation, par les décisions des autorités administratives ou judiciaires.

Article 85 : Les ordonnateurs, leurs délégués et leurs suppléants ont, seuls, qualité pour engager les dépenses de l'Etat.

Article 86 : Sous réserve des dispositions spéciales concernant les crédits évaluatifs, les engagements sont limités, soit au montant des crédits de paiement, soit au montant des autorisations d'engagement régulièrement ouverts par les lois de finances.

Toute violation de cette règle par une autorité administrative engage la mise en jeu de sa responsabilité personnelle.

Sous-section 2 : De la liquidation

Article 87 : La liquidation est faite au vu des titres établissant les droits acquis au créancier.

A l'exception des cas d'avances autorisés par les règlements, la liquidation est effectuée seulement après service fait, autrement dit, après exécution de ses obligations par le créancier.

La réalité du service fait est certifiée par l'ordonnateur, sous sa responsabilité.

Article 88 : Les ordonnateurs, leurs délégués et suppléants ont, seuls, qualité pour liquider les dépenses de l'Etat.

Sous-section 3 : De l'ordonnancement

Article 89 : L'ordonnancement est l'acte administratif par lequel, conformément aux résultats de la liquidation, l'ordre est donné au comptable de payer la dette de l'Etat. Il prend la forme d'un ordre de paiement.

Toutefois, certaines dépenses dont la liste est arrêtée par le Ministre chargé du Budget, peuvent, en considération de leur nature ou de leur montant, être payées sans ordonnancement ou avec ordonnancement sans que celui-ci soit préalable au paiement.

Article 90 : Les crédits évaluatifs peuvent, dans les conditions prévues par arrêté du Ministre chargé du Budget, faire l'objet de dépenses sans ordonnancement. Ces crédits ne donnent lieu à aucun contrôle de disponibilité.

Article 91 : Les ordonnateurs, leurs délégués et suppléants ont, seuls, qualité pour ordonnancer les dépenses de l'Etat.

Sous-section **4 :** ***Du paiement***

Article 92 : Le paiement est l'acte par lequel l'Etat se libère de sa dette.

Toutefois, sans préjudice des avances et acomptes qui peuvent être consentis aux personnels, aux entrepreneurs et fournisseurs ainsi qu'aux bénéficiaires de subventions, et sous réserve des dérogations ou acomptes consacrés par les textes en vigueur, le paiement ne peut intervenir avant l'échéance de la dette, l'exécution du service, la décision individuelle d'attribution d'allocations ou la décision individuelle de subvention.

Article 93 : Sauf dispositions contraires des textes en vigueur, les paiements sont effectués par remise d'espèces, de chèques, par virement bancaire ou sur un compte ouvert dans les écritures du Trésor Public.

Les paiements au profit d'une personne morale sont exclusivement effectués par voie bancaire.

Article 94 : Le règlement d'une dépense est libératoire lorsqu'il intervient suivant l'un des modes de paiement prévus à l'article 93 ci-dessus au profit du créancier ou de son représentant qualifié.

Les cas dans lesquels les règlements peuvent être effectués entre les mains de tiers sont prévus par les textes en vigueur.

Article 95 : Le comptable public assignataire est seul chargé, sous sa responsabilité, de vérifier les droits et qualités des parties prenantes et la régularité de leurs acquis. A ce titre, il est fondé à exiger la production de toutes justifications utiles.

Article 96 : Lorsqu'à l'occasion des contrôles, des irrégularités sont constatées, le comptable public suspend le paiement de la dépense et en informe l'ordonnateur aux fins de régularisation. Dans ce cas, l'ordonnateur peut requérir, sous sa responsabilité et par écrit, le comptable de payer ; il ne peut déléguer ce droit. Il en est de même lorsque les comptables publics ont pu établir que les certifications délivrées par les ordonnateurs sont inexactes.

Les comptables sont tenus d'adresser aux ordonnateurs une déclaration écrite et motivée de leur suspension de visa, accompagnée des pièces rejetées.

Toutefois, aucune réquisition n'est possible lorsque la suspension de paiement est motivée par :

- l'indisponibilité des crédits ;
- l'absence de certification du service fait ;
- le caractère non libératoire du règlement ;
- l'absence de visa de l'ordonnance par le contrôleur budgétaire.

Article 97 : Sont prescrites au profit de l'Etat, sans préjudice des déchéances spéciales prévues par les textes en vigueur ou consenties dans les marchés ou conventions, toutes créances qui n'ont pas été payées dans un délai de quatre ans à partir du premier jour de l'année suivant celle au cours de laquelle les droits ont été acquis.

Toutefois, ces dispositions ne s'appliquent pas aux créances dont la liquidation, l'ordonnancement et le paiement n'ont pu être effectués dans les délais ci-dessus par le fait de l'administration ou par suite d'action en Justice.

Article 98 : Est atteinte d'extinction vis-à-vis de l'Etat, toute action destinée à constituer une créance opposable à celui-ci intentée plus de quatre années après la date de réalisation du fait générateur du dommage servant de support à cette action.

Toutefois, la réclamation adressée à l'Etat avant l'expiration du délai prévu à l'alinéa ci-dessus, destinée à obtenir la réparation ou la cessation du dommage causé par l'Etat, interrompt le cours de la prescription instituée par le présent article.

Sous-section 5 : Des oppositions

Article 99 : Toutes oppositions ou autres significations ayant pour objet d'arrêter un paiement doivent être faites, à peine de nullité, entre les mains du comptable public assignataire de la dépense.

Article 100 : Les comptables publics ne sont conservateurs que des oppositions régulièrement formées entre leurs mains par exploit d'huissier et sur les sommes payables à leur caisse.

Ils ne peuvent se charger d'oppositions transmises par un autre comptable ou par une intervention autre que celle des tribunaux.

Les oppositions relatives à des cautionnements sont irrecevables tant que la main levée n'a pas été donnée aux déposants.

Article 101 : La durée d'effet des saisies-attributions et oppositions signifiées aux comptables publics est de quatre ans. Elle peut être renouvelée dans les mêmes formes.

Sous-section 6 : Des délégations de crédits

Article 102 : La délégation de crédits est la mise à disposition, auprès d'un comptable assignataire, de l'ensemble des crédits d'une unité administrative.

Elle s'effectue en une ou plusieurs tranches, par ordonnance de délégation visée par le contrôleur budgétaire.

Article 103 : Les dépenses effectuées sur crédits délégués sont engagées, liquidées, ordonnancées et payées conformément aux dispositions des articles 84 à 96 du présent décret.

Sous-section 7 : Des régies d'avances

Article 104 : Les régies d'avances sont destinées à permettre le règlement de menues dépenses des services ou à accélérer le règlement des dépenses présentant un caractère d'urgence.

Elle consiste en la mise à la disposition d'un régisseur d'avances de tout ou partie des fonds correspondant aux crédits inscrits sur une ligne budgétaire d'une unité administrative.

Article 105 : Les régies d'avance sont instituées par arrêté du ministre responsable. Cet arrêté fixe, dans chaque cas :

- le comptable assignataire ;
- l'imputation budgétaire ;
- la nature des dépenses à payer ;
- le délai dans lequel les justifications des dépenses doivent être produites au comptable de rattachement, ce délai ne pouvant excéder trois mois ni dépasser le 31 décembre de l'année budgétaire concernée.

Les autres dispositions relatives aux régies d'avances sont fixées conformément aux dispositions de l'article 44 ci-dessus.

Section 3 : Des opérations de trésorerie et de financement

Article 106 : Sont des opérations de trésorerie et de financement, tous les mouvements de numéraires, de valeurs mobilisables, de comptes de dépôts, de comptes courants et de comptes de créances et de dettes à court, moyen et long termes.

Article 107 : Les opérations de trésorerie comprennent notamment :

- la centralisation et la répartition des fonds publics dans l'espace et dans le temps ;

- l'escompte et l'encaissement des effets et obligations émis au profit de l'Etat ;
- la gestion des fonds déposés par les correspondants et les opérations faites pour leur compte ;
- la gestion des fonds consignés par les particuliers ou pour leur compte ;
- les opérations de prêts et avances octroyés par l'Etat ;
- l'encaissement des produits de cessions d'actifs.

Article 108 : Les opérations de financement comprennent l'émission, la conversion, la gestion et le remboursement des emprunts à court, moyen et long termes et des autres dettes de l'Etat.

Article 109 : Toute convention de financement contractée par l'Etat sous forme d'emprunt, d'ouverture de ligne de crédits, de marché ou convention à paiement différé, doit être autorisée par une loi.

Les tirages sur conventions doivent être conformes aux autorisations données par les lois de finances.

Ces tirages font l'objet d'ordres de recette établis par l'ordonnateur.

Lorsque le tirage correspond à une dépense financée par la convention, cette dépense est ordonnancée pour ordre, dans des conditions fixées par le ministre responsable.

Article 110 : Les créances résultant d'un emprunt d'Etat auprès du public donnent lieu à la remise d'un titre au souscripteur. Elles peuvent toutefois être inscrites au crédit d'un compte courant de titres, dans les conditions fixées par arrêté du ministre responsable.

Les titres sont établis sous forme nominative ou au porteur. Ils ne peuvent être délivrés aux souscripteurs avant que ceux-ci ne se soient libérés de la totalité de leur souscription.

Les conditions dans lesquelles les titres détériorés, détruits, perdus ou volés peuvent être frappés d'opposition, remplacés ou remboursés sont fixées par le ministre responsable.

Article 111 : Le Trésor Public a un seul compte ouvert au nom de l'Etat dans les livres de la Banque Centrale dans lequel toutes les ressources détenues par l'ensemble des comptables publics sont déposées et duquel tous les décaissements sont effectués.

Article 112 : Les conditions d'ouverture et de fonctionnement des comptes de disponibilités des comptables sont fixées par arrêté du Ministre chargé des Comptes Publics.

Les agents de l'Etat n'ayant pas la qualité de comptable public ou de régisseur de recettes ou d'avances ne peuvent se faire ouvrir ès qualité un compte de disponibilités.

Le Ministre chargé des Comptes Publics fixe les règles relatives à la limitation des encaisses des comptables et des régisseurs de recettes ou d'avances, ainsi qu'à la limitation de l'actif des comptes ouverts à leur nom.

Article 113 : A l'exception des mouvements de numéraire nécessités par l'approvisionnement ou le nivellement des caisses des comptables, tous les règlements entre comptables publics sont réalisés par virement de compte.

Le Ministre chargé des Comptes Publics peut prescrire aux comptables ou aux correspondants du Trésor Public, toute procédure susceptible de simplifier les opérations de règlement ou d'en réduire les délais.

Il fixe également les modalités selon lesquelles s'exécutent les mouvements de numéraire entre comptables publics.

Article 114 : Les comptables publics procèdent à l'encaissement des traites et obligations qu'ils détiennent.

Ils peuvent présenter les traites à l'escompte dans les conditions définies par le Ministre chargé des Comptes Publics.

Ils sont seuls responsables de la concession et du contrôle du crédit en faveur des soumissionnaires admis à se libérer par traites et obligations.

Article 115 : Les correspondants du Trésor sont les personnes morales et les particuliers qui, soit en application des textes en vigueur, soit en vertu de conventions, déposent à titre obligatoire ou facultatif des fonds au Trésor ou sont autorisés à procéder à des opérations de recettes ou de dépenses par l'intermédiaire des comptables directs du Trésor.

Le Ministre chargé des Comptes Publics fixe les conditions d'ouverture et de fonctionnement des comptes des correspondants ainsi que, le cas échéant, les taux et le mode de liquidation de l'intérêt qui peut leur être alloué.

Article 116 : Sauf dérogations prévues par les textes en vigueur, les comptes des correspondants ne peuvent présenter de découvert.

Article 117 : Les comptables publics habilités à assurer un service de dépôt de fonds particulier sont tenus de déposer au Trésor Public tous les fonds ou valeurs qui leur sont confiés à ce titre.

Section 4 : Des opérations de patrimoine

Article 118 : Les opérations de patrimoine concernent les biens de l'Etat ainsi que les objets et valeurs appartenant à des tiers, confiés à la gestion de l'Etat.

Les modalités de prise en charge, d'emploi et de conservation de ces biens, objets et valeurs sont fixées par décret pris sur proposition du Ministre chargé du Budget.

Article 119 : Le Ministre chargé du Budget détermine, le cas échéant, en accord avec le Ministre intéressé :

- les règles de classement et d'évaluation des stocks et des éléments du patrimoine mobilier et immobilier ;
- les limites dans lesquelles doivent être fixés les taux d'amortissement ou les provisions pour dépréciation ;
- les modalités de réévaluation des éléments patrimoniaux.

Chapitre V : Des justificatifs des opérations

Article 120 : Les opérations budgétaires, de trésorerie et de financement doivent être appuyées des pièces justificatives prévues dans la nomenclature des pièces justificatives en vigueur.

Article 121 : Les justificatifs des recettes concernant le budget général et les comptes spéciaux sont notamment constitués par :

- les états récapitulatifs du montant des émissions d'impôts et taxes ;
- les originaux des ordres de recettes et des titres de réduction, ainsi que les relevés récapitulatifs de ces ordres et de ces titres visés par l'ordonnateur compétent ;
- les états des produits recouvrés et des créances restant à recouvrer.

Article 122 : Les justificatifs des dépenses concernant le budget général et les comptes spéciaux sont notamment constitués par :

- les titres d'engagement visés par le contrôleur budgétaire ;
- les pièces établissant la réalité du service fait et les droits des

créanciers ;

- les ordonnances de paiement ou de délégation, signées par l'ordonnateur et visées par le contrôleur budgétaire, accompagnées de leurs bordereaux récapitulatifs ;
- le cas échéant, les ordres de réquisition établis par les ordonnateurs ;
- l'acquit des créanciers ou les mentions attestant le paiement ;
- les titres, valeurs ou coupons remis par les créanciers lors du paiement ;
- les bordereaux et états récapitulatifs des dépenses des régisseurs ;
- les pièces relatives au paiement avant service fait.

Article 123 : Les justificatifs des opérations d'emprunt sont notamment constitués par :

1- pour les tirages sur conventions de financement :

- la loi autorisant l'emprunt ;
- la convention ;
- l'ordre de recette visé à l'article 54 ci-dessus ;
- les pièces établissant la qualité et les droits du bénéficiaire du tirage lorsque le tirage correspond à une dépense financée par la convention ;
- l'ordonnance de paiement émise pour ordre dans les conditions fixées à l'article 89 ci-dessus.

2- pour les remboursements liés aux conventions de financement ou d'avals :

- le texte autorisant la convention de financement ou d'aval ;
- les pièces établissant la qualité et les droits du créancier.

Article 124 : Les justificatifs des opérations de trésorerie sont notamment constitués par :

- les certificats d'accord ou les états de développement des soldes ;
- les chèques, ordres de paiement ou de virement remis par les titulaires des comptes de dépôt, ou les mandats de trésorerie dûment acquittés ;
- les bons de caisse ou chèques sur le Trésor ;
- les bons de commande sur crédits délégués.

Article 125 : Les documents justificatifs visés au présent chapitre font l'objet d'une nomenclature générale fixée par les textes en vigueur.

Lorsque certaines opérations n'ont pas été prévues par la nomenclature, les justificatifs produits doivent, en tout état de cause, permettre d'établir la régularité de la dette et du paiement.

Article 126 : Les ordonnateurs et les régisseurs sont tenus de produire les pièces justificatives de leurs opérations à leur comptable assignataire.

En cas de perte, de vol, de destruction ou de détérioration de ces pièces, les comptables peuvent pourvoir à leur remplacement sous forme de duplicata.

Article 127 : Les justificatifs sont produits par les comptables secondaires aux comptables principaux et par les comptables principaux au juge des comptes.

Toutefois, le Ministre chargé des Comptes Publics peut autoriser les comptables à conserver certaines pièces justificatives. Il fixe par ailleurs les conditions dans lesquelles les justificatifs peuvent être détruits après jugement des comptes.

Chapitre VI : De la période d'exécution des opérations

Article 128 : Les opérations du budget général de l'Etat et des comptes spéciaux sont exécutées selon le système de l'exercice.

Les opérations sont prises en compte au titre de l'exercice auquel elles se rattachent, indépendamment de leur date de paiement ou d'encaissement.

Article 129 : Les engagements de dépenses s'imputent sur les crédits du budget de l'année en cours.

Ils doivent être visés par le contrôleur budgétaire avant le 20 décembre.

Le service correspondant à ces engagements doit être exécuté au plus tard le 31 décembre de l'année concernée.

Titre IV : De la comptabilité de l'Etat

Article 130 : La comptabilité de l'Etat a pour objet la description, le contrôle des opérations ainsi que l'information des autorités de contrôle et de gestion. Elle est organisée en vue de permettre notamment :

- la connaissance et le contrôle des opérations budgétaires, des opérations de trésorerie et de financement ;
- la connaissance de la situation du patrimoine et des opérations de régularisation ;
- l'analyse des coûts des différentes actions engagées dans le cadre des programmes ;
- la détermination des résultats annuels :
- l'intégration des opérations dans la comptabilité économique nationale.

Elle comprend :

- une comptabilité budgétaire ;
- une comptabilité générale ;
- une comptabilité d'analyse des coûts des différentes actions engagées dans le cadre de la mise en œuvre des programmes ;
- une comptabilité des matières, valeurs et titres.

Chapitre 1er : De la comptabilité budgétaire

Article 131 : la comptabilité budgétaire a pour objet de retracer, pour chaque exercice, les opérations d'exécution du budget de l'Etat en recettes et en dépenses, conformément à la nomenclature de présentation et de vote du budget.

Elle permet de suivre les liquidations, émissions, prises en charge, recouvrements et restes à recouvrer en matière de recettes, d'une part, les engagements, liquidations, ordonnancements, paiements et restes à payer en matière de dépenses, d'autre part.

La comptabilité budgétaire dégage un résultat correspondant à la différence entre les recettes encaissées et les dépenses décaissées sur le budget général et les comptes spéciaux au titre de l'année considérée.

Article 132 : La comptabilité budgétaire est tenue dans la phase administrative par les ordonnateurs et dans la phase comptable par les comptables publics.

Elle permet de fournir la situation d'exécution du budget par entité attributaire et par programme.

Elle est tenue en partie simple.

Article 133 : La période couverte par la comptabilité budgétaire correspond à la période de gestion couvrant l'année civile.

Toutefois, des dépenses budgétaires engagées et liquidées au cours de l'exercice budgétaire peuvent être payées après la fin de cet exercice, au cours d'une période complémentaire dont la durée ne peut excéder trente jours étant entendu que, lorsqu'une loi de finances rectificative est promulguée au cours du dernier mois de l'année civile, les opérations de recettes et de dépenses qu'elle prévoit peuvent être exécutées au cours de cette période complémentaire.

Article 134 : Les comptes générés par la comptabilité budgétaire sont constitués des comptes administratifs établis par les ordonnateurs et consolidés par le ministre responsable, appuyés des états de développement de recettes budgétaires et des états de développement des dépenses budgétaires établis par les comptables principaux consolidés par le comptable supérieur compétent.

Chapitre II : De la comptabilité générale de l'Etat

Article 135 : L'organisation de la comptabilité générale de l'Etat repose sur les principes suivants :

- la déconcentration de la comptabilité générale, en vue de la rapprocher du fait générateur et des ordonnateurs ainsi que de leurs services gestionnaires ;

- l'inscription au bilan de l'Etat de tous les flux de gestion portant sur les actifs non financiers, les dettes et créances, en vue de la connaissance du patrimoine public et partant, de la capacité de l'Etat à faire face à ses engagements.

Article 136 : La comptabilité générale de l'Etat a pour objet de décrire le patrimoine de l'Etat et son évolution.

Elle est fondée sur le principe de la constatation des droits et obligations. Les opérations sont prises en compte au titre de l'exercice auquel elles se rattachent indépendamment de leur date de paiement ou d'encaissement. Elle est tenue en partie double sur la base du plan comptable général.

Les règles applicables à la comptabilité générale de l'Etat s'inspirent des normes comptables internationalement reconnues.

Les comptables publics sont chargés de la tenue et de l'établissement des comptes de l'Etat, dans le respect des principes et règles de la profession comptable. Ils s'assurent notamment de la sincérité des enregistrements comptables et du respect des procédures.

Article 137 : A la fin de chaque année, le Compte Général de l'Etat est produit par le comptable centralisateur supérieur de l'Etat sous l'autorité du Ministre chargé des Comptes Publics.

Il comprend la balance générale des comptes de l'Etat, établie mensuellement et les états financiers suivants :

- le bilan ;
- le compte de résultat ;
- le tableau des flux de trésorerie ;
- l'état annexé dans les conditions définies par le décret portant plan comptable de l'Etat.

Article 138 : La certification de la régularité et de la sincérité des états financiers est assurée par la Cour des Comptes.

Chapitre III : De la comptabilité des matières, valeurs et titres

Article 139 : La comptabilité des matières, valeurs et titres est une comptabilité d'inventaire permanent ayant pour objet la description des existants, des biens mobiliers et immobiliers, des stocks et des valeurs inactives autres que les deniers et archives administratives appartenant à l'Etat.

Elle permet de réceptionner, d'enregistrer, de suivre et de contrôler, en quantité et en qualité, les différents corps ayant une propriété physique et matérielle.

Article 140 : La comptabilité des matières, valeurs et titres est une comptabilité auxiliaire tenue en partie simple ou en partie double. Elle décrit l'existant et les mouvements d'entrée et de sortie concernant :

- les immobilisations incorporelles et corporelles ;

- les stocks de marchandises et fournitures ;

- les titres nominatifs, au porteur ou à ordre, et les valeurs diverses appartenant ou confiées à l'Etat ainsi que les objets qui lui sont remis en dépôt ;

- les formules, titres, tickets et vignettes destinés à l'émission ou à la vente.

Des inventaires et comptes d'emploi sont établis à date fixe et à l'occasion des contrôles effectués par les organes habilités.

Article 141 : Les biens corporels et incorporels acquis avant la date d'effet du présent décret sont inventoriés, immatriculés, valorisés et enregistrés dans les livres suivant les modalités, méthodes et techniques définies par les textes en vigueur.

Les nouvelles acquisitions sont enregistrées au fur et à mesure des certifications délivrées par les ordonnateurs et des imputations données par les comptables aux comptes appropriés.

Des rapprochements contradictoires périodiques sont effectués entre les données de la comptabilité matière et celles de la comptabilité générale de l'Etat.

Article 142 : La comptabilité des matières est tenue par des agents habilités par les ordonnateurs.

Ces derniers sont responsables des mouvements qu'ils ordonnent sur les éléments du patrimoine.

L'organisation et le système comptables applicables à la comptabilité matières sont définis par les textes en vigueur.

Chapitre IV : De la comptabilité analytique des coûts

Article 143 : La comptabilité d'analyse des coûts a pour objet de faire apparaître les éléments de coûts des actions engagées dans le cadre de la mise en œuvre des programmes de politiques publiques.

La comptabilité analytique est autonome. Elle s'appuie sur les données de la comptabilité générale.

Article 144 : La comptabilité analytique permet de justifier les crédits indispensables à la conduite des actions et de mettre en évidence les éléments nécessaires à la mesure de la performance au sein des programmes.

Elle est également destinée à fournir des éléments de comparaison dans l'espace et dans le temps et éventuellement entre différentes structures administratives.

Les règles relatives à la tenue de la comptabilité analytique sont fixées par voie réglementaire.

Chapitre V : Des résultats et des états financiers annuels

Article 145 : Le compte de résultat décrit l'ensemble des excédents et des déficits de l'Etat au cours de chaque exercice.

Y sont imputés, le solde des recettes et des dépenses du budget général ainsi que les excédents et les déficits constatés dans l'exécution des comptes spéciaux du Trésor.

Article 146 : Les états financiers de l'Etat forment un tout indissociable comprenant :

- le bilan ;
- le compte de résultat ;
- le tableau de flux de trésorerie ;
- l'état annexé.

Article 147 : Le Ministre chargé des Comptes Publics fixe les conditions d'exécution des opérations permettant la détermination des résultats annuels.

Il fixe en particulier les délais impartis en fin de gestion aux différentes catégories de comptables publics de l'Etat pour achever l'imputation des opérations budgétaires de l'année écoulée et arrêter les écritures.

Il fixe également les modalités suivant lesquelles les comptables principaux sont tenus de rendre au juge des comptes le compte annuel comprenant tous les actes de leur gestion.

Article 148 : Les comptes de l'Etat sont dressés chaque année sous l'autorité du Ministre chargé des Comptes Publics.

Le compte général de l'Etat est établi par comptable centralisateur supérieur de l'Etat par intégration des écritures des comptables principaux.

Article 149 : Le compte général administratif de l'Etat et le compte général de l'Etat sont transmis par le Ministre chargé des Comptes

Publics au juge des comptes avant le 30 mars de l'année suivant celle au titre de laquelle ils sont établis.

Article 150 : La loi de règlement approuve les comptes et règle définitivement le budget de l'Etat, conformément aux modalités fixées par la loi organique relative aux lois de finances et à l'exécution du budget.

Titre V : Des contrôles

Article 151 : Les opérations relatives à l'exécution des lois de finances sont soumises à un triple contrôle: parlementaire, administratif et juridictionnel.

Chapitre 1er : Du contrôle parlementaire

Article 152 : Sans préjudice des pouvoirs généraux de contrôle du Parlement, le contrôle parlementaire s'exerce à l'occasion de l'examen des projets de loi de finances, conformément aux dispositions de la loi organique relative aux lois de finances et à l'exécution du budget.

Les commissions parlementaires ont tout pouvoir pour entreprendre toutes investigations et enquêtes relatives à l'exécution des lois de finances.

Article 153 : Dans l'exercice de leur pouvoir de contrôle, les commissions parlementaires peuvent procéder, conformément aux modalités prévues par les textes en vigueur, à l'audition de tout responsable des administrations, organismes et institutions bénéficiaires du budget ou fonds publics relevant du champ d'application du présent décret, ainsi qu'à celle des préposés de ces responsables.

Le secret professionnel ne peut leur être opposé et aucune entrave ne doit être posée à leur action.

Les informations ou les investigations sur place que ces commissions demandent ne peuvent leur être refusées. Elles peuvent procéder à l'audition des responsables des institutions, des autorités administratives indépendantes, des ministres et de leurs préposés dans les conditions déterminées par les textes en vigueur. Toute personne entendue par ces commissions est, en ce qui concerne les questions budgétaires, financières et comptables, déliée du secret professionnel.

Article 154 : Le Ministre chargé des Comptes Publics, au nom et pour le compte du Gouvernement, transmet au Parlement, à titre d'information et aux fins de contrôle, des rapports trimestriels sur l'exécution du budget, en recettes comme en dépenses et sur l'application de la loi de finances.

Ces rapports sont mis à la disposition du public.

Article 155 : Le Parlement peut s'appuyer sur la Cour des Comptes pour l'exercice du contrôle parlementaire. A ce titre, les commissions parlementaires chargées des finances peuvent demander à la Cour des Comptes la réalisation de toute enquête sur la gestion des services de l'Etat.

Chapitre II : Du contrôle administratif et du contrôle juridictionnel

Article 156 : Le contrôle administratif comprend :

- le contrôle hiérarchique de l'administration sur ses agents ;
- le contrôle interne qui regroupe l'ensemble des procédures et méthodes permettant au responsable d'un service de s'assurer du bon fonctionnement de celui-ci et notamment de la bonne maîtrise des risques;
- le contrôle exercé par les inspections et corps de contrôle ;
- le contrôle budgétaire et comptable tel que défini par les textes en vigueur.

Article 157 : Le contrôle juridictionnel des opérations budgétaires et comptables de l'ensemble des administrations publiques est assuré par la Cour des Comptes, dans les conditions fixées par les textes en vigueur.

Cette juridiction est juge de l'opportunité de la publication de ses avis, décisions et rapports.

Article 158 : Le contrôle juridictionnel porte notamment sur :

- l'exécution des lois de finances ;
- la régularité, la sincérité et la fidélité du compte général de l'Etat ;
- la légalité financière et la conformité budgétaire de toutes les opérations de dépenses et de recettes de l'Etat ;
- l'économie, l'efficacité et l'efficience de l'emploi des fonds publics au regard des objectifs fixés, des moyens utilisés et des résultats obtenus ainsi que la pertinence et la fiabilité des méthodes, indicateurs et données permettant de mesurer la performance des politiques et

administrations publiques ;

- toute question budgétaire, comptable et financière.

Titre VI : Des dispositions spécifiques applicables aux collectivités locales

Chapitre 1er : Des budgets des collectivités locales

Article 159 : Les dispositions du présent titre s'appliquent aux collectivités locales et à leurs établissements publics.

Les collectivités locales comprennent les communes les départements et toutes autres entités locales qui pourraient être dotées par la loi de la personnalité juridique et de l'autonomie financière.

Article 160 : Les collectivités locales sont placées sous la tutelle administrative et la tutelle financière des ministères compétents.

Article 161 : Le budget des collectivités locales est préparé, délibéré, voté, adopté et rendu exécutoire dans les conditions fixées par les textes en vigueur.

Article 162 : Le budget local est l'acte par lequel sont prévues et autorisées les dépenses et les recettes d'une collectivité locale.

Il correspond à l'année civile. Les autorisations qu'il prévoit sont annuelles.

Les budgets locaux comportent pour chaque exercice, un budget primitif et éventuellement un budget additionnel.

Article 163 : Le projet de budget primitif est élaboré par l'ordonnateur, sur la base des hypothèses validées au cours d'un débat d'orientation budgétaire.

Le débat d'orientation budgétaire a notamment pour but de présenter:

- les perspectives économiques et financières nationales ;

- la situation budgétaire et financière de la collectivité et les perspectives d'évolution ;

- les orientations de l'année à venir tant en fonctionnement qu'en investissement avec présentation des engagements pluriannuels.

Un arrêté conjoint des Ministres chargé des Collectivités Locales, du Budget et de l'Economie fixe les modalités d'application des dispositions du présent article.

Article 164 : Le projet de budget primitif préparé par l'ordonnateur, est soumis au vote de l'organe délibérant afin qu'il soit exécutoire au 1er janvier de l'exercice auquel il se rapporte.

Lorsque le budget d'une collectivité locale n'est pas voté avant la date limite fixée par les textes en vigueur, l'ordonnateur reconduit le budget de fonctionnement de l'exercice en cours.

Article 165 : Le budget additionnel est établi, délibéré et adopté au plus tard le 30 juin de l'année en cours.

Article 166 : Le projet de budget primitif doit être accompagné des pièces suivantes :

- la note de présentation du budget ;
- l'état de l'actif ;
- l'état du passif ;
- l'état des dépenses de personnel ;
- le projet de délibération portant vote du budget ;
- les projets de conventions et marchés et les projets de délibérations y afférents.

Article 167 : Outre les documents visés à l'article 166 ci-dessus, le projet de budget additionnel doit être accompagné des pièces suivantes :

- le compte administratif de l'exercice précédent ;
- l'état des restes à recouvrer ;
- l'état des restes à payer.

Article 168 : Les projets de budget adoptés par les conseils locaux font l'objet d'arrêtés des ordonnateurs de ces conseils.

Ils sont rendus exécutoires dans les quinze jours de leur adoption par approbation de l'autorité de tutelle compétente.

En cas de refus, les projets de budgets sont soumis à l'appréciation du supérieur hiérarchique de cette autorité qui dispose d'un délai de quinze jours pour se prononcer.

Si à l'expiration de ce délai, le projet de budget n'est toujours pas approuvé, le juge des comptes est saisi à la diligence de l'ordonnateur de la collectivité locale concernée.

Le juge des comptes dispose d'un délai ferme de quinze jours pour statuer définitivement.

Le budget est alors rendu exécutoire conformément à la décision du juge des comptes.

Article 169 : Les budgets locaux doivent être votés en équilibre réel.

La section de fonctionnement ne peut excéder 60% du budget.

Les crédits pour les dépenses imprévues ne peuvent excéder 6% du budget de fonctionnement.

Dans tous les cas, une recette extraordinaire ne peut être destinée à faire face à des dépenses ordinaires.

Le recours à l'emprunt ne peut intervenir que pour la section extraordinaire.

Chapitre II : Des personnels d'exécution du budget des collectivités locales

Section 1 : Des ordonnateurs

Article 170 : Est ordonnateur d'une collectivité locale, toute personne ayant qualité pour prescrire, au nom de la collectivité concernée, l'exécution des recettes et des dépenses, notamment :

- pour le budget communal, le maire de la commune ;
- pour le budget départemental, le président du conseil départemental.

Selon les modalités prévues par les textes en vigueur, les ordonnateurs locaux peuvent déléguer leurs pouvoirs à un ou plusieurs de leurs adjoints pour agir en leur nom et sous leur responsabilité ou aux maires d'arrondissement dans la limite des compétences dévolues à ces autorités.

Les ordonnateurs peuvent également se faire suppléer en cas d'absence ou d'empêchement.

Les ordonnateurs locaux sont soumis aux obligations et sanctions prévues par les textes en vigueur en matière de gestion des finances publiques.

Article 171 : Sous réserve des dispositions de l'article 176 ci-dessous, l'ordonnateur peut par écrit et sous sa responsabilité requérir le comptable de payer lorsque celui-ci suspend le paiement de la dépense.

Section 2 : Des comptables des collectivités locales

Article 172 : Il existe, pour chaque collectivité locale, un poste comptable principal à la tête duquel est placé un comptable direct du trésor.

Sauf disposition contraire, ce comptable est dénommé « receveur ». Il est comptable principal et, à ce titre, soumis aux obligations applicables aux comptables publics.

Article 173 : Chaque comptable détient sous sa responsabilité, les fonds et valeurs de la collectivité locale dont il est assignataire.

Il a seul qualité pour assurer le recouvrement des créances et le paiement des dettes dans la limite des crédits régulièrement ouvert et des fonds disponibles du budget de la collectivité locale.

Article 174 : Les collectivités locales ne peuvent créer de régies d'avances ou de recettes que dans des cas exceptionnellement prévus par la réglementation en vigueur.

Article 175 : Lorsque, par application de l'article 171 ci-dessus, l'ordonnateur a requis le receveur de payer et que celui-ci défère à la réquisition, le receveur rend compte au Ministre chargé des Comptes Publics. Dans ce cas la responsabilité de l'ordonnateur se substitue à celle du comptable.

Une copie de l'ordre de réquisition est transmise au juge des comptes pour information et l'original annexé au mandat de paiement.

Article 176 : Par dérogation aux dispositions de l'article 175 ci-dessus, le receveur doit refuser de déférer à l'ordre de réquisition lorsque la suspension de paiement est motivée par :

- l'indisponibilité de crédit ;
- l'absence de justification de service fait ;
- le caractère non libératoire du règlement ;
- le défaut de fonds disponible;
- l'absence de visa du contrôleur budgétaire lorsque ce visa est obligatoire.

Dans ces cas, le receveur rend immédiatement compte au Ministre chargé des Comptes Publics.

Chapitre III : Des opérations

Article 177 : Sauf dans les cas de dérogations expressément prévus par les textes en vigueur, les opérations de recettes, de dépenses et de financement sont autorisées par l'organe délibérant de chaque collectivité locale.

Article 178 : L'exercice budgétaire commence le 1er janvier et se termine le 31 décembre de l'année en cours.

Toutefois, un délai est accordé pour compléter les opérations annuelles et la période de clôture de l'exercice. Cette clôture est alors fixée au 15 janvier de l'année suivante pour les dépenses engagées avant le 31 décembre de l'année précédente.

Section 1 : Des opérations de recettes

Article 179 : Les ressources des collectivités locales proviennent du produit des impôts et taxes locaux, des ristournes sur les impôts de répartition, des subventions, des emprunts, des dons, des legs et des fonds de concours et de toutes autres ressources propres ou affectées.

Article 180 : La loi de finances autorise chaque année la perception des impôts, droits ou taxes assis au profit des collectivités locales et fixe le plafond des ristournes revenant à ces collectivités.

Les délibérations des conseils sur les tarifs des droits et taxes ainsi que celles relatives aux emprunts, aux fonds de concours, aux dons et legs doivent faire l'objet d'une approbation contresignée par les ministres responsables.

Dans le ressort d'une collectivité locale, les directions régionales des impôts dirigent et surveillent l'assiette de tous les impôts dont le recouvrement au profit des collectivités a été autorisé.

Article 181 : Les recettes assises au profit des collectivités locales donnent lieu à émission d'ordres de recette qui sont constitués par :

- les rôles de contribution ou de régularisation ;
- les certificats établis par l'administration fiscale ;
- les avis de mise en recouvrement ;
- les actes et contrats notariés et les jugements définitifs revêtus de la formule exécutoire ;
- les états de recouvrement sur ordre de recettes établis par l'ordonnateur.

La répartition des ristournes a lieu périodiquement suivant le montant des recettes encaissées.

Le Ministre chargé de l'Economie détermine la nature des recettes dont le produit est directement imputé au compte de la collectivité locale.

Article 182 : Les recettes sont liquidées par l'ordonnateur, conformément aux dispositions des textes en vigueur.

Article 183 : L'ordonnateur transmet au comptable les titres de recette qu'il a reçus ou établis sous bordereau en triple exemplaire, accompagnés des pièces justificatives. Le comptable les prend en charge et les notifie aux redevables.

Article 184 : Le comptable notifie à l'ordonnateur, sur bordereau en triple exemplaire, les recettes qu'il a encaissées sans émission de titre.

L'ordonnateur arrête et signe les bordereaux dont il retourne au comptable deux exemplaires appuyés, s'il y a lieu, des titres de régularisation y afférents.

Les réductions ou annulations de titres de recettes ayant pour but de rectifier des erreurs, sont constatées au vu de titres rectificatifs établis par l'ordonnateur et notifiées au comptable.

Les bordereaux des titres à annuler sont établis suivant une série spéciale.

Article 185 : Le comptable prend en charge, sous sa responsabilité, les titres de recettes. Il doit faire diligence pour recouvrer les produits aux échéances déterminées par les lois, les règlements ou les actes qui les régissent.

Il délivre quittance pour toutes les sommes qui lui sont versées et émarge les recouvrements sur les titres de recettes.

Il n'est toutefois pas délivré quittance lorsque le redevable reçoit, pour constater ses versements, des tickets, timbres, vignettes dont la possession justifie à elle seule le paiement des droits.

Article 186 : Le receveur est tenu, sous sa responsabilité personnelle, de faire contre les débiteurs en retard, les exploits, significations et poursuites nécessaires.

Les poursuites s'effectuent comme en matière de contributions directes.

Article 187 : A la clôture de l'exercice, et au plus tard le 15 janvier de l'exercice suivant, le receveur établit par nature de recettes, l'état des restes à recouvrer de l'exercice arrivé au terme de sa clôture et des gestions antérieures qu'il soumet au visa de l'ordonnateur.

L'état visé est joint au compte de gestion. Un exemplaire est joint au compte administratif et un autre exemplaire, le cas échéant, au projet de budget additionnel.

Article 188 : En matière d'impositions sur rôles, il est procédé à l'apurement des restes à recouvrer dans les mêmes conditions que pour les contributions directes.

En toute autre matière, le receveur adresse ses demandes d'admission en non-valeur à l'ordonnateur pour saisine du conseil.

La délibération du conseil devient exécutoire après son approbation par l'autorité de tutelle.

Nonobstant l'admission du titre en non-valeur, le comptable est tenu de poursuivre le recouvrement de la créance si la situation du débiteur le permet.

Les décisions d'admission en non-valeur sont notifiées par l'ordonnateur au receveur sous bordereaux de titres à annuler dont le montant vient en déduction des prises en charges antérieurs.

Section 2 : Des opérations de dépenses

Article 189 : Les opérations de dépenses des collectivités locales sont exécutées en phases administrative et comptable, dans les mêmes formes et conditions que pour les dépenses de l'Etat, en tenant notamment compte de la disponibilité de la trésorerie.

L'engagement, la liquidation et l'ordonnancement ou le mandatement des dépenses de la collectivité locale sont effectués par l'ordonnateur.

Le paiement est effectué par le receveur.

Article 190 : Lorsque le montant des fonds disponibles d'une collectivité est inférieur aux sommes à payer, le comptable en informe l'ordonnateur qui fixe l'ordre de paiement des mandats en instance.

Priorité est donnée au paiement des dépenses obligatoires, notamment les dépenses de personnel.

La date de paiement d'un mandat est fixée au plus tard au quinzième jour à partir de son dépôt auprès du receveur pour mise en paiement.

Toutefois, en cas d'urgence, le receveur ne pourra être interpelé qu'après le cinquième jour ouvré à partir du dépôt du mandat auprès du receveur pour mise en paiement.

Article 191 : Tout comptable qui refuse ou retarde indûment la mise en paiement d'un mandat ou qui n'a pas délivré à l'ordonnateur une déclaration motivée de suspension de paiement dans les délais fixés, engage sa responsabilité.

Article 192 : En cours d'année, le comptable annote de la mention de paiement :

- les bordereaux de mandats ;
- les états des restes à payer.

A la clôture de l'exercice, le comptable établit, sur la base des mandats visés et non payés, l'état des restes à payer et le soumet au visa de l'ordonnateur. Cet état est joint au compte de gestion, au compte administratif et au projet de budget primitif de l'année suivante.

Article 193 : Les régies d'avances sont créées par arrêté de l'ordonnateur, sur délibération du conseil. Le receveur est le comptable assignataire. Le régisseur d'avances est un agent de la collectivité locale.

Les titulaires locaux d'une caisse d'avances ou de recettes sont soumis aux mêmes obligations que les régisseurs d'avances ou de recettes de l'Etat.

Section 3 : Des opérations de trésorerie

Article 194 : Les fonds des collectivités locales sont obligatoirement déposés au Trésor Public et ne sont pas générateurs d'intérêts.

Toutefois, les fonds provenant d'excédents d'exercices clos, de libéralités, du produit de l'aliénation d'un élément du patrimoine ou d'emprunts momentanément inutilisables peuvent être placés avec intérêt en valeurs d'Etat ou en valeurs garanties par l'Etat, après délibération du conseil approuvée par les ministres de tutelle.

Article 195 : le Ministre chargé du Budget fixe, en accord avec le

Ministre chargé des Collectivités locales, la liste des opérations que les comptables locaux peuvent être habilités à exécuter au titre des services hors budget et des comptes qu'ils doivent ouvrir à cet effet.

Section 4 : Des justificatifs des opérations

Article 196 : La liste des pièces justificatives des opérations de recettes et de dépenses est dressée conformément à la nomenclature des pièces justificatives fixée par la réglementation en vigueur.

En cas de perte, destruction ou vol des justificatifs remis au comptable, ce dernier peut pourvoir à leur remplacement sous forme de duplicata en accord avec l'ordonnateur.

Article 197 : L'établissement, la conservation et la transmission des documents et pièces justificatives de toute nature peuvent, dans les conditions arrêtées par le Ministre chargé du Budget, être effectués sous forme dématérialisée.

Article 198 : La durée de conservation des pièces justificatives est de cinq ans à compter du premier jour de l'année suivant celle au cours de laquelle les comptes sont produits au juge des comptes.

Chapitre IV : De la comptabilité des collectivités locales

Article 199 : La comptabilité d'une collectivité locale a pour objet la description, le contrôle des opérations ainsi que l'information des autorités de contrôle et de gestion. Elle est organisée en vue de permettre notamment :

- la connaissance et le contrôle des opérations budgétaires, des opérations de trésorerie et de financement ;
- la connaissance de la situation du patrimoine et des opérations de régularisation ;
- l'analyse des coûts des différentes actions engagées dans le cadre des programmes ;
- la détermination des résultats annuels ;
- l'intégration des opérations dans la comptabilité économique nationale.

Elle comprend ;

- une comptabilité budgétaire ;
- une comptabilité générale ;

- une comptabilité d'analyse des coûts des différentes actions engagées dans le cadre de la mise en œuvre des programmes ;
- une comptabilité des matières, valeurs et titres.

Section* 1 : *De la comptabilité budgétaire

Article 200 : La comptabilité budgétaire a pour objet de retracer, pour chaque exercice, les opérations d'exécution du budget de la collectivité locale concernée en recettes et en dépenses, conformément à la nomenclature de présentation et de vote des budgets locaux.

Elle permet de suivre les liquidations, émissions, prises en charge, recouvrements et restes à recouvrer en matière de recettes, d'une part, les engagements, liquidations, ordonnancements, paiements et reste à payer en matière de dépenses, d'autre part.

La comptabilité budgétaire dégage un résultat correspondant à la différence entre les recettes encaissées et les dépenses décaissées sur le budget de la collectivité locale concernée, au titre de l'année considérée.

Article 201 : La comptabilité budgétaire est tenue dans la phase administrative par les ordonnateurs et dans la phase comptable par les comptables publics.

Elle permet de fournir la situation d'exécution du budget de la collectivité locale.

Elle est tenue en partie simple.

Article 202 : La période couverte par la comptabilité budgétaire correspond à la période de gestion couvrant l'année civile.

Article 203 : Les comptes générés par la comptabilité budgétaire d'une collectivité locale sont constitués du compte administratif établi par l'ordonnateur, appuyé des états de développement des recettes budgétaires et des états de développement des dépenses budgétaires établis par le comptable principal compétent.

Article 204 : Le compte administratif présente, par chapitre et par article :

En recettes :

- les prévisions budgétaires ;
- les titres de recettes émis ;

- les recouvrements effectués ;
- les restes à recouvrer ;
- les plus ou moins-values constatées au titre des gestions antérieures et de la gestion arrivée à la clôture.

En dépenses :

- les crédits ouverts ;
- les engagements effectués ;
- les mandats émis ;
- les dépenses engagées mais non mandatées au titre des gestions antérieures et la gestion arrivée à sa clôture ;
- les paiements effectués et les crédits disponibles ;
- les restes à payer.

Les crédits non consommés en fin de gestion sont purement et simplement annulés.

Article 205 : Le compte administratif est soumis à la délibération du conseil en même temps que le compte de gestion sur chiffres du receveur dans les délais prévus par les textes en vigueur.

Il est soumis à l'approbation de l'autorité de tutelle, appuyé de la délibération du conseil et accompagné de l'avis du contrôleur budgétaire.

Section 2 : De la comptabilité générale des collectivités locales

Article 206 : L'organisation de la comptabilité générale des collectivités locales repose sur les principes suivants :

- la déconcentration de la comptabilité générale, en vue de la rapprocher du fait générateur et des ordonnateurs ainsi que de leurs services gestionnaires ;

- l'inscription au bilan de la collectivité locale concernée, de tous les flux de gestion portant sur les actifs non financiers, les dettes et créances, en vue de la connaissance du patrimoine public et partant, de la capacité de la collectivité locale à faire face à ses engagements.

Article 207 : La comptabilité générale a pour objet de décrire le patrimoine de la collectivité locale et son évolution.

Elle est fondée sur le principe de la constatation des droits et obligations. Les opérations sont prises en compte au titre de l'exercice auquel elles se rattachent, indépendamment de leur date de paiement ou d'encaissement. Elle est tenue en partie double sur la base du plan comptable général.

Les règles applicables à la comptabilité générale des collectivités locales s'inspirent des normes comptables internationalement reconnues.

Les comptables publics sont chargés de la tenue et de l'établissement des comptes des collectivités locales, dans le respect des principes et règles de la profession comptable. Ils s'assurent notamment de la sincérité des enregistrements comptables et du respect des procédures.

Section 3 : De la comptabilité des matières, valeurs et titres

Article 208 : La comptabilité des matières, valeurs et titres est une comptabilité d'inventaire permanent ayant pour objet la description des existants, des biens mobiliers et immobiliers, des stocks et des valeurs inactives autres que les deniers et archives administratives appartenant à la collectivité locale.

Elle permet de réceptionner, d'enregistrer, de suivre et de contrôler, en quantité et en qualité, les différents corps ayant une propriété physique et matérielle.

Article 209 : La comptabilité des matières, valeurs et titres est une comptabilité auxiliaire tenue en partie simple ou en partie double. Elle décrit l'existant et les mouvements d'entrée et de sortie concernant :

- les immobilisations incorporelles et corporelles ;
- les stocks de marchandises et fournitures ;
- les titres nominatifs, au porteur ou à ordre, et les valeurs diverses appartenant ou confiées à la collectivité locale ainsi que les objets qui lui sont remis en dépôt ;
- les formules, titres, tickets et vignettes destinés à l'émission ou à la vente.

Des inventaires et comptes d'emploi sont établis à date fixe et à l'occasion des contrôles effectués par les organes habilités.

Article 210 : Les biens corporels et incorporels acquis avant la date d'effet du présent décret sont inventoriés, immatriculés, valorisés et enregistrés dans les livres suivant les modalités, méthodes et techniques définies par les textes en vigueur.

Les nouvelles acquisitions sont enregistrées au fur et à mesure des certifications délivrées par les ordonnateurs et des imputations données par les comptables aux comptes appropriés.

Des rapprochements contradictoires périodiques sont effectués entre les données de la comptabilité matières et celles de la comptabilité générale de la collectivité locale.

Article 211 : La comptabilité des matières d'une collectivité locale est tenue par des agents habilités par l'ordonnateur.

Ces derniers sont responsables des mouvements qu'ils ordonnent sur les éléments du patrimoine.

L'organisation et le système comptable applicables à la comptabilité matière sont définis par les textes en vigueur.

Section 4 : De la comptabilité analytique des coûts

Article 212 : La comptabilité d'analyse des coûts a pour objet de faire apparaître les éléments de coûts des actions engagées dans le cadre de la mise en œuvre des programmes de politiques publiques.

La comptabilité analytique est autonome. Elle s'appuie sur les données de la comptabilité générale.

Article 213 : La comptabilité analytique permet de justifier les crédits indispensables à la conduite des actions et de mettre en évidence les éléments nécessaires à la mesure de la performance au sein des programmes.

Elle est également destinée à fournir des éléments de comparaison dans l'espace et dans le temps et éventuellement entre différentes structures administratives.

Les règles relatives à la tenue de la comptabilité analytique sont fixées par les textes en vigueur.

Chapitre V : Des contrôles

Article 214 : Sans préjudice des pouvoirs du Parlement, les opérations relatives à l'exécution des budgets des collectivités locales sont soumises à un double contrôle, administratif et juridictionnel.

Article 2l5 : Le contrôle administratif comprend :

- le contrôle de la tutelle qui vérifie la légalité des actes des collectivités locales ;
- le contrôle hiérarchique de l'administration sur ses agents qui, le cas échéant, peut s'exercer dans un cadre disciplinaire ;
- le contrôle interne qui regroupe l'ensemble des procédures et méthodes permettant au responsable d'un service de s'assurer du bon fonctionnement de celui-ci et notamment de la bonne maîtrise des risques ;
- le contrôle exercé par les inspections et corps de contrôle, y compris celui de l'inspection des finances qui peut s'exercer sur les services budgétaire et financiers de l'ensemble des collectivités locales ;
- le contrôle budgétaire et comptable tel que défini par les lois et règlements en vigueur.

Article 216 : Le contrôle juridictionnel des opérations budgétaires et comptables des collectivités locales est assuré par le juge des comptes, dans les conditions fixées par les textes en vigueur.

Article 217 : Le contrôle juridictionnel porte notamment sur :

- la régularité, la sincérité et la fidélité du compte général de la collectivité locale ;
- la légalité financière et la conformité budgétaire de toutes les opérations de dépenses et de recettes de la collectivité locale ;
- l'économie, l'efficacité et l'efficience de l'emploi des fonds publics, au regard des objectifs fixés, des moyens utilisés et des résultats obtenus ainsi que la pertinence et la fiabilité des méthodes, indicateurs et données permettant de mesurer la performance des politiques et administration locale ;
- toute question budgétaire, comptable et financière.

Titre VII : Des dispositions applicables aux établissements publics et administrations de l'Etat jouissant de l'autonomie de gestion

Chapitre 1er : Des budgets des établissements publics et administrations de l'Etat jouissant de

l'autonomie de gestion

Article 218 : Les établissements publics et les administrations de l'Etat jouissant de l'autonomie de gestion sont, sauf disposition législative contraire, placés sous la tutelle technique d'un ou plusieurs ministres ci-après dénommés « ministre de tutelle» et sous la tutelle financière du Ministre chargé du Budget.

Ils comprennent des organes délibérants constitués en conseil, commission ou comité.

Ils sont gérés par les personnes nommées à cet effet. Ces personnes sont les ordonnateurs des budgets de ces entités publiques.

Article 219 : Le budget des établissements publics et administrations de l'Etat jouissant de l'autonomie de gestion est préparé, délibéré, voté et rendu exécutoire dans les conditions fixées par les textes en vigueur.

Article 220 : Le budget correspond à l'année civile. Les autorisations qu'il prévoit sont annuelles. Il est constitué d'un budget primitif et, le cas échéant, de budgets modificatifs adoptés en cours d'exercice.

Article 221 : le budget primitif est préparé par l'ordonnateur et adopté par l'organe délibérant, dans des délais permettant qu'il soit exécutoire au 1er janvier de l'exercice auquel il se rapporte.

Article 222 : Lorsque le budget n'est pas adopté par l'organe délibérant à la date d'ouverture de l'exercice, l'ordonnateur peut exécuter temporairement les opérations de recettes ainsi que les opérations de dépenses de fonctionnement strictement nécessaires à la continuité des activités de l'établissement public concerné.

Les dépenses sont exécutées dans la limite du douzième du montant du budget de fonctionnement de l'exercice précédent.

Article 223 : Les budgets modificatifs sont préparés et votés dans les mêmes conditions que le budget primitif.

Article 224 : Le budget des établissements publics comprend en recettes et en dépenses deux sections :

- la section fonctionnement ;

- la section investissement.

L'ensemble des recettes générées par l'établissement public et l'ensemble des dépenses doivent impérativement être inscrites dans son budget.

Chapitre II : Du personnel d'exécution du budget des établissements publics et des administrations de l'Etat jouissant de l'autonomie de gestion

Section 1 : Des ordonnateurs

Article 225 : Est ordonnateur d'un établissement public ou d'une administration de l'Etat jouissant de l'autonomie de gestion, toute personne ayant qualité pour prescrire au nom de ces entités, l'exécution des recettes et des dépenses.

Article 226 : les ordonnateurs sont principaux ou secondaires. Ils peuvent déléguer leur signature et se faire suppléer en cas d'absence ou d'empêchement.

Les ordonnateurs, leurs suppléants ainsi que les personnes auxquelles ils ont délégué leur signature sont accrédités auprès des comptables publics assignataires relevant de leur compétence, selon les modalités fixées par arrêté du Ministre chargé du Budget.

Les ordonnateurs sont soumis au régime des droits, obligations, interdictions et incompatibilités applicable aux ordonnateurs de l'Etat.

Article 227 : Sous réserve des dispositions de l'article 230 ci-dessous, l'ordonnateur peut, par écrit et sous sa responsabilité, requérir l'agent comptable de payer lorsque celui-ci suspend le paiement de la dépense.

Section 2 : Des comptables des établissements publics et administrations de l'Etat jouissant de l'autonomie de gestion

Article 228 : Chacune des entités visées par le présent chapitre dispose d'un poste comptable principal placé sous l'autorité d'un comptable direct du trésor désigné « agent comptable », soumis aux obligations des comptables prévues par les textes en vigueur.

Article 229 : Chaque comptable détient les fonds et valeurs de son entité assignataire.

Il a seul qualité pour assurer le recouvrement des créances et le paiement des dépenses dans la limite des crédits régulièrement ouverts et des fonds disponibles du budget de cette entité.

Article 230 : Les établissements publics et les administrations de l'Etat jouissant de l'autonomie de gestion ne peuvent créer de régies d'avances ou de recettes que dans des cas exceptionnellement prévus par la réglementation en vigueur.

Article 231 : Lorsque, par application de l'article 225 ci-dessus, l'ordonnateur a requis l'agent comptable de payer et que celui-ci défère à la réquisition, le comptable rend compte au Ministre chargé des Comptes Publics. Dans ce cas la responsabilité de l'ordonnateur se substitue à celle du comptable.

Une copie de l'ordre de réquisition est transmise au juge des comptes pour information et l'original annexé au mandat de paiement.

Article 232 : Par dérogation aux dispositions de l'article 229 ci-dessus, l'agent comptable doit refuser de déférer à l'ordre de réquisition lorsque la suspension de paiement est motivée par:

- l'indisponibilité de crédit;
- l'absence de justification de service fait;
- le caractère non libératoire de règlement;
- le défaut de fonds disponibles;
- l'absence de visa du contrôleur budgétaire lorsque ce visa est obligatoire.

Dans ces cas, l'agent comptable rend immédiatement compte au Ministre chargé des Comptes Publics.

Chapitre III : Des opérations

Article 233 : Les opérations de recettes, de dépenses et de financement sont autorisées par l'organe délibérant pour les établissements publics et par la loi de finances en ce qui concerne les administrations jouissant de l'autonomie de gestion.

Article 234 : L'exercice budgétaire commence le 1er janvier et se termine le 31 décembre de l'année en cours.

Toutefois, pour les dépenses engagées avant le 31 décembre de l'année précédente, un délai est accordé pour compléter les opérations annuelles, la période de clôture de l'exercice étant alors fixée au 15 janvier de l'année suivante.

Section 1 : Des opérations de recette

Article 235 : En matière de recettes, l'approbation expresse du ministre responsable est obligatoire pour rendre exécutoires les délibérations du Conseil d'Administration concernant :

- la fixation des tarifs applicables aux services rendus par l'établissement ;
- l'acceptation des dons et legs faits avec charges, conditions ou affectation immobilières ;
- l'aliénation des biens immobiliers ;
- l'octroi de concessions d'outillage public, d'autorisations d'outillage privé ou occupation temporaire du domaine public, lorsque ces actes excédent une durée de vingt années ;
- l'émission d'emprunt.

Article 236 : Les recettes sont liquidées par l'ordonnateur conformément aux dispositions des textes en vigueur.

Sous réserve des dispositions du Code Général des Impôts, les recettes des établissements publics sont liquidées par l'ordonnateur, sur la base des textes de support, des décisions de justice et des conventions passées par l'établissement public ou l'administration concernée.

Article 237 : L'ordre de recouvrer émis par l'ordonnateur est adressé, accompagné des pièces justificatives, à l'agent comptable qui les prend en charge et les notifie aux redevables par tout moyen laissant trace.

Article 238 : Le recouvrement des recettes est confié à l'agent comptable ou, sous la responsabilité de celui-ci, aux régisseurs.

Article 239 : Tout ordre de recouvrer donne lieu à une phase de recouvrement amiable. En cas d'échec du recouvrement amiable, il appartient à l'agent comptable d'engager le recouvrement contentieux.

Article 240 : Sur délibération de l'organe délibérant, les créances de l'établissement public peuvent faire l'objet :

- d'une remise gracieuse du principal et des intérêts moratoires ;
- d'une remise gracieuse des intérêts moratoires ;
- d'une admission en non-valeur, lorsque la créance est irrécouvrable ;
- de rabais, remises, ristournes accordés à des fins commerciales.

Section 2 : Des opérations de dépense

Article 241 : L'ordonnateur a seul qualité pour procéder à l'engagement, à la liquidation et à l'ordonnancement des dépenses de l'entité publique concernée dans la limite des crédits autorisés.

L'ordonnancement s'effectue dans les formes prescrites par le cadre juridique de l'entité publique concernée.

Article 242 : Les ordres de paiement émis par l'ordonnateur sont transmis, accompagnés des pièces justificatives, à l'agent comptable qui les prend en charge et procède à leur règlement.

Article 243 : Toutes les dépenses doivent être liquidées et ordonnancées au cours de l'exercice auquel elles se rattachent.

Section 3 : Des opérations de trésorerie

Article 244 : Sont des opérations de trésorerie, tous les mouvements de numéraire, de valeurs mobilisables et de comptes courants ainsi que ceux des comptes de créances et de dettes à court terme, notamment :

- les opérations d'encaissement et de décaissement ;
- l'approvisionnement et le dégagement de la caisse du comptable ;
- la gestion des fonds déposés par les tiers et les opérations faites pour leur compte ;
- l'émission, la conversion, la gestion et le remboursement des emprunts à court terme.

Article 245 : Les fonds des entités publiques sont déposés au Trésor Public ou dans un compte ouvert dans un établissement habilité, sur autorisation du Ministre chargé des Comptes Publics. Ils ne sont pas productifs d'intérêts.

Article 246 : L'agent comptable de l'entité publique assure, à titre exclusif l'exécution des opérations de trésorerie.

Article 247 : La liste des pièces justificatives des opérations de recettes et de dépenses est dressée conformément à la nomenclature des pièces justificatives fixée par la règlementation en vigueur.

En cas de perte, destruction ou vol des justificatifs remis à l'agent comptable, ce dernier peut pourvoir à leur remplacement sous forme de duplicata, en accord avec l'ordonnateur.

Article 248 : L'établissement, la conservation et la transmission des documents et des pièces justificatives de toute nature peuvent dans les conditions arrêtées par le Ministre chargé du Budget, être effectués sous forme dématérialisée.

Article 249 : La durée de conservation des pièces justificatives est de cinq ans à compter du premier jour de l'année suivant celle au cours de laquelle les comptes sont produits au juge des comptes.

Chapitre IV : De la comptabilité des établissements publics et des administrations jouissant de l'autonomie de gestion

Article 250 : La comptabilité des établissements publics et des administrations jouissant de l'autonomie de gestion a pour objet la description, le contrôle des opérations ainsi que l'information des autorités de contrôle et de gestion. Elle est organisée en vue de permettre notamment :

- la connaissance et le contrôle des opérations budgétaires, des opérations de trésorerie et de financement ;
- la connaissance de la situation du patrimoine et des opérations de régularisation ;
- l'analyse des coûts des différentes actions engagées dans le cadre des programmes ;
- la détermination des résultats annuels ;
- l'intégration des opérations dans la comptabilité économique nationale.

Elle comprend :

- une comptabilité budgétaire ;
- une comptabilité générale ;
- une comptabilité d'analyse des coûts des différentes actions engagées dans le cadre de la mise en œuvre des programmes ;

- une comptabilité des matières, valeurs et titres.

Section 1 : De la comptabilité budgétaire

Article 251 : La comptabilité budgétaire a pour objet de retracer, pour chaque exercice, les opérations d'exécution du budget de l'entité publique concernée en recettes et en dépenses, conformément à la nomenclature de présentation et de vote des budgets des établissements publics et des administrations jouissant de l'autonomie de gestion.

Elle permet de suivre les liquidations, émissions, prises en charge, recouvrements et restes à recouvrer en matière de recettes, d'une part, les engagements, liquidations, ordonnancements, paiements et restes à payer en matière de dépenses, d'autre part.

La comptabilité budgétaire dégage un résultat correspondant à la différence entre les recettes encaissées et les dépenses décaissées sur le budget de l'entité publique concernée, au titre de l'année considérée.

Article 252 : La comptabilité budgétaire est tenue dans la phase administrative par les ordonnateurs et dans la phase comptable par les comptables publics.

Elle permet de fournir la situation d'exécution du budget de l'entité publique concernée.

Elle est tenue en partie simple.

Article 253 : La période couverte par la comptabilité budgétaire correspond à la période de gestion couvrant l'année civile.

Article 254 : Les comptes générés par la comptabilité budgétaire d'une entité publique sont constitués du compte administratif établi par l'ordonnateur, appuyé des états de développement des recettes budgétaires et des états de développement des dépenses budgétaires établis par le comptable principal compétent.

Article 255 : Le compte administratif présente, par chapitre et par article :

En recettes :

- les prévisions budgétaires ;
- les titres de recettes émis ;

- les recouvrements effectués ;
- les restes à recouvrer ;
- les plus ou moins-values constatées au titre des gestions antérieures et de la gestion arrivée à la clôture.

En dépenses :

- les crédits ouverts ;
- les engagements effectués ;
- les mandats émis ;
- dépenses engagées mais non mandatées au titre des gestions antérieures et de la gestion arrivée à sa clôture;
- les paiements effectués et les crédits disponibles ;
- les restes à payer.

Section 2 : De la comptabilité générale des établissements publics et des administrations jouissant de l'autonomie de gestion

Article 256 : L'organisation de la comptabilité générale des établissements publics et des administrations jouissant de l'autonomie de gestion repose sur les principes suivants :

- la déconcentration de la comptabilité générale, en vue de la rapprocher du fait générateur et des ordonnateurs ainsi que de leurs services gestionnaires ;
- l'inscription au bilan de l'entité publique concernée, de tous les flux de gestion portant sur les actifs non financiers, les dettes et créances, en vue de la connaissance du patrimoine public et partant, de la capacité de l'entité publique à faire face à ses engagements.

Article 257 : La comptabilité générale a pour objet de décrire le patrimoine de l'entité publique et son évolution.

Elle est fondée sur le principe de la constatation des droits et obligations. Les opérations sont prises en compte au titre de l'exercice auquel elles se rattachent, indépendamment de leur date de paiement ou d'encaissement. Elle est tenue en partie double sur la base du plan comptable général.

Les règles applicables à la comptabilité générale des établissements publics et des administrations jouissant de l'autonomie de gestion s'inspirent des normes comptables internationalement reconnues.

Les comptables publics sont chargés de la tenue et de l'établissement des comptes des établissements publics et des administrations jouissant de l'autonomie de gestion, dans le respect des principes et règles de la profession comptable. Ils s'assurent notamment de la sincérité des enregistrements comptables et du respect des procédures.

Article 258 : A la fin de chaque exercice, l'agent comptable élabore le compte de gestion de l'entité publique concernée.

Ce compte de gestion comprend :

- la balance générale des comptes ;
- l'état de développement des dépenses et des recettes budgétaires ;
- les états financiers constitués du bilan, du compte de résultats, du tableau des flux de trésorerie, de l'état annexé et de la balance des comptes des valeurs inactives.

Section 3 : De la comptabilité des matières, valeurs et titres

Article 259 : La comptabilité des matières, valeurs et titres est une comptabilité d'inventaire permanent ayant pour objet la description des existants, de biens mobiliers et immobiliers, des stocks et des valeurs inactives autres que les deniers et archives administratives appartenant à l'entité publique concernée.

Elle permet de réceptionner, d'enregistrer, de suivre et de contrôler, en quantité et en qualité, les différents corps ayant une propriété physique et matérielle.

Article 260 : La comptabilité des matières, valeurs et titres est une comptabilité auxiliaire tenue en partie simple ou en partie double. Elle décrit l'existant et les mouvements d'entrée et de sortie concernant :

- les immobilisations incorporelles et corporelles ;
- les stocks de marchandises et fournitures ;
- les titres nominatifs, au porteur ou à ordre, et les valeurs diverses appartenant ou confiées à la collectivité locale ainsi que les objets qui lui sont remis en dépôt ;
- les formules, titres, tickets et vignettes destinés à l'émission ou à la vente.

Des inventaires et comptes d'emploi sont établis à date fixe et à l'occasion des contrôles effectués par les organes habilités.

Article 261 : Les biens corporels et incorporels acquis avant la date d'effet du présent décret sont inventoriés, immatriculés, valorisés et enregistrés dans les livres suivant les modalités, méthodes et techniques définies par les textes en vigueur.

Les nouvelles acquisitions sont enregistrées au fur et à mesure des certifications délivrées par les ordonnateurs et des imputations données par les comptables aux comptes appropriés. Des rapprochements contradictoires périodiques sont effectués entre les données de la comptabilité matières et celles de la comptabilité générale de l'entité publique concernée.

Article 262 : La comptabilité des matières des établissements publics et des administrations jouissant de l'autonomie de gestion est tenue par des agents habilités par les ordonnateurs.

Ces derniers sont responsables des mouvements qu'ils ordonnent sur les éléments du patrimoine.

L'organisation et le système comptables applicables à la comptabilité matière sont définis par les textes en vigueur.

Section 4 : De la comptabilité analytique des coûts

Article 263 : La comptabilité d'analyse des coûts a pour objet de faire apparaitre les éléments de coûts des actions engagées dans le cadre de la mise en œuvre des programmes de politiques publiques.

La comptabilité analytique est autonome. Elle s'appuie sur les données de la comptabilité générale.

Article 264 : La comptabilité analytique permet de justifier les crédits indispensables à la conduite des actions et de mettre en évidence les éléments nécessaires à la mesure de la performance au sein des programmes.

Elle est également destinée à fournir des éléments de comparaison dans l'espace et dans le temps et éventuellement entre différentes structures administratives.

Les règles relatives à la tenue de la comptabilité analytique sont fixées par les textes en vigueur.

Le cadre comptable de l'établissement public et de l'administration jouissant de l'autonomie de gestion s'inspire du plan comptable de l'Etat.

Article 265 : Le compte administratif, à l'appui du compte de gestion sur chiffres, est soumis à l'approbation de l'organe délibérant dans les conditions fixées par la réglementation en vigueur.

Les comptes approuvés sont transmis à la Cour des Comptes pour jugement et certification.

Chapitre V : Des contrôles

Article 266 : Sans préjudice des pouvoirs du Parlement, les opérations relatives à l'exécution des budgets des établissements publics et administrations jouissant de l'autonomie de gestion sont soumises à un double contrôle administratif et juridictionnel.

Article 267 : Le contrôle administratif comprend :

- le contrôle interne qui regroupe l'ensemble des procédures et méthodes permettant au responsable d'un service de s'assurer du bon fonctionnement de celui-ci et notamment de la bonne maîtrise des risques ;
- le contrôle hiérarchique de l'administration sur ses agents qui, le cas échéant, peut s'exercer dans un cadre disciplinaire ;
- le contrôle exercé par les inspections et corps de contrôle, y compris celui de l'inspection des finances qui peut s'exercer sur les services budgétaires et financiers de l'ensemble des établissements publics ;
- le contrôle budgétaire et comptable tel que défini par les lois et règlements en vigueur.

Article 268 : Le contrôle juridictionnel des opérations budgétaires et comptables des établissements publics et administrations jouissant de l'autonomie de gestion est assuré par le juge des comptes dans les conditions fixées par les textes en vigueur.

Il est juge de l'opportunité de la publication de ses avis, décisions et rapports.

Article 269 : Le contrôle juridictionnel porte notamment sur :

- l'exécution des budgets des établissements publics et administrations jouissant de l'autonomie de gestion ;

- la régularité, la sincérité et la fidélité du compte général des entités citées ci-dessus ;

- la légalité financière et la conformité budgétaire de toutes les opérations de dépenses et de recettes des entités citées ci-dessus ;

- l'économie, l'efficacité et l'efficience de l'emploi des fonds publics, au regard des objectifs fixés, des moyens utilisés et des résultats obtenus ainsi que la pertinence et la fiabilité des méthodes, indicateurs et données permettant de mesurer la performance des politiques des établissements publics et administrations jouissant de l'autonomie de gestion ;

- toute question budgétaire, comptable et financière.

Titre VIII : Des dispositions applicables aux institutions constitutionnelles

Article 270 : L'élaboration, l'adoption et l'exécution des budgets des institutions constitutionnelles sont déterminées par les cadres juridiques de ces institutions.

Il en est de même du contrôle de l'exécution de ces budgets.

Titre IX : Des dispositions diverses et finales

Article 271 : Des textes réglementaires déterminent, en tant que de besoin, les dispositions de toute nature nécessaires à l'application du présent décret.

Article 272 : Le présent décret, qui abroge toutes dispositions antérieures contraires, sera enregistré, publié selon la procédure d'urgence et communiqué partout où besoin sera.

FIGURES, DIAGRAMMES, GRAPHIQUES ET TABLEAUX

Figures

Diagrammes

Graphiques

Tableaux

INDEX ALPHABETIQUE

C

D

E

F

S

TABLE DES MATIERES

Structures éditoriales du groupe L'Harmattan

L'Harmattan Italie
Via degli Artisti, 15
10124 Torino
harmattan.italia@gmail.com

L'Harmattan Hongrie
Kossuth l. u. 14-16.
1053 Budapest
harmattan@harmattan.hu

L'Harmattan Sénégal
10 VDN en face Mermoz
BP 45034 Dakar-Fann
senharmattan@gmail.com

L'Harmattan Cameroun
TSINGA/FECAFOOT
BP 11486 Yaoundé
inkoukam@gmail.com

L'Harmattan Burkina Faso
Achille Somé – tengnule@hotmail.fr

L'Harmattan Guinée
Almamya, rue KA 028 OKB Agency
BP 3470 Conakry
harmattanguinee@yahoo.fr

L'Harmattan RDC
185, avenue Nyangwe
Commune de Lingwala – Kinshasa
matangilamusadila@yahoo.fr

L'Harmattan Congo
67, boulevard Denis-Sassou-N'Guesso
BP 2874 Brazzaville
harmattan.congo@yahoo.fr

L'Harmattan Mali
Sirakoro-Meguetana V31
Bamako
syllaka@yahoo.fr

L'Harmattan Togo
Djidjole – Lomé
Maison Amela
face EPP BATOME
ddamela@aol.com

L'Harmattan Côte d'Ivoire
Résidence Karl – Cité des Arts
Abidjan-Cocody
03 BP 1588 Abidjan
espace_harmattan.ci@hotmail.fr

L'Harmattan Algérie
22, rue Moulay-Mohamed
31000 Oran
info2@harmattan-algerie.com

L'Harmattan Maroc
5, rue Ferrane-Kouicha, Talaâ-Elkbira
Chrableyine, Fès-Médine
30000 Fès
harmattan.maroc@gmail.com

Nos librairies en France

Librairie internationale
16, rue des Écoles – 75005 Paris
librairie.internationale@harmattan.fr
01 40 46 79 11
www.librairieharmattan.com

Librairie l'Espace Harmattan
21 bis, rue des Écoles – 75005 Paris
librairie.espace@harmattan.fr
01 43 29 49 42

Lib. sciences humaines & histoire
21, rue des Écoles – 75005 Paris
librairie.sh@harmattan.fr
01 46 34 13 71
www.librairieharmattansh.com

Lib. Méditerranée & Moyen-Orient
7, rue des Carmes – 75005 Paris
librairie.mediterranee@harmattan.fr
01 43 29 71 15

Librairie Le Lucernaire
53, rue Notre-Dame-des-Champs – 75006 Paris
librairie@lucernaire.fr
01 42 22 67 13

www.ingramcontent.com/pod-product-compliance
Lightning Source LLC
LaVergne TN
LVHW011144061026
849535LV00003B/595

* 9 7 8 2 3 4 3 1 5 5 3 4 0 *